経営不振の
中小企業に有効な
経営理念創成の
プロセスモデル

Satake Tsunehiko
佐竹 恒彦

再生型リーダーシップ論

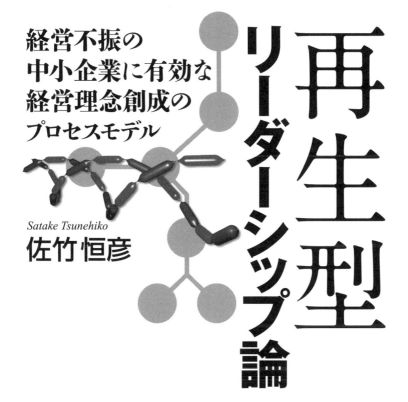

同文舘出版

はじめに

　経済・社会構造の変化に伴い，中小企業の数は大きく減少している。また，多くの企業が欠損状態にあり，企業数に占める割合の高い中小企業の業績を向上させるための再生支援や研究活動は，日本経済の活性化や雇用の観点からも重要である。

　筆者は，10年以上もの間，経営コンサルタントとして，行政機関や金融機関などからの要請に応じ，経営不振中小企業の新事業展開や組織変革，再生支援などに携わってきた。しかしながら，当該企業における経営トップの実行意欲が乏しく，十分なリーダーシップが発揮されないまま，経営戦略や利益計画などが実行・実現されないケースが多く散見された。

　経営資源の乏しい経営不振の中小企業が成長し，自力で再生を果たすためには，経営資源を有効活用する合理的な経営戦略や利益計画が欠かせない。しかし，たとえ合理的な経営戦略や利益計画を有し，優れたマネジメントがなされたとしても，経営トップのリーダーシップが十分に発揮されなければ，当該企業の成長や再生の実現性はきわめて乏しい。それは，経営トップのリーダーシップは，大企業以上に中小企業経営に大きな影響を及ぼすといわれているからである。

　つまり，経営不振の中小企業が存続・成長・再生するためには，経営トップのリーダーシップの下での全社的な改善・改革に向けた不断の努力の積み重ねが重要で，従業員規模が小さくなるにつれて，戦略的柔軟性の高低にかかわりなく，変革型リーダーシップが直接的に従業員の率先行動に影響を及ぼすという指摘もあるように，中小企業再生の成否は，経営トップのリーダーシップで決まるといっても過言ではない。

　本書では，経営戦略や利益計画を実行・実現させる経営トップのリーダーシップを支え，経営戦略のよりどころになるとともに，企業経営に不可欠な要素であり，借り物ではない本物の経営理念が早期に創成される方法に関する議論

が展開されている。そして，経営不振に陥った中小企業の経営トップが，経営意欲を強め，再生を図るためのリーダーシップ開発のヒントが，事例研究も交え解説されている。

経営理念は，経営戦略や利益計画，経営目標に比べて，象徴的な飾り物として扱われているケースが多く，目先の利益や企業業績と直結しない「理想論」や「きれいごと」，「タテマエ」として捉えられがちであり，無視されてしまう傾向にある。それゆえ，業績が悪化し，経営不振に陥っている中小企業の多くには，明確な経営理念が存在しない。

経営理念の多くは，経営者の体験，問題意識などから創発的に形成される。しかし，タテマエではない本物の経営理念やビジョンを有しない経営不振の中小企業などにおいては，敢えて，意図された経営理念を計画や戦略から検討し，そこから創発的経営理念を導くというプロセスによって，再生に求められる経営者のリーダーシップが開発されると考えている。

そこで，本書では，経営理念や経営戦略，利益計画が不明確な経営不振中小企業において，借り物ではない本物の経営理念が早期に創成される方法を探求している。そして，これにより，中小企業再生に有効な経営トップの再生型リーダーシップが開発されるメカニズムやプロセスの解明を試みるとともに，中小企業の支援策にかかわる提言を行った。

また，本書は，筆者の博士論文を基に執筆したものだが，中小企業経営者や中小企業支援の専門家，将来起業を考えている人にとって参考となれば幸いである。

最後に，本書出版に至るまで多大なご支援をいただいた同文舘出版株式会社の取締役編集局長である市川良之氏，千葉商科大学の太田三郎先生，佐藤正雄先生，齊藤壽彦先生，大塚愼二先生，前田進先生，また，日本大学名誉教授および経営行動研究学会会長である菊池敏夫先生に心より謝意を表したい。

2018年1月吉日

佐竹　恒彦

目　　次

はじめに……………………………………………………………………(1)

序　章 ──────────────────────────3

第1節　問題提起と本書の目的………………………………………… 3
第2節　リサーチ・クエスチョンと研究方法………………………… 5
第3節　本書の構成と概要……………………………………………… 8

第1章　中小企業の現状と企業再生研究における課題 ──13

第1節　中小企業の現状…………………………………………………13
第2節　企業再生研究における課題……………………………………17
第3節　小　　括…………………………………………………………22

第2章　リーダーシップ研究と中小企業の
　　　　再生型リーダーシップ ───────────25

第1節　リーダーシップ研究の変遷……………………………………25
　　1．特性理論……………………………………………………27
　　2．行動理論……………………………………………………28
　　3．状況適合理論………………………………………………29
　　4．変革型リーダーシップ理論………………………………31
第2節　リーダーシップの概念定義と機能……………………………33
第3節　中小企業の再生型リーダーシップと経営理念の重要性………37

第4節　小　　括……………………………………………………44

第3章　経営理念研究と中小企業再生 ──────────── 51

　　第1節　経営理念研究の変遷………………………………………51
　　　1. Taylor の研究 …………………………………………………52
　　　2. Barnard の研究 ………………………………………………53
　　　3. Simon の研究 …………………………………………………54
　　　4. Sutton の研究 …………………………………………………55
　　　5. Thompson の研究 ……………………………………………56
　　　6. Ackoff & Emery の研究 ………………………………………56
　　　7. 日本における経営理念研究の変遷 …………………………58
　　第2節　経営理念の概念定義………………………………………59
　　第3節　経営理念の表現内容に関する研究………………………63
　　第4節　経営理念の構造に関する研究……………………………65
　　第5節　経営理念の機能に関する研究……………………………69
　　第6節　経営理念と企業業績に関する研究………………………72
　　第7節　経営理念の形成方法に関する研究………………………75
　　　1. Collins & Porras の研究 ………………………………………75
　　　2. 宮田の研究 ……………………………………………………76
　　　3. 加藤の研究 ……………………………………………………77
　　第8節　小　　括……………………………………………………79

第4章　利益計画研究と中小企業再生 ──────────── 85

　　第1節　中小企業における利益計画策定の現状…………………87
　　第2節　管理会計の概念……………………………………………89
　　第3節　利益計画の概念……………………………………………91
　　第4節　戦略の概念と戦略論に関する主な研究…………………93

第5節　利益計画策定プロセスと経営理念……………………………103
　第6節　小　　　括………………………………………………………112

第5章　仮説の展開 ――――――――――――――――――117
　第1節　仮説導出の理論と仮説の設定……………………………………117
　第2節　仮説を裏付ける理論的根拠による検証…………………………121

第6章　事例研究と仮説の検証 ―――――――――――――131
　第1節　株式会社ヤマグチの事例…………………………………………133
　　1.　企業概要と経営危機を乗り越えた経緯……………………………133
　　2.　利益計画策定と戦略構築……………………………………………135
　　3.　経営理念創成…………………………………………………………140
　　4.　経営者の再生型リーダーシップ……………………………………144
　　5.　考　　　察……………………………………………………………148
　第2節　株式会社 WOWOW の事例 ………………………………………152
　　1.　企業概要と経営危機を乗り越えた経緯……………………………152
　　2.　利益計画策定と戦略構築……………………………………………156
　　3.　経営理念創成…………………………………………………………158
　　4.　経営者の再生型リーダーシップ……………………………………166
　　5.　考　　　察……………………………………………………………172
　第3節　アシザワ・ファインテック株式会社の事例……………………176
　　1.　企業概要と経営危機を乗り越えた経緯……………………………176
　　2.　利益計画策定と戦略構築……………………………………………181
　　3.　経営理念創成…………………………………………………………183
　　4.　経営者の再生型リーダーシップ……………………………………191
　　5.　考　　　察……………………………………………………………197
　第4節　小括と仮説の検証結果……………………………………………201

終　章 ———————————————————207

第1節　要約と結論……………………………………… 207
第2節　本研究の含意……………………………………… 214
第3節　今後の研究課題…………………………………… 216

参考文献一覧 ————————————————————219

〈欧文〉…………………………………………………… 219
〈和文〉…………………………………………………… 222
〈URL〉…………………………………………………… 227

索　引 ———————————————————————229

〈和文〉…………………………………………………… 229
〈欧文〉…………………………………………………… 236

図表一覧

図表 0-1	研究方法の全体像と流れ	7
図表 0-2	事例研究の流れ	7
図表 0-3	本書の構成	8
図表 0-4	リサーチ・クエスチョン（RQ）と研究方法・内容，仮説対応表	11
図表 1-1	企業規模別の企業数および従業者数	13
図表 1-2	中小企業の企業数の推移	14
図表 1-3	利益計上法人数・欠損法人数の推移	14
図表 1-4	中小企業対策費の推移	15
図表 1-5	再生支援に際して重視する判断基準	16
図表 1-6	再生支援開始後支援の継続に障害となる要素	16
図表 1-7	ERM 理論（概念図）	19
図表 1-8	企業再生と経営行動プロセス	19
図表 1-9	リーダーシップ＆「戦略・ファイナンス・組織」の融合	20
図表 1-10	企業再生のアウトライン	20
図表 1-11	トランスフォーメーション 4 つの R	21
図表 2-1	リーダーシップ理論の大きな流れ	26
図表 2-2	PM 理論	28
図表 2-3	SL 理論	30
図表 2-4	Optimal Profile	32
図表 2-5	リーダーシップの位置づけ	34
図表 2-6	リーダーの 3 つの役割	34
図表 2-7	リーダーシップ機能とマネジメント機能	35
図表 2-8	トップリーダーの能力	37
図表 2-9	優れたリーダーの 4 つの戦略	40
図表 2-10	The Leadership Diamond Model	40
図表 2-11	変革型リーダーシップの構成因子と企業成長力との関係	42
図表 2-12	リーダーのジレンマと哲学	43
図表 3-1	研究者による経営理念の定義	61
図表 3-2	経営理念の類型	63
図表 3-3	重視されている経営理念の内容	65
図表 3-4	経営目的と経営組織，経営経済の関係	66
図表 3-5	経営理念と経営行動基準の位置づけ	67
図表 3-6	各種レベルの行動基準	68

図表 3-7	経営理念の階層構造	68
図表 3-8	経営理念の機能	70
図表 3-9	経営理念の企業業績における有効性に関する主な研究	72
図表 3-10	経常利益の額と経営理念の有無	74
図表 3-11	ニューロロジカルレベルによる経営理念の作成	78
図表 4-1	企業会計の構成図	89
図表 4-2	組織における計画と統制のプロセス	90
図表 4-3	階層的管理会計論の体系	91
図表 4-4	経営計画と利益計画の内容	92
図表 4-5	成長ベクトルの構成要素	94
図表 4-6	目標と戦略	95
図表 4-7	5つの競争要因（the five competitive forces）	95
図表 4-8	3つの基本戦略（three generic strategies）	96
図表 4-9	価値連鎖の基本形（the generic value chain）	97
図表 4-10	競争地位の類型化と戦略	98
図表 4-11	戦略ドメイン	99
図表 4-12	戦略の比較：レッド・オーシャン VS. ブルー・オーシャン	100
図表 4-13	バリュー・イノベーション：ブルー・オーシャン戦略の土台	100
図表 4-14	4つのアクション	101
図表 4-15	アクション・マトリクス	102
図表 4-16	戦略計画の設定プロセス	103
図表 4-17	管理者管理のための会計	104
図表 4-18	統合市場戦略	105
図表 4-19	事業戦略の階層	105
図表 4-20	SWOT分析のフレームワーク	106
図表 4-21	経営戦略（および財務戦略）	107
図表 4-22	バランス・スコアカードのフレームワーク	108
図表 4-23	行動の戦略的フレームワークとしてのバランス・スコアカード	109
図表 4-24	ミッションを求められる成果に変換する流れ	110
図表 5-1	経営理念創成プロセス	118
図表 5-2	The Leadership Diamond Model とリーダーシップ開発プロセス	120
図表 5-3	計画策定・実行サイクル	122
図表 5-4	意思決定を通じたコントロール	122
図表 5-5	Maslow の欲求5段階説と Ackoff & Emery の理想追求システム	123
図表 5-6	企業活動における「問題」の種類と解決プロセス	125
図表 5-7	経営を構成するピラミッドと逆ピラミッドによる発想法	126
図表 5-8	経営理念創成プロセス・リーダーシップ状態・欲求5段階説・理想追求システム	127

図表 6-1	業績の推移（売上高と粗利益率）	134
図表 6-2	ヤマグチ社の現状分析・予測・計画設定	136
図表 6-3	規模と収益性	138
図表 6-4	3つの基本戦略	139
図表 6-5	競争地位の類型化と戦略	139
図表 6-6	顧客台帳の登録件数と粗利益（売上高総利益）率	140
図表 6-7	経営理念創成と再生プロセス（ヤマグチ社）	142
図表 6-8	経営理念創成プロセス（ヤマグチ社）	144
図表 6-9	リーダーシップ＆「経営理念・戦略・ファイナンス・組織」（ヤマグチ社）	145
図表 6-10	The Leadership Diamond Model（ヤマグチ社）	146
図表 6-11	経営理念創成プロセス・リーダーシップ状態・欲求5段階説・理想追求システム（ヤマグチ社）	147
図表 6-12	WOWOW社の企業概要	152
図表 6-13	売上高と営業利益の推移（2011年3月期〜2015年3月期）	153
図表 6-14	当期純利益と純資産額の推移（2011年3月期〜2015年3月期）	154
図表 6-15	累計正味加入件数の推移（2011年3月期〜2015年3月期）	155
図表 6-16	WOWOW社の現状と利益計画（目標）および実績	157
図表 6-17	バリュー・イノベーション（WOWOW社）	159
図表 6-18	WOWOW社の経営理念	159
図表 6-19	経営理念創成と再生プロセス（WOWOW社）	163
図表 6-20	経営理念創成プロセス（WOWOW社）	165
図表 6-21	WOWOW社の財務数値推移（1995年度〜2003年度）	167
図表 6-22	リーダーシップ＆「経営理念・戦略・ファイナンス・組織」（WOWOW社）	168
図表 6-23	The Leadership Diamond Model（WOWOW社）	169
図表 6-24	経営理念創成プロセス・リーダーシップ状態・欲求5段階説・理想追求システム（WOWOW社）	170
図表 6-25	アシザワ・ファインテック社の企業概要（2013年7月1日現在）	177
図表 6-26	アシザワ社の沿革	178
図表 6-27	ビーズミルを主要とする粉粒体加工設備納入実績	180
図表 6-28	アシザワ・ファインテック社の業績	181
図表 6-29	営業利益率と売上高	182
図表 6-30	アシザワ・ファインテック社の経営理念	184
図表 6-31	アシザワ・ファインテック社の行動指針・判断基準	186
図表 6-32	経営理念創成と再生プロセス（アシザワ・ファインテック社）	188
図表 6-33	経営理念創成プロセス（アシザワ・ファインテック社）	190

図表 6-34　リーダーシップ &「経営理念・戦略・ファイナンス・組織」
　　　　　（アシザワ・ファインテック社）……………………………………192
図表 6-35　The Leadership Diamond Model（アシザワ・ファインテック社）……193
図表 6-36　経営理念創成プロセス・リーダーシップ状態・欲求5段階説・
　　　　　理想追求システム（アシザワ・ファインテック社）………………195

再生型リーダーシップ論
―経営不振の中小企業に有効な経営理念創成のプロセスモデル―

序章

第1節　問題提起と本書の目的

　中小企業[1]の企業数に占める割合はきわめて高く，そこで働く従業員は多い。したがって，中小企業再生[2]に関する研究は，日本経済の活性化や雇用の観点からも重要である。しかし，中小企業数は大きく減少しているにもかかわらず，中小企業再生に関する研究の蓄積は十分ではない。また，日本の国家財政が悪化するなかで，補助金などによる中小企業支援策にも限界がある。それゆえ，中小企業が補助金や国の手厚い支援策に依存し過ぎず，自力で再生を果たすための方法論を検討することは，日本経済活性化や国家財政にかかわる政策の観点からも，きわめて重要である。

　中小企業が自力で再生を果たすためには，経営資源を有効活用する合理的な戦略や計画が欠かせない。しかし，たとえ合理的な経営戦略や再生計画があったとしても，また，優れたマネジメントがなされたとしても，経営トップのリーダーシップが十分に発揮されなければ，中小企業再生の実現性はきわめて乏しい。それは，経営者のリーダーシップ[3]は，大企業以上に中小企業経営に大きな影響を及ぼすといわれているからである。

　つまり，中小企業が存続・成長するためには，経営者のリーダーシップの下での全社的な改善・改革に向けた不断の努力の積み重ねが重要で[4]，従業員規模が小さくなるにつれて，戦略的柔軟性の高低にかかわりなく，変革型リーダーシップが直接的に従業員の率先行動に影響を及ぼすと考えられるからである[5]。

多くの中小企業の場合，さまざまな意思決定は合議的なものではなく，経営者自身に委ねられている[6]。中小企業成功の要因である思い，気づき，決断は中小企業経営者の価値側面と密接な関係にあり，特に中小企業経営者の企業と経営に対する思いは個人の有する価値観そのものであり，中小企業においては，経営者の価値特性が直接的に経営に反映するとされている[7]。

　さらに，経営トップのホンネや経営戦略，利益計画などと整合性のある経営理念が存在しなければ，再生に求められる経営トップのリーダーシップが十分に発揮されているとはいい難い。つまり，経営理念は，組織文化の形成・維持や変革に携わる経営トップのリーダーシップに不可欠の要素となるとする指摘があるように[8]，中小企業が本格かつ持続型の再生を果たすためには，借り物ではない本物の経営理念に支えられた経営トップの真のリーダーシップが存分に発揮される必要がある[9]。

　しかしながら，企業再生やリーダーシップ，経営理念，経営戦略，利益計画などの領域における既存研究では，経営理念がない中小企業の再生に求められる経営トップのリーダーシップ開発法[10]やそれを支える本物の経営理念を早期に創成するための方法[11]に関する具体的な議論が十分になされてこなかった[12]。

　また，多くの経営不振の中小企業においては，財務会計のみによる処理が中心であり（しかも，税理士などの専門家にそのすべてが委ねられているケースが散見される），利益計画や経営戦略を扱う管理会計の導入を積極的に進めている経営不振の中小企業は少ない状況にある。

　そこで，本書では，経営理念や経営戦略，利益計画などが不明確な経営不振中小企業において，借り物ではない本物の経営理念が早期に創成される方法を探求する。これにより，中小企業再生に有効な経営者の再生型リーダーシップ[13]が開発されるメカニズムやプロセスを解明し，中小企業の支援策にかかわる提言を行う。

第2節　リサーチ・クエスチョンと研究方法

　本書では，研究の目的を達成するために，次の3つのリサーチ・クエスチョン（research question）を検討する。第1のリサーチ・クエスチョンは，「中小企業再生に有効なリーダーシップとはどのようなものか」である。第2のリサーチ・クエスチョンは，「中小企業再生のための経営者のリーダーシップを支える経営理念とはどのようなものか」である。第3のリサーチ・クエスチョンは，「中小企業再生に有効な経営者の再生型リーダーシップを支える経営理念を早期に創成するには，どのような方法が有効か」である。

　そして，これらのリサーチ・クエスチョンを検討するために，まずは，中小企業の現状について中小企業白書などの資料を確認するとともに，企業再生，リーダーシップ，経営理念に関する先行研究をレビューし，第1と第2のリサーチ・クエスチョンを明らかにすることからアプローチする。

　次に，これらの文献調査によって確認された問題点や課題を踏まえ，第3のリサーチ・クエスチョンである「中小企業再生に有効な経営者の再生型リーダーシップを支える経営理念を早期に創成するには，どのような方法が有効か」の解を導くために，経営者の関心度の高いカネを扱う管理会計領域における経営戦略や利益計画に関する先行研究をレビューするとともに，NAA[1964][14]，Bass & Avolio[1995]，Koestenbaum[2002]，佐竹[2007]の理論から，仮説を導出し，設定する。[15]

　さらに，仮説導出のために検討した理論以外に，本仮説を裏付ける理論的根拠に関する議論を展開するとともに，質的研究であり，1つ以上の事例の深い記述と分析を行う事例研究（case study）法によって仮説を検証していく。

　理論的根拠による検証は，原科・原沢[2007]の「計画策定・実行サイクル」，Mintzberg[2009]の「意思決定プロセス」，Maslow[1970]の「欲求5段階説」に宮田[2004]の解釈を加えた研究と，それにAckoff[1971]，Ackoff & Emery[1972]の「理想追求システム」を加えたフレームワーク，遠藤[2005]の「企業

活動における『問題』の種類と解決プロセス」，遠藤［2004］の「逆ピラミッド発想法」，太田［2009a］の「倒産・再生のERM」の理論などに依拠した方法によって行う。

　また，事例研究法による仮説の検証では，会社として公表された本物の経営理念が存在しなかった企業とその代表者を分析対象先とし[16)]，理論のトライアンギュレーション（triangulation）という三角測量，すなわち１つの課題に対する研究で異なった理論的見方を適用させ，パターン適合の分析手法によりその有効性を探る[17)]。具体的には，仮説導出や仮説を裏付ける理論的根拠で示した理論に加え，福本［2005］の「リーダーシップ＆『戦略・ファイナンス・組織』の融合」に「経営理念」の要素を加えたフレームワークや理論に依拠する方法によって，事例分析を行い，仮説の検証を試みる。

　続いて，本書における「再生」の概念定義について確認する。

　「企業再生」や「事業再生」という用語の定義は使用者や文脈によって区々であり[18)]，理論の構築に必要な再生の定義や類型化についての議論は少ないが[19)]，許斐［2005］は，私的整理や倒産法を適用した法的整理とは異なり，経営学的な視点から「経営の独自性が回復した状態」として「企業再生」を定義している[20)]。また，江口ほか［2009］は，不振に陥った事業自体を再生させることを前提とした場合，「連続して赤字を計上していた，あるいは債務超過状態に陥った企業が，コアとなる事業の競争力を回復することで黒字化すること」を「事業再生」とする具体的な定義づけを行っている[21)]。

　本書おいては，この江口ほか［2009］らによる不振に陥った事業自体を再生させることを前提として行った定義づけの観点から，２期連続以上の営業損失と株主純資産額がマイナスの債務超過状態であり金融庁の検査マニュアルでいう経営破綻（債務者区分における「破綻懸念先」[22)]）状態を解消した状態，すなわち黒字化を果たすとともに，債務超過状態を解消し，経営の独自性を回復したと思われる企業を「再生企業」として捉え，議論を進めていくこととする。

　なお，本書における研究方法の全体像と流れは，図表0-1に示すとおりであり，事例研究の流れについては，図表0-2に示すとおりである。

　事例データの収集は，文献データの確認を補完的に行う目的で，研究課題に

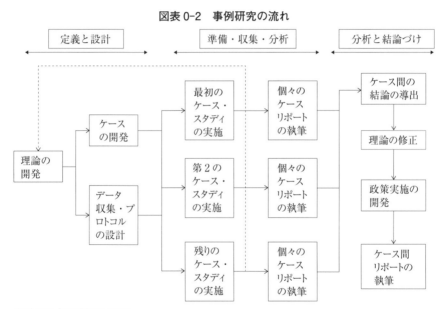

図表 0-1　研究方法の全体像と流れ

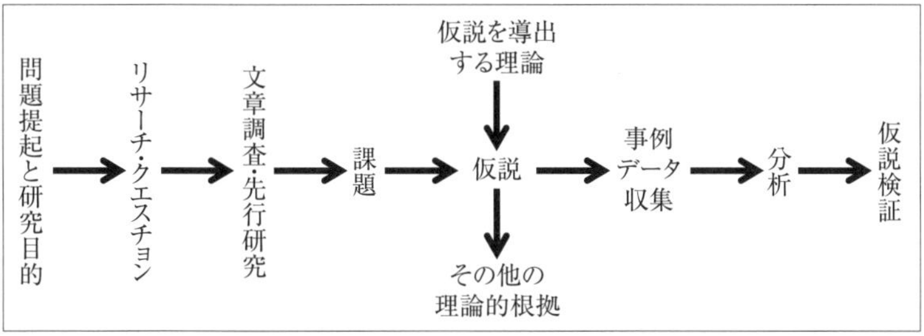

出所：Punch[2009]p. 68 を参考に筆者作成。

図表 0-2　事例研究の流れ

出所：Yin[1994]邦訳, 67 頁。

関する一般的な自由形式の質問，すなわち非構造化面接（open-ended interview）を研究対象先の代表者に対して行っている。

第3節　本書の構成と概要

ここでは，本書の構成と概要について述べる。

本書は，図表0-3に示すとおり，序章，第1章から第6章までの本章および終章の各章から構成されている。

まず，本章である序章に続き，第1章では，中小企業の現状と課題を指摘するとともに，リーダーシップや経営理念，経営戦略，利益計画との関係性に主眼が置かれている企業再生に関する代表的な先行研究をレビューし，中小企業

図表0-3　本書の構成

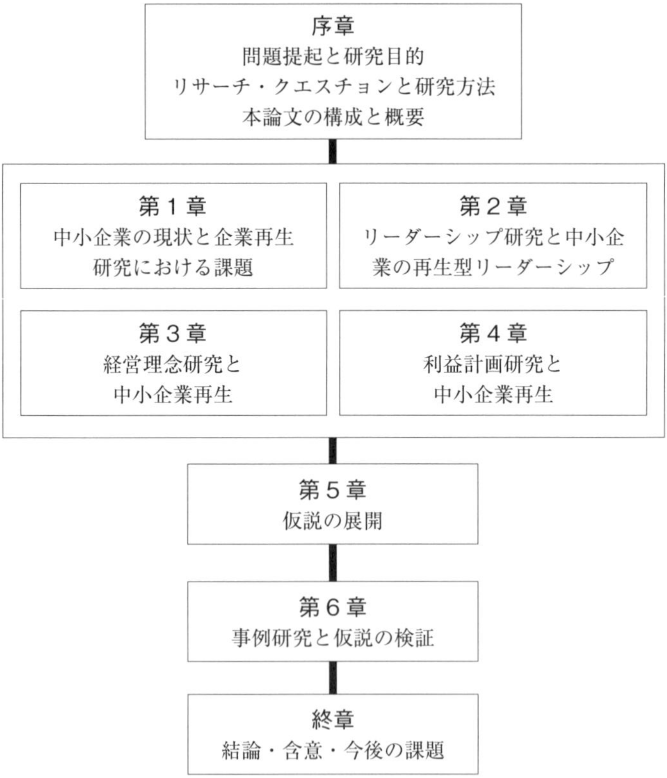

```
序章
問題提起と研究目的
リサーチ・クエスチョンと研究方法
本論文の構成と概要
────────────────────────
第1章                    第2章
中小企業の現状と企業再生    リーダーシップ研究と中小企
研究における課題          業の再生型リーダーシップ

第3章                    第4章
経営理念研究と            利益計画研究と
中小企業再生              中小企業再生
────────────────────────
第5章
仮説の展開

第6章
事例研究と仮説の検証

終章
結論・含意・今後の課題
```

再生における企業再生研究の限界と課題を明らかにする。

　第2章では，リーダーシップ研究の変遷，概念定義と機能，経営理念との関連性について確認し，中小企業再生におけるリーダーシップ研究の限界と課題を整理するとともに，中小企業再生に求められる経営トップの再生型リーダーシップのあり方について検討する。そして，第1のリサーチ・クエスチョンである「中小企業再生に有効なリーダーシップとはどのようなものか」について探る。

　続いて，第3章では，経営理念の源流と変遷，概念定義，表現内容，構造，機能，企業業績との関連性，形成方法について確認し，中小企業再生における経営理念研究の限界と課題について指摘するとともに，第2のリサーチ・クエスチョンである「中小企業再生のための経営者のリーダーシップを支える経営理念とはどのようなものか」について探っていく。

　第4章では，経営不振中小企業の経営トップの関心度が高く，経営トップのホンネとして捉えることができるカネを扱う利益計画策定に関する現状や課題を考察するとともに，管理会計や当該領域における利益計画の概念，利益計画を導く戦略の概念と戦略論に関する代表的な研究について概観する。

　さらに，利益計画設定プロセスと経営理念との関係性に主眼が置かれている利益計画策定に関する既存研究の確認を行うとともに，経営理念が不明確な経営不振中小企業の再生に求められる経営理念形成に関する既存研究の課題を明らかにし，第3のリサーチ・クエスチョンである「中小企業再生に有効な経営者の再生型リーダーシップを支える経営理念を早期に創成するには，どのような方法が有効か」について，経営理念創成プロセスの観点からを探っていく。

　第5章においては，前章で指摘した課題を踏まえ，経営理念が不明確な危機的状況にある中小企業における戦略と利益計画の検討プロセスを含めた経営理念の創成プロセスの観点から，第3のリサーチ・クエスチョンである「中小企業再生に有効な経営者の再生型リーダーシップを支える経営理念を早期に創成するには，どのような方法が有効か」の解を導くための仮説を設定するとともに，仮説を裏付ける理論的根拠の検討を行う。

　第6章では，事例研究により仮説を検証する。具体的には，福本[2005]の

「リーダーシップ&『戦略・ファイナンス・組織』の融合」に「経営理念」の要素を加えたフレームワークなどの理論に加え，前述した仮説導出や仮説を裏付ける理論的根拠で示した理論，たとえば，Bass & Avolio [1995] によって開発された企業変革や再生に有効とされている変革型リーダーシップ（transformational leadership）尺度である Multifactor Leadership Questionnaire（MLQ 5-X Short Form）を活用した佐竹［2007］による研究，Koestenbaum [2002] の「The Leadership Diamond Model」のフレームワーク，Maslow の欲求5段階説から経営理念が導かれる段階を示した宮田［2004］による研究に，Ackoff [1971] および Ackoff & Emery [1972] の理想追求システムの概念を加味した方法により再生を果たした中小企業を中心とする各社の事例分析を行い，第3のリサーチ・クエスチョン「中小企業再生に有効な経営者の再生型リーダーシップを支える経営理念を早期に創成するには，どのような方法が有効か」という経営理念創成プロセスの観点から再生型リーダーシップ開発法の有効性を確認し，仮説を検証する。

終章においては，本研究の発見事実の要約を行うとともに，結論と政策提言などの含意を述べ，最後に今後の研究課題について触れる。

なお，リサーチ・クエスチョン（RQ）と研究方法・内容，仮説対応表は次ページの図表0-4に示すとおりである。

（注）
1) 中小企業基本法第2条では，製造業その他は資本金の額又は出資の総額3億円以下の会社又は常時使用する従業員の数300人以下の会社及び個人，卸売業は資本金の額又は出資の総額1億円以下の会社又は常時使用する従業員の数100人以下の会社及び個人，小売業は資本金の額又は出資の総額5千万円以下の会社又は常時使用する従業員の数50人以下の会社及び個人，サービス業は資本金の額又は出資の総額5千万円以下の会社又は常時使用する従業員の数100人以下の会社及び個人が中小企業として定義されている。また，小規模事業者は，製造業その他が従業員20人以下，商業・サービス業は従業員5人以下と定められている。
2) 本書における「再生」の定義については，第2節において説明する。
3) 本書における経営者は経営トップ，すなわち中小企業の代表取締役などの代表者を指す。
4) 高石［2012］1頁。
5) 高石［2012］10頁。
6) 佐藤［2014］9頁。

図表0-4　リサーチ・クエスチョン（RQ）と研究方法・内容，仮説対応表

リサーチ・クエスチョン（RQ）	研究方法・内容	仮　説
第1のRQ：「中小企業再生に有効なリーダーシップとはどのようなものか」	第1～3章：中小企業の現状について中小企業白書などの資料を確認するとともに，企業再生，リーダーシップ，経営理念に関する先行研究をレビュー。	―
第2のRQ：「中小企業再生のための経営者のリーダーシップを支える経営理念とはどのようなものか」		―
第3のRQ：「中小企業再生に有効な経営者の再生型リーダーシップを支える経営理念を早期に創成するには，どのような方法が有効か」	第4章：経営者の関心度の高いカネを扱う管理会計領域における戦略や利益計画に関する先行研究をレビュー。	―
	第5章：仮説の展開 第1節：仮説導出の理論と仮説の設定 第2節：仮説を裏付ける理論的根拠による検証 第6章：事例研究と仮説の検証	仮説1：問題を解決する利益計画検討後に，戦略を検討するという「問題→計画→戦略」型の検討プロセスは中小企業再生に有効である。
		仮説2：仮説1で検討された戦略から経営理念を検討するという「戦略→理念」型の経営理念創成プロセスは，経営者の本音や計画，戦略と整合性のある本物の経営理念を早期に創成する有効な方法である。
		仮説3：仮説1，仮説2による方法，すなわち「問題→計画→戦略→理念」型の経営理念創成プロセスによって，中小企業再生に有効な経営者の再生型リーダーシップが開発される。

7) 佐藤［2014］19頁。
8) 金井［1986］172頁。
9) 「本物の経営理念」とは，タテマエや借り物ではなく，経営者のホンネや戦略，計画と整合性のある経営理念を指す。また，三井［2010］による「『うちの組織には経営理念がある』と言う場合，書かれた文言として経営理念が存在しているという意味ではなく，経営理念がそれを受け取る人々に解釈・再解釈されて，日々の活動に現れているという意味である。そのような相互作用が存在しないのであれば，経営理念は『絵に描いた餅』となってしまい，『実在はしていない』」（97頁）とする解釈で捉えている。
10) 本研究でいう「経営理念がない」とは，会社としての正式に明文化され，経営者のホンネや戦略，計画と整合性のある経営理念が存在せず，経営理念が不明確な状態を指す。
11) 本書では，「創成」以外にも「形成」や「作成」，「検討」などという表現を用いているが，本物の経営理念を意図的かつ新たに生み出すという意味合いを強調したい場合に，「創成」という表現を用いている。
12) 本研究でいう「経営理念を早期に創成する」とは，「利益計画策定→戦略構築→経営理念形成→黒字化（営業利益がプラスの状態）」のプロセスの期間が3年以内を指している。
13) 本研究における「再生型リーダーシップ」とは，中小企業再生に発揮される本物の経営理念に支えられた変革型リーダーシップを指す。
14) NAA: National Association of Accountants（米国会計人協会）。
15) 詳細については第5章で述べる。
16) 廃業件数が多く開業件数が少ないため，減少幅が最も大きいとされる「小売業」（中小企業庁，2014，132頁），近年の著しいIT化の進展状況を鑑み，「情報通信業」，日本の産業を支えているとされる「製造業」を展開する企業を研究対象先としたが，詳細は第6章において説明する。
17) 「パターン適合」については，Yin［1994］142-146頁に依拠した解釈をしている。
18) 木村・尾崎［2014］316-317頁においては「事業再生」についてのみ指摘している。
19) 陳・朴［2009］30頁。
20) 許斐［2005］1頁。
21) 江口ほか［2009］4頁。
22) 破綻懸念先とは，現状，経営破綻の状況にはないが，経営難の状態にあり，経営改善計画等の進捗状況が芳しくなく，今後，経営破綻に陥る可能性が大きいと認められる債務者（金融機関等の支援継続中の債務者を含む）をいう。具体的には，現状，事業を継続しているが，実質債務超過の状態に陥っており，業況が著しく低調で貸出金が延滞状態にあるなど元本および利息の最終の回収について重大な懸念があり，したがって損失の発生の可能性が高い状況で，今後，経営破綻に陥る可能性が大きいと認められる債務者をいう（金融庁，2015，212頁）。

第1章 中小企業の現状と企業再生研究における課題

本章では,第1節において,中小企業の現状と課題を確認する。第2節では,リーダーシップや経営理念,戦略,利益計画との関係性に主眼が置かれている企業再生に関する代表的な先行研究をレビューし,中小企業再生における企業再生研究の限界と課題を明らかにする。

第1節 中小企業の現状

中小企業は,日本における企業数の約99.7%,従業者数の約69.7%を占め[1],我が国の経済にとってきわめて重要な存在である(図表1-1)。しかし,経済・社会構造の変化に伴い,中小企業の数は大きく減少している(図表1-2)[2]。ま

図表1-1 企業規模別の企業数および従業者数

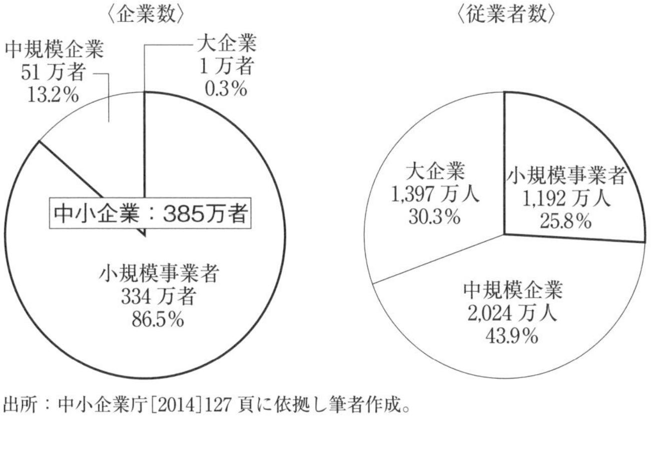

〈企業数〉
- 中規模企業 51万者 13.2%
- 大企業 1万者 0.3%
- 中小企業:385万者
- 小規模事業者 334万者 86.5%

〈従業者数〉
- 大企業 1,397万人 30.3%
- 小規模事業者 1,192万人 25.8%
- 中規模企業 2,024万人 43.9%

出所:中小企業庁[2014]127頁に依拠し筆者作成。

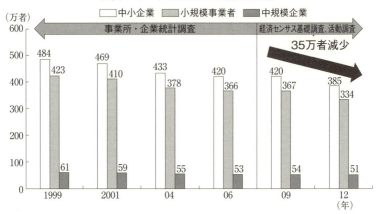

図表 1-2　中小企業の企業数の推移

出所：中小企業庁［2014］128 頁に依拠し筆者作成。

図表 1-3　利益計上法人数・欠損法人数の推移

区　分	法　人　数			欠損法人割合 (A)/(B)
	利益計上法人	欠損法人(A)	合計(B)	
	社	社	社	％
平成14年度分	792,626	1,757,461	2,550,087	68.9
15	813,184	1,737,382	2,550,566	68.1
16	846,630	1,722,023	2,568,653	67.0
17	849,530	1,730,981	2,580,511	67.1
18	867,347	1,719,021	2,586,368	66.5
平成18年度分	871,241	1,715,343	2,586,584	66.3
19	852,627	1,735,457	2,588,084	67.1
20	740,533	1,856,575	2,567,108	71.5
21	710,552	1,900,157	2,610,709	72.8
22	702,553	1,877,801	2,580,354	72.8
23	711,478	1,859,012	2,570,490	72.3
24	749,731	1,776,253	2,525,984	70.3
（構成比）	（29.7）	（70.3）	（100.0）	

出所：国税庁［2014］15頁に依拠し筆者作成。

た，多くの企業が欠損状態にあり(図表1-3)，企業数に占める割合の高い中小企業の業績を向上させるための再生や成長に関する研究は，日本経済の活性化や雇用の観点からも重要である。

中小企業対策費の推移は，平成21年度の31,561億円をピークに年々減少している(図表1-4)。これは，国債残高が約807兆円(平成27年度見込)[4]に膨れ上がるなかで，490.4兆円の債務超過の国家財政(2013年度末)[5]を考えれば，今後も，中小企業対策費の減少は続くことが容易に推測できる。

また，財務省[2015]は，信用補完制度全体に対する負荷を軽減させ，中長期的に持続可能な制度運営を確保するため，民業補完機能の発揮・財政負担の軽減に向けて，不断に制度の見直しを行っていく必要があると指摘し，その際には，中小企業者の経営改善・事業再生を促進していくため，金融機関が目利き・経営支援機能を発揮するインセンティブを高めることが重要としている。

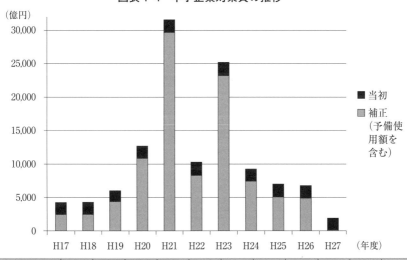

図表1-4　中小企業対策費の推移[6]

年度	H17	H18	H19	H20	H21	H22	H23	H24	H25	H26	H27
補正(予備使用額を含む)	2,432	2,517	4,305	10,855	29,671	8,297	23,239	7,415	5,090	4,877	
当初	1,730	1,616	1,625	1,761	1,890	1,911	1,969	1,802	1,811	1,853	1,856
合計	4,162	4,133	5,930	12,616	31,561	10,208	25,208	9,217	6,901	6,730	1,856

出所：財務省[2015]に依拠し筆者作成。

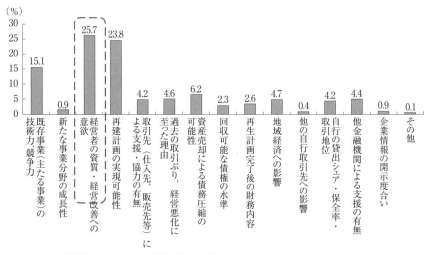

図表 1-5　再生支援に際して重視する判断基準[7]

出所：中小企業庁編［2011］155 頁に依拠し筆者作成。

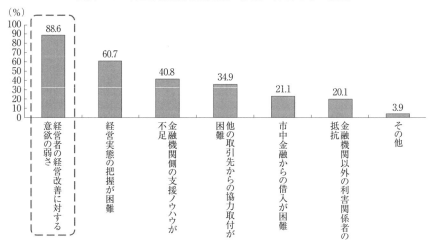

図表 1-6　再生支援開始後支援の継続に障害となる要素[8]

出所：中小企業庁編［2011］156 頁に依拠し筆者作成。

金融機関が中小企業の再生支援で最重視している基準は，中小企業庁［2011］によれば，「経営者の資質・経営改善への意欲」と回答した金融機関の割合が最も高い（図表1-5）。また，金融機関にとって支援継続の障害となる要因は，「経営者の経営改善に対する意欲の弱さ」が最も高く（図表1-6），このことからも，中小企業再生では，経営者のリーダーシップが大きく問われているといえる。

第2節　企業再生研究における課題

　Coutu［2002］は，再起力（resilience）の高い人や組織は，①現実をしっかり受け止める力や②「人生には何らかの意味がある」という強い価値観によって支えられた信念，そして，③超人的な即興力（手近にあるもので間に合わせる能力）の3要素が共通してあると指摘した。[9]
　つまり，①現実をしっかり受け止める力は，中小企業が経営不振に陥り，危機的状況にあるという現実を直視するとともに，現状分析と問題の特定を行う能力を指していると考えられる。また，②「人生には何らかの意味がある」という強い価値観によって支えられた信念は経営理念に相当すると解釈できる。そして，③超人的な即興力（手近にあるもので間に合わせる能力）は，限られた経営資源を有効活用し，再生を図るための合理的な戦略構築力や計画策定力に置き換えて捉えることができ，経営資源の乏しい中小企業の再生を検討するうえで参考になる指摘といえる。
　しかし，②「人生には何らかの意味がある」という強い価値観によって支えられた信念，すなわち経営理念の必要性については指摘されているものの，中小企業再生において，具体的にどのような方法でこの経営理念を早期に創成していけばよいのかといった方法は示されていない。
　太田［2009a］は，倒産状態の企業が再生を果たすには，倒産リスクに直面しているという①危機意識を強く認識すること，②再生計画を立て，その計画を[10]

③応急再生[11]，本格再生，持続型再生（安定再生）という各段階で確実に実行し，④財務の健全性を高め，⑤企業価値の維持，向上を図る経営行動プロセスが重要であると指摘した[12]。

さらに，図表1-7に示すとおり，ERM[13]による「企業価値の維持」，「企業価値の向上」は，「経営者たる人」のリスク対応が先にあって，すべてが成り立ち，「持続型再生の基本条件」は「経営者の革新意欲とリーダーシップ」であるとしている[14]。

これらの太田の「倒産・再生のERM」理論による指摘は，中小企業再生においても示唆に富む。しかし，図表1-8に示すように，経営者のリーダーシップが著しく欠如している経営理念の不明確な危機的状況にある経営不振の中小企業においては，再生に有効な経営者のリーダーシップを開発する具体的な方法に関する研究の蓄積がきわめて少なく，さらに踏み込んだ議論が必要とされている。

福本[2005]は，経営危機を迎え，再生を必要としている企業は，「戦略・ファイナンス・組織」に不整合が生じており，経営陣のリーダーシップや意思決定の仕方に問題があると指摘する[15]。さらに，福本[2005]は，「理念」や「ビジョン」を全社員が共有することは企業経営において重要な要素であるが，これは，ターンアラウンド・マネージャーがリーダーシップを発揮するなかで当然行われるものであるとし，図表1-9に示すとおり，リーダーシップを中核とし，「戦略・ファイナンス・組織」がしっかりと融合される必要性と，企業再生をリードするターンアラウンド・マネージャーのリーダーシップが最も重要であると主張している[16]。

これらの福本の主張は，中小企業再生の研究領域においても非常に示唆に富むものである。しかしながら，この研究は，大企業におけるターンアラウンド・マネージャーのリーダーシップの執り方に主眼が置かれている。また，リーダーシップが最も重要と指摘しながらも，その開発法やリーダーシップを支える経営理念の創成方法に関する具体的な議論はなされておらず，さらに検討の余地がある。

宇佐美[2005]は，企業再生をリードしていくべき立場にある者，すなわち経

図表 1-7　ERM 理論（概念図）

ERM
保守的リスクマネジメント
（企業価値の維持を目指し，リスクのマイナス面（脅威）に対する管理活動）
進取的リスクマネジメント
（企業価値の維持を目指し，リスクのプラス面（機会）に対する管理活動）

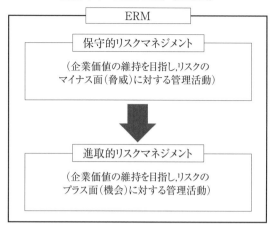

出所：太田［2009a］4 頁に依拠し筆者作成。

図表 1-8　企業再生と経営行動プロセス

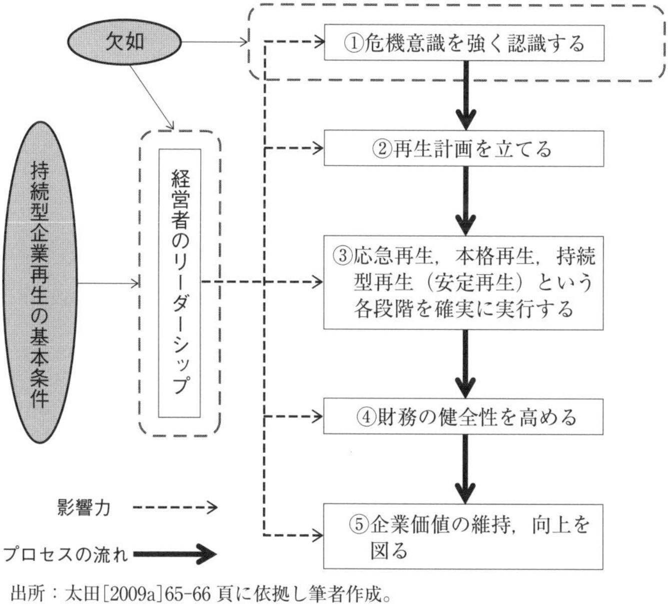

欠如
持続型企業再生の基本条件
経営者のリーダーシップ
①危機意識を強く認識する
②再生計画を立てる
③応急再生，本格再生，持続型再生（安定再生）という各段階を確実に実行する
④財務の健全性を高める
⑤企業価値の維持，向上を図る
影響力
プロセスの流れ

出所：太田［2009a］65-66 頁に依拠し筆者作成。

営者などは，一連の再生活動の骨子や大きな青写真を最初の段階で描く「企業再生のアウトライン」（図表1-10）による方法を示した。そして，このアウトラインを構成する4要素の1つである「Status（現状認識）」から導かれる

図表1-9　リーダーシップ&「戦略・ファイナンス・組織」の融合

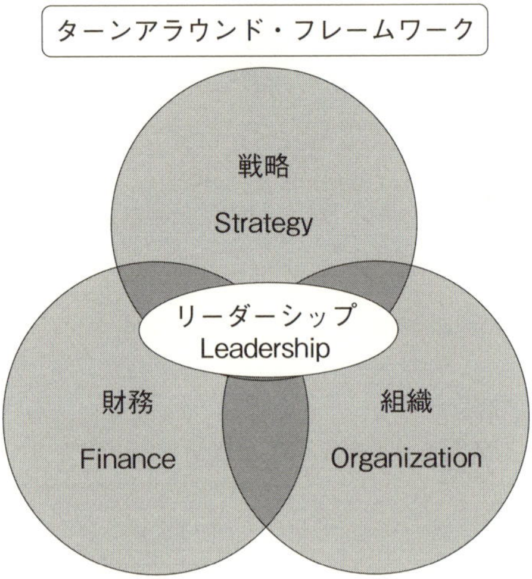

ターンアラウンド・フレームワーク

戦略
Strategy

リーダーシップ
Leadership

財務
Finance

組織
Organization

出所：福本[2005]138頁。

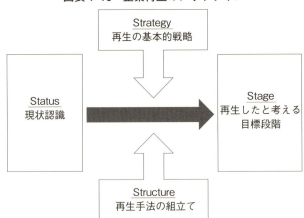

図表1-10　企業再生のアウトライン

Strategy
再生の基本的戦略

Status
現状認識

Stage
再生したと考える
目標段階

Structure
再生手法の組立て

出所：宇佐美[2005]14頁。

「Stage（再生したと考える目標段階）」において設定される目標は，企業理念に基づくべきであると主張している[17]。

この指摘は，企業再生の開始段階において参考になるフレームワークである。しかし，企業理念が曖昧な中小企業再生に関する議論はなされておらず，さらに検討していく余地があるといえる。

Gouillart & Kelly [1995] は，図表1-11に示すように，①リフレーミング（reframing），②リストラクチャリング（restructuring），③リバイタライザーション（revitalization），④リニューアル（renewal）の4つのRから構成されるトランスフォーメーション（transformation），すなわち再生に伴う事業変革（business transformation）のモデルを提示した。つまり，①リフレーミングによって，企業のあり方と達成できる目標を見直して企業の心（mind）を開き，新しいビジョンを社内に浸透させ，②リストラクチャリングにより，企業の体内（body within）にある贅肉，すなわち事業の非合理性を排除して競争力を高め，③リバイタライザーションで，企業の身体と環境（body and environment）と

図表1-11　トランスフォーメーション4つのR

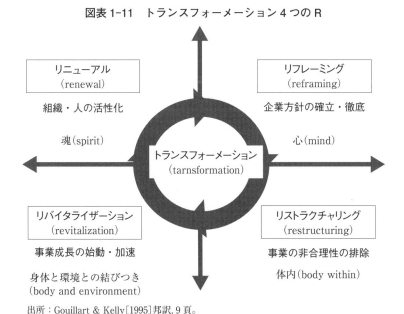

出所：Gouillart & Kelly [1995] 邦訳, 9頁。

を結びつけて，事業成長を始動・加速させ，④リニューアルにより，トランスフォーメーションの人的側面，すなわち企業の魂（spirit）を扱い，組織と人を活性化させるとしている。そして，このトランスフォーメーションは，変革の動機づけ（mobilization）を行い，戦略的意図と利害関係者の優先順位づけ，価値観の創造というビジョン（vision）構築後に，このビジョンを目標と評価基準に翻訳し，目標達成に必要な行動を示さなければならないとしている。[18]

しかし，この研究は，米国の大企業における研究が中心であり，ビジョンが不明確な日本の経営不振中小企業に関する検討は行われていない。

第3節　小　　括

本節では，第1章で検討した「中小企業の現状と企業再生研究における課題」について小括する。

本章では，第1節において，中小企業庁や財務省などの資料から，中小企業の現状を確認した。そして，第2節では，リーダーシップや経営理念，戦略，計画との関係性に主眼が置かれている企業再生に関する代表的な先行研究をレビューし，中小企業再生における企業再生研究の限界と課題を明らかにした。

まず第1節では，我が国の経済における中小企業の重要性を指摘した。そして，中小企業数と国の中小企業対策費が減少傾向にあることを確認するとともに，中小企業が自助努力によって再生を果たしていくことが求められていることがわかった。

財務省[2015]は，中小企業者の経営改善・事業再生を促進していくため，金融機関が目利き・経営支援機能を発揮する必要性を指摘しているが，金融機関は，「経営者の資質・経営改善への意欲」を中小企業の再生支援の判断基準として最も重視しており，「経営者の経営改善に対する意欲の弱さ」を支援継続上，最も障害となる要因としている。このことからも，中小企業再生においては，減少する国の補助金などによる中小企業支援策に依存し過ぎるのではな

く，経営者が再生への意欲を強め，リーダーシップを存分に発揮し，自らの努力によって再生を果たしていく取り組みが求められていることが確認できた。

　第2節においては，リーダーシップや経営理念，戦略，計画との関係性に主眼が置かれている企業再生研究をレビューした結果，持続型の企業再生には，経営者のリーダーシップが基本条件であることが確認できた。そして，「理念」や「ビジョン」を全社員が共有することを前提とし，リーダーシップを中核とした「戦略・ファイナンス・組織」がしっかりと融合される必要性があることもわかった。また，企業再生をリードしていくべき立場にある経営者は，企業理念に基づき，現状認識を踏まえた再生の基本戦略と再生手法の組立てから，目標を描く必要性やビジョンを目標と評価基準に翻訳し，目標達成に必要な行動を示さなければならないといった経営者行動の必要性を確認した。

　しかし，これらの既存研究による見解は，経営理念やビジョンが明確に構築されたことを前提としており，リーダーシップが十分に発揮された状況下での大企業を中心とする再生論に限定されたものである。したがって，経営理念が曖昧で，経営資源の乏しい中小企業の再生に有効な経営者のリーダーシップの開発法，リーダーシップを支える本物の経営理念創成法に関する議論はなされておらず，さらに踏み込んで議論を進めていく必要がある。

　以上が，企業再生の既存研究における限界であり，会社としての公式化された経営理念が曖昧で，経営資源の乏しい経営不振中小企業に有効な経営者の再生型リーダーシップの開発法とそれを支える経営理念の創成法に関して，検討の余地が残されているという課題が明らかとなった。

　以上の課題を踏まえ，次章においては，リーダーシップ研究の領域に焦点を当て，中小企業再生に求められる経営者のリーダーシップに関する検討を行うこととする。

（注）
1）日本の企業数は，中小企業が385万者であり，大企業は1万者である。
2）2009年から2012年の3年間で35万者減少している。
3）平成24年度における欠損法人の割合は70.3％である。
4）財務省［2015］5頁。

5) 財務省［2015］10 頁。
6) 東日本大震災復興特別会計に計上している中小企業対策費は含まれていない。
7) 中小企業庁委託「中小企業向け融資に関する調査」(2010 年 11 月，三菱 UFJ リサーチ＆コンサルティング(株))(注) 第1位を5点，第2位を4点，第3位を3点，第4位を2点，第5位を1点として計算。
8) 中小企業庁委託「中小企業向け融資に関する調査」(2010 年 11 月，三菱 UFJ リサーチ＆コンサルティング(株))(注) 複数回答であるため，合計は必ずしも 100 にならない。
9) Coutu［2002］邦訳, 226-227 頁。
10) 債務超過状態とは，一時的ではない慢性の支払不能を意味する最も危険な状態であり，負債総額が総資産の適正評価額を超過する，すなわち純資産がマイナスの状態をいう（Altman, 1971, 邦訳, 20 頁)。
11) 「応急再生」は財務健全性を倒産以前の健康状態にまで戻せた状態を意味し，再生状態の初期段階を指す。人体に換言すれば，病巣を除去した段階で，いまだ元の健康体とはいえない病後の状態で，再び倒産という状態に戻る可能性が高い時期を指す。「本格再生」とは，財務健全性を回復するが，企業価値も安定しつつある状態を示す。人体でいえば健康を完全に回復し，日常生活が営める段階を意味する。「持続型再生」(安定再生)は，本格再生の期間が長期に継続した状態を意味し，企業価値も完全に維持しつつ，人体でいえば日常生活も安定して営める段階を意味する（太田, 2009a, 30-31 頁)。
12) 太田［2009a］66 頁。
13) 太田［2009a］は，リスクマネジメントを「企業価値の維持と向上をめざし，リスクのマイナス面とプラス面に対応する管理活動」と定義した。そして，リスクのマイナス面（保守的）とプラス面（進取的）の2つの観点からリスクマネジメントを統合的に展開するマネジメント（ERM）の方法論を提唱した（太田, 2009a, 4 頁)。これは，倒産リスクを収益の源泉を得るプラスの機会として捉えるとともに，マイナスの影響を抑えつつ企業価値の向上と再生を図ろうとするマネジメント手法である。
14) 太田［2009b］3 頁。
15) 福本［2005］137 頁。
16) 福本［2005］138 頁。
17) 宇佐美［2005］13-16 頁。
18) Gouillart & Kelly［1995］邦訳, 8-14 頁。

第2章 リーダーシップ研究と中小企業の再生型リーダーシップ

　第1章では，中小企業の現状を確認し，中小企業再生研究の意義について述べた。また，企業再生における経営者のリーダーシップとそれを支える経営理念，および戦略，計画の重要性について確認するとともに，中小企業再生における企業再生研究の限界と課題を明らかにした。

　本章では，この課題を踏まえ，リーダーシップ研究の変遷，リーダーシップの概念定義と機能，リーダーシップを支える経営理念の重要性を指摘する先行研究を整理する。そして，中小企業再生におけるリーダーシップ研究の課題を明らかにするとともに，第1のリサーチ・クエスチョンである「中小企業再生に有効なリーダーシップとはどのようなものか」，すなわち中小企業における経営者の再生型リーダーシップのあり方について探っていく。

第1節　リーダーシップ研究の変遷

　本節では，淵上[2002]，米倉[2003]，日野[2004]，東[2005]，金井[2005]，Yukl[2005]，佐竹[2007]，狩俣[2015]らの見解を参考にしながら，リーダーシップ研究の変遷について概観する。

　リーダーシップ研究の変遷を大まかに示せば，図表2-1のようになる。つまり，1940年頃の研究は，リーダーの資質に着眼した「特性理論」に関する議論が中心であった。1950年頃から1960年頃にかけては，リーダーの行動に関する研究，すなわち「行動理論」に注目が集まり，1960年後半頃に至っては，メンバーの状況に合わせたリーダー行動に焦点を当てた「状況適合理論」に関

図表 2-1　リーダーシップ理論の大きな流れ

名　称	着　眼　点	時　期
特性理論	リーダーの資質	1940 年頃
行動理論	リーダーの行動	1950 年～1960 年頃
状況適合理論	メンバーの状況に合わせたリーダーの行動	1960 年後半
変革型リーダーシップ理論	企業組織の変革	1980 年頃

出所：佐竹[2007]19 頁。

心が集まっていった。

　1940 年頃から 1960 年後半頃におけるこれらのリーダーシップ研究は，比較的小さな集団を対象としており，その集団がいかに成果をあげるかを中心とするものであった[1]。

　そして，その後の 1980 年代頃には，米国経済が大きく低迷し，企業組織レベルでのリーダーシップ検討がなされるようになった。つまり，自動車や鉄鋼，電機などの従来の米国経済を支えていた産業が厳しい国際競争にさらされるなかで，進行する変化に適応していきながら，企業組織を導いていくリーダーが求められるようになったのである[2]。

　こういった状況において登場し，主流となっていった研究が，変革型のリーダーシップ理論である。これは，過去の成功体験から脱却し，未来の変化を先読みしながら，企業組織の変革を導いていこうとする理論であり，Burns[1978]や Bass[1985・1996]，Bass & Avolio[1994]らによって提唱されるようになった。

　このような流れで，リーダーシップ研究の変遷が行われていったわけだが，引き続き，「特性理論」，「行動理論」，「状況適合理論」，「変革型リーダーシップ理論」のそれぞれの理論について確認する。

1. 特性理論

　リーダーシップ論は，東[2005]によれば，トーマス・カーライル（Thomas Carlyle）の19世紀に発表した「リーダーシップ偉人説」が主流となり，さまざまな論者によって長く研究されたとする説がある[3]。特性理論は，リーダーの個人的資質・特性を扱い，社長の決断力や判断力，先見性，統率力，指導力，バランス感覚，人間的魅力などが，組織の管理・運営にどの程度有効なのかを問うものである[4]。

　加えて，米倉[2003]によれば，偉人や成功者の経歴から，究極的な場面においてリーダーシップをどのように発揮させるべきなのかを調査・研究するアプローチにあたるのが，この特性理論の領域に入るという。そして，このような優れたリーダーの資質に着目したさまざまな研究から，知能や学識，責任感，活動性，社会性，経済的地位などの要素が，リーダーシップと深い相関関係をもつことが明らかにされ，リーダーシップがあるとされる人には，これらの要素が人並み以上に優れていたとしている[5]。

　しかし，これらの特性だけでは，リーダーシップのすべては説明できないことも次第に明らかになっていった。つまり，リーダーシップの特性理論には，いくつかの欠点が発見された。たとえば，リーダーシップに貢献する資質の内容が，場合によって違ってくることや，各資質の働きが，どんな状況でも等しい価値を持つとは言い切れないことが見出されたのである[6]。

　また，東[2005]が，リーダーシップをうまく発揮できる人とそうでない人との差を身長，体重，性格，IQなどの個人的資質を分析しようとするアプローチは，調査が精緻になるほど資質による差を具体的に表すことは難しく，外見以外の資質はフォロワーの目に見えるものではないと指摘するように[7]，1940年代後半以降のリーダーシップ研究は，実際に認識可能な行動，すなわちリーダーが示す行動に注目する研究へと転換していったのである。

2. 行動理論

その後の研究者の関心は，特性理論からリーダーの行動スタイル，すなわち行動理論へと移っていった。行動理論は，リーダーの資質や特性だけでは説明できなかったリーダーシップを，リーダーの行動パターンと関係づけようとした研究であり，生まれつきの資質の模倣は困難でも，行動なら模倣できるといった考え方である。すなわち，優れたリーダーが取った行動に学べばよいという理論である。

行動理論は，リーダーシップを二軸で説明する分析が主流となっており，縦軸と横軸の二次元から，リーダーシップ行動を四象限に類型化して説明しているのが特徴である。代表的なものには，三隅［1978］のPM理論（図表2-2）やミシガン大学（Likert），オハイオ州立大学（Stogdill）などの研究がある。

PM理論は，図表2-2で示すように，人間志向としての配慮行動，つまり，集団維持活動としてのM行動軸と職務中心のパフォーマンスや圧力行動軸のP行動により，リーダーシップを類型化し，分析した。この理論では，2つの行動のスコアが最も高い，すなわち，PM型が，最も有効なリーダーシップスタイルであるとしている。

また，ミシガン大学（Likert）の研究では，仕事中心の「課題志向行動」（PM理論でいうP行動）と従業員中心の「人間関係志向行動」（PM理論でい

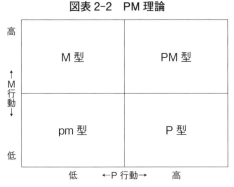

図表2-2　PM理論

出所：金井［2005］215頁。

うM行動）の二軸によってリーダーシップの分析が行われた。

その結果，高業績部門では，部下との人間関係重視，すなわち従業員のモチベーションを高めるようなリーダー行動があるとされた。他方で，低業績部門においては，職務（仕事）中心，すなわち業務の確実な遂行を最優先した行動がなされているとした[12]。

オハイオ州立大学（Stogdill）の研究では，LBDQ Ⅻ というリーダー行動を[13]細かく記述する質問様式を開発し，リーダーシップを「構造づくり（initiating structure）」（PM理論でいうP行動）と「配慮（consideration）」（PM理論でいうM行動）という2つの視点によって分析した。

前者は，組織の目標達成を重視し，そのために何をどうすべきかといった確固たる指示を与える行動を指しており，後者は，部下の気持ちや個人的問題にまで関心を示すリーダーの行動を意味し，2つの行動のスコアが最も高い時が，最も有効なリーダーシップスタイルであるとしている[14]。

このように行動理論は，リーダーの行動パターンと集団業績や部下の満足のような結果変数を比較し，民主的参加的リーダーが高業績であることを明らかにして，理想的なリーダー行動のパターンがあることを示している[15]。

3. 状況適合理論

1960年代後半になると，リーダーの行動のみならず，リーダーの置かれた状況を見ようとするリーダーシップ研究に関心が集まるようになり，こうして登場したのが，状況適合理論，あるいはコンティンジェンシー理論と呼ばれる研究である[16]。

この理論は，リーダーシップの有効性はリーダーを取り巻く状況要因によって規定されるとして，リーダーと状況要因との関係を分析し，リーダーは部下を含めて状況要因を正しく判断してそれに適合する行動をとるべきであると仮定している[17]。

つまり，この理論によれば，リーダーは，取り巻く状況を正しく診断して，その状況に合致するリーダーシップスタイルをその都度，選択すべきというこ

とになる。

　Fiedler[1967]は，唯一最善のリーダーシップの理想型が存在するのではなく，適切な状況に置かれた場合にリーダーシップが発揮されると主張し，①リーダーが組織の他のメンバーに受け入れられる度合い[18]，②課題の構造化の程度，③リーダーが部下をコントロールする権限の度合いの3つの変数で決まると定義した。

　そして，これらの変数が高い状況にある場合は，リーダーにとっては好ましい状況であると指摘した。反対に，これらの度合いのすべてが低い場合には，部下を率先して引っ張っていくような課題志向型のリーダーシップを発揮し，中間的な度合にある場合は，人間関係志向型のリーダーシップを発揮することが望ましいとしている。

　Hersey & Blanchard[1977]は，SL理論[19]において，業務や課題に対するメンバーの習熟度合（follower maturity）に応じてリーダーシップスタイルを使い分けて対応することが有効だと主張した[20]。

　たとえば，図表2-3に示されているように，習熟度の低いメンバーがいる状況においては，多くの指示的行動（task behavior）が必要だが，習熟度が増すにつれて協働的行動（relationship behavior）の必要性が高まるとしている。そして，さらにメンバーの習熟度が進めば，リーダーはいずれの行動も示さない

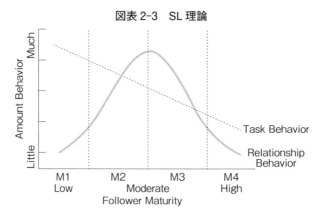

図表2-3　SL理論

出所：Yukl[2005]p. 223.

ことが効果的だと指摘した。

つまり，この理論は，集団の構成メンバーによって状況は異なるのだから，それに合わせたリーダーシップスタイルを見つけていく必要があるとする考え方といえる。

4. 変革型リーダーシップ理論

前述したとおり，1980年代に入り，集団ないしは組織の変革を視野に入れたリーダーシップのあり方が注目されるようになった。米国経済が低迷するなかで，大規模な環境変化に対して，組織全体としてどのように対処するべきかが求められ，これまでの小集団単位中心のリーダーシップ研究では，限界が見出されるようになったのである。そして，不確実性の高い状況下で，組織が成長を続けるためには，非連続的組織変革の必要性が広く認識されるようになっていった。このような時代背景から登場したのが変革型（transformational）のリーダーシップ理論である。

Burns[1978]は，ガンジーやジョン・F・ケネディといった政治リーダーの行動研究から，交換型（transactional）と対比させた概念として変革型リーダーシップ（transformational leadership）を提唱する。

彼によれば，変革型リーダーシップとは，フォロワーが本来もっているはずのより高次の欲求や願望を充足させようとするリーダー行動を指す。つまり，フォロワーの全人格とかかわりながら，高いモラル性をもって，フォロワーの価値観や態度を変化させ，組織に好ましい結果をもたらそうとするリーダーシップであるという。

Bass[1985]は，Burns[1978]による理論をさらに発展させ，組織全体を視野に入れ，フォロワーの潜在的な能力を限りなく引き出すことを目的とした，よりマクロ的な視点からのリーダー行動を，変革型リーダーシップと定義した。

また，Bass & Avolio[1994]は，図表2-4に示すように，交換型リーダーシップと変革型リーダーシップは相対立するものではなく，フォロワーの努力を引き出すために並存していると指摘した。

Bass & Avolio[1994]は，変革型リーダーシップは，4つのI's[27]から成るとし，図表2-4のように，最適なリーダーシップスタイル（Optimal Profile）は，右上にプロットされるリーダー行動が頻繁にあることだと主張した。すなわち，変革型リーダーシップ（I's）や成果に応じて報酬を与える行動（CR）[28]を中心とする交換型リーダーシップを頻繁に用いるリーダーが，有能であるとしている。

　逆に，交換型のリーダーシップである能動的な例外時に罰を与える行動（MBE-A）から左下にプロットされる受動的な例外時に罰を与える行動（MBE-P）や放任型リーダーシップ（LF）の頻度が高くなるにつれ，貧困なリーダーシップスタイルであるとしている[29]。

　このように，変革型のリーダーシップは，1980年代以降，盛んに議論されてきた。初期の変革型リーダーシップ研究では，交換型と変革型の対比から議論が進められ，環境の不確実性の増大に伴って広く抜本的な組織変革の必要性が認識されるようになると，さらに脚光を浴びることになっていった[30]。

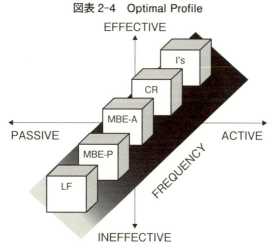

図表2-4　Optimal Profile

出所：Bass & Avolio[1994] p. 5.

第2節　リーダーシップの概念定義と機能

　Bennis & Nanus[1985]が指摘するように，リーダーシップの解釈は多岐にわたり，多くの論者によって，さまざまな定義づけがされている[31]。また，「ダイナミックなプロセスであるリーダーシップを固定的な言葉で定義することには，どうしても無理がある」とする指摘もある[32]。

　しかし，中小企業に求められる経営者の再生型リーダーシップを検討するにあたり，リーダーシップの言葉の意味や定義に関する基礎的な概念を押さえる必要があると考え，本節では，代表的な先行研究を基に，敢えてリーダーシップの定義を確認するとともに，機能に関する議論も進めていくこととする。

　金井[2007]は，リーダーシップの定義自体は無味乾燥であるとしながらも，「リーダーシップとは，フォロワーが目的に向かって自発的に動き出すのに影響を与えるプロセスである」としている[33]。そして，「上司が描く絵が実現するとうれしいと心から思うから，この人についていけばそれが実現できそうだと展望できるから，この人は自分たちのことを思ってくれていると感じるから，厳しそうでもその人に喜んでついていく」のがリーダーシップの本来の姿であるとし，予算配分や人事権などの管理制度や仕組みに依拠し，他の人々を通じて事を成し遂げる「マネジメント」とは異なると指摘する[34]。

　伊丹・加護野[2003]は，「人について行こうと思わせ，そして彼らをまとめる属人的影響力」としてリーダーシップを定義し[35]，図表2-5に示すとおり，理念と人による統御を構成するマネジメントの1つの部分であるとしている[36]。

　つまり，マネジメントは，「戦略による統御」，「経営システムによる統御」，「理念と人による統御」という3つの経営の働きかけであるとしているが，リーダーシップは，この「理念と人による統制」の中のさらに1つの項目として位置づけられているとし，リーダーの属人的特性で集団の統御をしていくためのリーダーのもつべき「力」であると指摘している[37]。

　そして，図表2-6で示されるように，集団を率いるリーダーの役割[38]は，

図表 2-5　リーダーシップの位置づけ

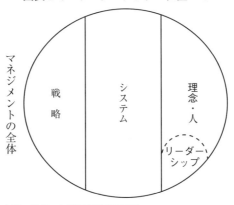

出所：伊丹・加護野[2003]377 頁。

図表 2-6　リーダーの 3 つの役割

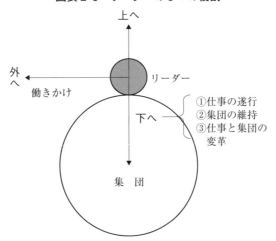

出所：伊丹・加護野[2003]373-376 頁。

「外」,「上」,「下」の 3 つの方向にあるとしており, さらに, リーダーシップとは,「下」, すなわち集団への働きかけに相当し[39], その役割は, ①仕事の遂行, ②集団の維持, ③仕事と集団の変革に分けられると指摘している[40]。

伊丹・加護野[2003]がリーダーシップをマネジメントの一部であると主張する一方で, Kotter[1999]は, 図表 2-7 に示すとおり, リーダーシップ機能とマ

図表2-7　リーダーシップ機能とマネジメント機能

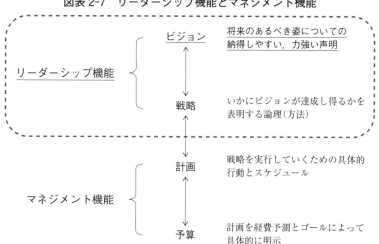

出所：Kotter[1996]邦訳, 113頁に依拠し筆者作成。

ネジメント機能を明確に分け,「リーダーシップとは変革を成し遂げる力量を指す」と定義している。[41] つまり, リーダーシップは,「組織の将来はどうあるべきかを明らかにし, そのビジョンに向けて人材を整列させ, さらに待ちかまえる障害をものともせず, 必要な変革を実現する方向に人材を鼓舞するというプロセス」であるとし, 変革を成功させる重要なプロセスとしての定義づけを行っている。[42]

また, 意義ある変革を成功に導く原動力はリーダーシップであって, マネジメントではないと主張し, 十分なリーダーシップが発揮されなければ, 新戦略やリエンジニアリングなど, どのような変革であろうと, 成功の可能性は低くなると指摘した。[43]

他方, マネジメントとは,「計画立案, 予算作成, 組織化, 人員配置, コントロール, 問題解決を通して, 既存システムの運営を続けること」であるとし,[44]「人材と技術を管理する複雑なシステムをつつがなく進行させるためのさまざまなプロセス」であると定義した。[45]

このように, マネジメント機能は, 環境にうまく対処するための当面の目標を定め, その達成に向けて詳細な計画立案と予算策定から着手し, 組織化と人

材配置によって計画を抜かりなく達成することを目指すものであると捉えることができる[46]。

しかし，リーダーシップ機能は，将来ビジョンとそのビジョンを実現するための変革の戦略を用意し，将来ビジョンなどの1つの目標に向けて組織メンバーの心を統合する[47]。つまり，「方向を設定する」という将来に向けてのビジョンと変革を実現させる戦略を設定し，「人材をある方向に向けて整列させる」ことに努め，「モチベーションと意欲昂揚」について検討し，人材を鼓舞することがリーダーシップ機能なのである[48]。

また，従前は，地位や権限，財力，強制力などによって人々を統率するという考えが主眼であったが，民主主義や人権が重視される現在においては，このような強制力で人々を引っ張っていくことは，リーダーシップの中核概念ではなくなってきており，リーダーシップを存分に発揮するには，リーダーと人々との間に安定した信頼関係の存在が最も重要な前提となっている[49]。

そして，清水[2000a]は，「組織構成員が自らの意志で組織の目的を達成するように，リーダーがフォロアーを保護し，支援することが重要である」と指摘し，「トップのリーダーシップとは，組織の目的を達成するために，リーダーが部下に対して行使する対人影響力である」と規定した[50]。

さらに，図表2-8の「トップリーダーの能力」[51]に示すとおり，リーダーシップを「企業家的態度」と「管理者的態度」とに分けた分析から，「リーダーシップ能力とは，企業家精神と管理者精神とを，より高い視点から統合した能力」と定義している[52]。

以上から，本書におけるリーダーシップは，「組織の目的を達成するために，リーダーが内外の関係者に対して行使する対人影響力である」とし，再生のために発揮されるリーダーシップを再生型リーダーシップと捉えて検討していく。

図表 2-8 トップリーダーの能力

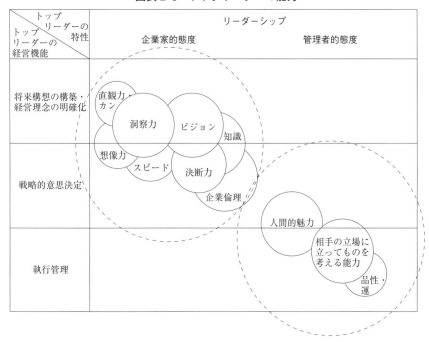

出所：清水[2000a]34 頁。

第 3 節　中小企業の再生型リーダーシップと経営理念の重要性

　中小企業経営におけるリーダーシップの重要性に関する研究の蓄積が進んでいる（たとえば，Lubatkin, et al., 2006；佐藤，2014；高石，2012）。また，リーダーシップにおける経営理念の重要性に関する議論も多い（たとえば，Greenleaf, 1977；Bennis & Nanus, 1985；金井，1986・2007；清水，1992・1999・2000a・2000b；Kotter, 1996・1999；Koestenbaum, 2002；伊丹，2002；伊丹・加護野，2003；佐竹，2007・2009・2014・2015・2016a）。

　Lubatkin, et al.[2006]は，企業全体に及ぼす経営トップの影響力は，大企業

に比べ中小企業において絶大であると指摘した。そして，序章でも触れたように，高石[2012]は，中小企業が存続・成長するためには，経営者のリーダーシップの下での全社的な改善・改革に向けた不断の努力の積み重ねが重要であり[53)]，従業員規模の小さな企業，すなわち中小企業では，戦略的柔軟性の高低にかかわりなく，変革型リーダーシップが直接的に従業員の率先行動に影響を及ぼすとし，経営者のリーダーシップは，従業員規模が小さくなるにつれて，直接的に従業員に影響を及ぼすと指摘している[54)]。

また，佐藤[2014]は，多くの中小企業の場合，さまざまな意思決定は合議的なものではなく，経営者自身に委ねられており[55)]，中小企業成功の要因である思い，気づき，決断は中小企業経営者の価値側面と密接な関係にあり，特に中小企業経営者の企業と経営に対する思いは個人の有する価値観そのものであるから，中小企業においては，経営トップの価値特性が直接的に経営に反映するとしている[56)]。

以上の指摘からもわかるように，中小企業における経営者のリーダーシップは，大企業のそれと比べ，戦略的柔軟性の高低にかかわりなく，企業変革，すなわち再生に大きな影響力を直接的に及ぼしやすいという点が大きく異なっている。つまり，中小企業における経営トップの価値特性が直接的に経営に反映することから，戦略や計画と整合性があり，言行一致が見られる経営者の見え隠れする人生観や価値観，経営哲学，理念，信念などを明確にし，それを熱心に語るという振る舞い，すなわちリーダーシップが，大企業の経営者以上に求められるといえる。

そこで本節では，中小企業再生に求められるリーダーシップを支える経営理念の重要性に着眼し，経営理念の重要性を指摘するリーダーシップの先行研究を概観する。そして，リーダーシップにおける経営理念の重要性および中小企業再生に求められる経営者の再生型リーダーシップのあり方について確認するとともに，既存研究における課題を明らかにし，第1のリサーチ・クエスチョンである「中小企業再生に有効なリーダーシップとはどのようなものか」について探っていく。

Greenleaf[1977]は，何よりも基盤になるミッションの名の下に発揮される[57)]

「サーバントリーダーシップ（servant leadership）」という概念を提示した。これは，「サーバント・リーダーとは，そもそもサーバントである。まず奉仕したい，奉仕することが第一だという自然な感情から始まる。それから，意識的な選択が働き，導きたいと思うようになるのだ」という考えが基礎になっている[58]。

つまり，この概念は，自分が達成すべきことや夢に対して強い使命感をもち，それを実現するために自らの意志でサーバントに徹し，大きなビジョンを描いて，部下が本当に困っているときにはコーチングを行いながら，自分が信じる理念の実現のために邁進している人たちをしっかり支援しようとするリーダーシップの概念であって，ミッションの名の下に，上に立つ者，すなわちリーダーが，フォロワーや人々，社会に尽くすという意味であり，決して召使型のリーダーという意味ではない[59]。

このように，ミッション，すなわち経営理念が明確であれば，経営理念の名の下に従業員や関係者をまとめ，1つの方向に向かって組織力を結集させるリーダーシップを発揮することができるといえ，困難な状況におかれている中小企業の再生にも有効な考え方といえる。しかし，このミッション，すなわち経営理念を危機的状況に陥っている経営不振の中小企業において，どのように創成していけばよいのかについては議論がなされておらず，経営理念を早期に創成する方法について検討する必要がある。

Bennis & Nanus[1985]は，変革に成功した経営者など90人にインタビュー調査を行った結果，成功したリーダーは，全員ビジョン志向であり，そのリーダーシップ行動の共通項は，図表2-9に示す4つの戦略であると指摘した[60]。

そして，ビジョンは人に活力を与え，精神を高揚させ，目標を実現するための行動を起こさせる[61]。したがって，リーダーはビジョンによって，組織の現在と未来をつなぐ重要な橋をかけるとし，リーダーシップの成功にビジョン，すなわち経営理念が欠かせないと主張している[62]。

このことからも，経営不振中小企業の経営者が，再生に向けたリーダーシップを存分に発揮するためには，人に活力を与え，精神を高揚させ，目標を実現するための行動を起こさせるビジョン，すなわち経営理念が，きわめて重要な

要素であることがわかる。しかし，経営不振中小企業の再生を図るための具体的なビジョン構築法や経営理念創成法については示されていない。

また，Koestenbaum[2002]は，図表 2-10 の「The Leadership Diamond Model」によって示されているとおり，リーダーシップとしての偉大さ（greatness）を高めるためには，ビジョン（vision）や倫理（ethics）[63]，事実（reality）[64]，勇気

図表 2-9 優れたリーダーの 4 つの戦略

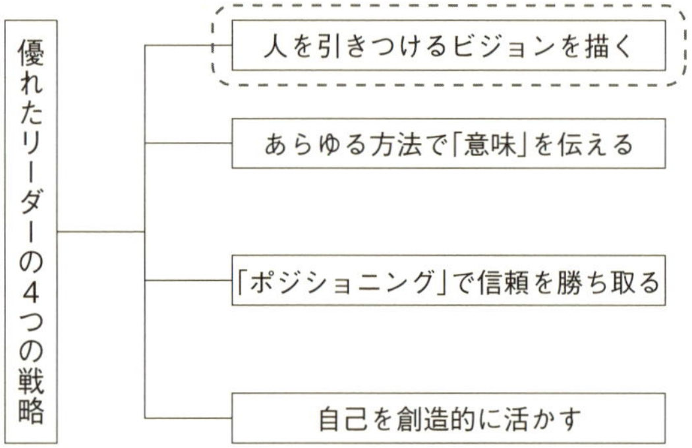

```
                   ┌─ 人を引きつけるビジョンを描く
優れたリーダーの    ├─ あらゆる方法で「意味」を伝える
4 つの戦略          ├─ 「ポジショニング」で信頼を勝ち取る
                   └─ 自己を創造的に活かす
```

出所：Bennis & Nanus[1985]邦訳, 49 頁に依拠し筆者作成。

図表 2-10 The Leadership Diamond Model

出所：Koestenbaum[2002]p. 18 に依拠し筆者作成。

(courage)の4要素をバランスよく高めていく必要があるとしており，経営理念に相当するビジョンや倫理の重要性について指摘した。しかし，中小企業再生においてビジョンや倫理を具体的にどのような方法で明らかにしていくのかについては示されていない。

佐竹[2007]は，東京証券取引所マザーズ市場に株式上場する企業とその社長を対象に，Bass & Avolio[1995]らによって開発されたMultifactor Leadership Questionnaire（MLQ 5-X Short Form）を活用し，社長の変革型リーダーシップ（transformational leadership）と企業成長力との関係性に主眼を置いた研究を行った。

その結果，変革型リーダーシップ（TL）の値と企業成長力の値から調査対象先の各社の社長のリーダーシップを①「変革成功型」，②「幸運型」，③「空回り型」，④「放漫型」の4つのグループに類型化した。そして，企業成長力の高い企業は，図表2-11に示されるとおり，社長の変革型リーダーシップの構成因子の1つである「理想的影響行動」（idealized influence），すなわち経営理念の要素が，他の構成因子よりも相対的に高いことに着目し，経営理念の値が高ければ高いほど，企業成長力にプラスの影響を及ぼすと指摘した。

この「理想的影響行動」は，経営者の見え隠れする人生観や価値観，経営哲学，理念，信念などを熱心に語る振る舞い（経営理念行動）とされており，企業成長力に直接的に影響を及ぼす要因とされている。しかし，この経営理念の値を高める方法については示されておらず，企業成長力を高め，中小企業再生を図るための経営者のリーダーシップを開発するためには，この「理想的影響行動」を高めるための方法論，すなわち，借り物ではない本物の経営理念を創成する方法をさらに検討する必要があるといえる。

また，この変革型リーダーシップの別の要素である「鼓舞する動機づけ」（inspirational motivation）は，企業成長力と相関関係にある要因とされており，社員にとって魅力ある目標や目安をわかりやすく設定し，達成感を味わわせようとする行為である。さらに，社員との密なコミュニケーションを通じて，社員のやる気や意欲を引き出そうといったことに重きをおいた振る舞いとされており，目標設定や計画策定，戦略構築行動として捉えることができる。

図表 2-11　変革型リーダーシップの構成因子と企業成長力との関係

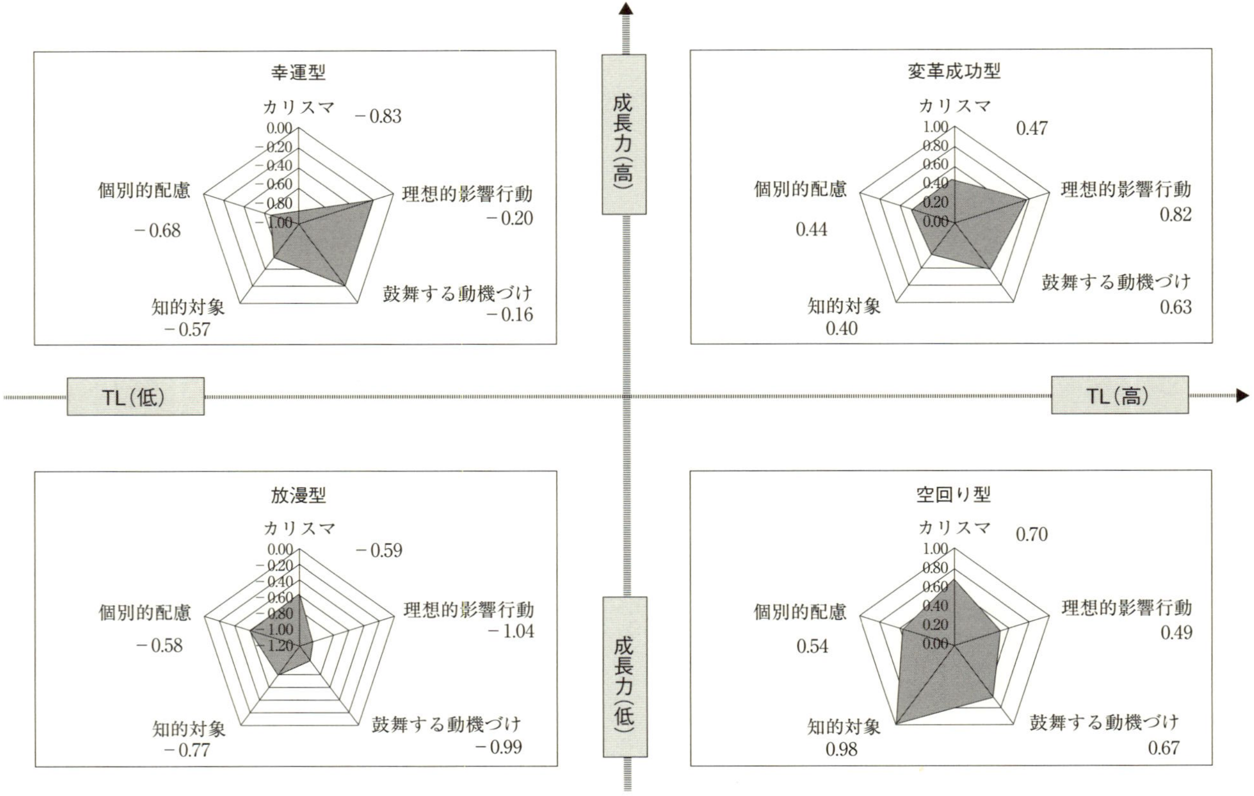

成長力（高）
成長力（低）
TL（低）
TL（高）
幸運型
カリスマ －0.83
理想的影響行動 －0.20
鼓舞する動機づけ －0.16
知的対象 －0.57
個別的配慮 －0.68
0.00
－0.20
－0.40
－0.60
－0.80
－1.00
変革成功型
カリスマ 0.47
理想的影響行動 0.82
鼓舞する動機づけ 0.63
知的対象 0.40
個別的配慮 0.44
1.00
0.80
0.60
0.40
0.20
0.00
放漫型
カリスマ －0.59
理想的影響行動 －1.04
鼓舞する動機づけ －0.99
知的対象 －0.77
個別的配慮 －0.58
0.00
－0.20
－0.40
－0.60
－0.80
－1.00
－1.20
空回り型
カリスマ 0.70
理想的影響行動 0.49
鼓舞する動機づけ 0.67
知的対象 0.98
個別的配慮 0.54
1.00
0.80
0.60
0.40
0.20
0.00

出所：佐竹［2007］60 頁に依拠し筆者作成。

伊丹・加護野[2003]は，図表2-12で示すように，リーダーシップのジレンマを解消するために必要となってくるのが，哲学や経営理念であると指摘する[73]。つまり，経営者などのリーダーは状況に応じて適切な行動をとる必要はあるが，関係者に計算づくや日和見的であるという印象を与え，判断への信頼感というリーダーシップの源泉にマイナスの効果を与えてしまうというのである。そして，状況に応じて適切な行動をとるには，大変な計算の努力が必要で，リーダーを疲弊させてしまうという[74]。

そこで，これらの問題を解消するためにも，哲学や経営理念，思想，原理原則が必要になってくるのである。優れた経営者は，状況に応じた臨機応変な対応力と確固とした基盤，信念を与える原理原則や経営理念があるとし，原理原則と現実の矛盾を創造的に解消するような考え方を生み出しているのである[75]。

金井[1986]は，リーダーシップが意味のある影響力であるためには，経営理念を単なるタテマエの価値観や原則にとどめることなく，それを行動の基本的仮定として浸透させることが要請され，経営理念は，組織文化の形成・維持や変革に携わる経営トップのリーダーシップに不可欠な要素であると指摘しており[76]，中小企業再生においても，タテマエではないホンネの経営理念に支えられた経営者のリーダーシップが求められるといえる。

このように，これまでのリーダーシップ研究からは，経営者がリーダーシップを存分に発揮するためには，明確な経営理念が必要であることがわかった。それゆえ，経営理念の不明確な経営不振中小企業が再生を果たすためには，タテマエではなく，ホンネ，すなわち本物の経営理念に依拠した経営者の再生型

図表2-12 リーダーのジレンマと哲学

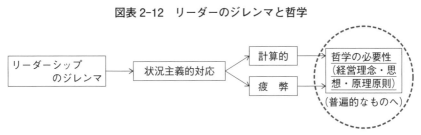

出所：伊丹・加護野[2003]388頁に依拠し筆者作成。

のリーダーシップを発揮することが求められるといえる。

　しかし，業績の低迷から経営不振に陥っている中小企業の多くには，明確な経営理念は見当たらない[77]。したがって，当該企業が再生を果たすために発揮される経営者の再生型のリーダーシップは十分とはいい難く，たとえ優れた戦略や再生計画があっても，その実現性は乏しいといえる。また，この再生型のリーダーシップを支える経営理念を創成する方法に関する根本的な観点からのリーダーシップ研究の蓄積がきわめて少なく，さらなる検討が必要といえよう。

第4節　小　　括

　本節では，第2章で行ったリーダーシップ領域における先行研究のレビューを通じて検討した第1のリサーチ・クエスチョンである「中小企業再生に有効なリーダーシップとはどのようなものか」と中小企業再生におけるリーダーシップ研究の課題について小括する。

　本章では，第1節において，リーダーシップ研究の変遷について概観した。そして，第2節では，これまでの代表的なリーダーシップ研究を基に，リーダーシップの概念定義とリーダーシップ機能に関する議論を進めた。また，第3節では，中小企業に求められる再生型リーダーシップを支える経営理念の重要性に着眼し，経営理念の重要性を指摘するリーダーシップ領域の先行研究をレビューした。そして，リーダーシップにおける経営理念の重要性および中小企業に求められる経営者の再生型リーダーシップのあり方について確認するとともに，既存研究における課題を明らかにした。

　まず，第1節では，淵上[2002]，米倉[2003]，日野[2004]，東[2005]，金井[2005]，Yukl[2005]，佐竹[2007]，狩俣[2015]の見解を参考にしながら，リーダーシップ研究の変遷について概観・整理した。

　1940年頃のリーダーシップ研究は，リーダーの資質に着眼した「特性理論」に関する議論が中心であり，1950年頃から1960年頃にかけては，リーダーの

行動に関する研究，すなわち「行動理論」に注目が集まった。そして，1960年後半頃には，メンバーの状況に合わせたリーダー行動に焦点を当てた「状況適合理論」に関心が集まり，その後の1980年代頃には，米国経済が大きく低迷し，企業組織レベルでの変革を導くリーダーシップ，すなわち変革型のリーダーシップ理論が検討されるようになったことが確認できた。

第2節においては，これまでの代表的な先行研究を基に，リーダーシップの概念定義とリーダーシップの機能に関する確認を行った。

結果，リーダーシップの解釈は多岐にわたり，多くの論者によって，さまざまな定義づけがされているが，金井[2007]が指摘するように，リーダーシップは，フォロワーとしての組織構成員などの関係者が，目的に向かって自発的に動き出すための属人的影響力を及ぼすプロセスとして捉えることができた。

また，マネジメントは計画を抜かりなく達成することを目指す機能であるのに対して，リーダーシップ機能は，将来ビジョンとそれを実現するための変革の戦略を用意し，将来ビジョンなどの1つの目標に向けて組織メンバーの心を統合することだとKotter[1999]が指摘するように，再生に向けた組織変革を果たすためには，マネジメント機能とリーダーシップ機能の両機能を検討する必要があることがわかった。

第3節では，経営理念の重要性を指摘するリーダーシップの既存研究をレビューした。そして，このレビューを通じて，リーダーシップにおける経営理念の重要性および中小企業に求められる経営者の再生型リーダーシップのあり方について確認するとともに，中小企業再生における既存研究の課題を検討した。

その結果，経営者がリーダーシップを存分に発揮するためには，明確な経営理念（あるいは，ビジョンや倫理）が必要であることがわかった。それゆえ，経営理念の不明確な経営不振中小企業が再生を果たすためには，タテマエではなく，ホンネ，すなわち本物の経営理念に依拠した経営者のリーダーシップが発揮されるべきなのである。

しかし，佐竹[2015]が指摘するように，業績の低迷から経営不振に陥っている中小企業の多くには，明確な経営理念は見当たらない。したがって，当該企

業が再生を果たすために発揮される経営者の再生型のリーダーシップは十分とはいい難く，たとえ優れた戦略や再生計画があっても，その実現性は乏しいといえる。また，この再生型のリーダーシップを支える経営理念を創成する方法に関する根本的な観点からのリーダーシップ研究の蓄積がきわめて少なく，さらなる検討が必要なことが課題として明らかとなった。

(注)
1) 東［2005］129頁。
2) 米倉［2003］139頁。
3) 東［2005］127頁。
4) 米倉［2003］134頁。
5) 米倉［2003］134-135頁。
6) 米倉［2003］135頁。
7) 東［2005］127頁。
8) 東［2005］127頁。
9) 米倉［2003］135頁。
10) M=メインテナンス（maintenance）。
11) P=パフォーマンス（performance）。
12) 2つのリーダーシップのタイプは両立しないものと考えられた。
13) リーダー行動記述質問票十二次元様式。
14) この2つの行動は両立すると考えられた。
15) 狩俣［2015］25頁。
16) 米倉［2003］137頁。
17) 狩俣［2015］25頁。
18) LPC=least preferred coworker で表される。
19) SL=situational leadership
20) リーダーシップ（L）のプロセスは，リーダー（l），フォロワー（f），およびその他の状況変動（s）の間で，$L=f(l, f, s)$ という関数で表すことができる（Hersey & Blanchard, 1977, p. 84）。
21) 淵上［2002］39頁。
22) 東［2005］129頁。
23) 交換型リーダーシップとは，交換によって成立するリーダーシップであり，ほとんどのリーダーとフォロワーの関係において見られるものである。たとえば，族議員と呼ばれる政治家は，官庁の利益を擁護するように行動することと交換に，官僚に対しリーダーシップを発揮する。また，そこで獲得した資源による利益誘導的政治と交換に，有権者の支持を獲得する（日野，2004，5頁）。
24) 正義や平等，民主主義といった理想や道徳的価値を訴えることによって，フォロワーが本来持っているはずのより高次の欲求や願望を引き出そうとするリーダー行動（日野，2004，5頁）。
25) 東［2005］130頁。

26）渕上［2002］40頁。
27）① idealized influence（理想化された影響力），② inspirational motivation（鼓舞する動機づけ），③ intellectual stimulation（知的刺激），④ individualized consideration（個別的配慮）。
28）CR=contingent reward
29）MBE-A=management-by-exception-actively, MBE-P=management-by-exception-passively, LF=laissez-faire
30）東［2005］142頁。
31）Bennis & Nanus［1985］邦訳,23-24頁。
32）金井［2007］22頁。
33）金井［2007］42頁。
34）金井［2007］29-30頁。
35）伊丹・加護野［2003］372頁。
36）伊丹・加護野［2003］376-377頁。
37）伊丹・加護野［2003］376頁。
38）現実には，リーダーシップのない企業組織における社長や事業本部長などのリーダーも数多くいるが，たとえリーダーシップがなくとも，リーダーとして求められる役割を指しており，「外」は，集団を代表して，集団の外の世界に働きかけるという役割であり，「上」は，さらに上層部の管理組織などを指している（伊丹・加護野，2003, 373-374頁）。
39）「外」および「上」に対する働きかけも，リーダーシップに相当すると考えられる。
40）伊丹・加護野［2003］373-376頁。
41）Kotter［1999］邦訳，49頁。
42）Kotter［1996］邦訳，46頁。
43）Kotter［1999］邦訳，19頁。
44）Kotter［1999］邦訳，19-20頁。
45）Kotter［1996］邦訳，46頁。
46）Kotter［1999］邦訳，50-51頁。
47）Kotter［1999］邦訳，51頁。
48）Kotter［1996］邦訳，46-47頁。
49）清水［2000b］108頁。
50）清水［2000b］は，「リーダーシップとは，人々をリーダーの考える1つの方向にひっぱっていく影響力」としており（清水, 2000b, 107頁），清水［2000a］とは異なる表現で定義している。
51）トップリーダーの能力とは，組織の長，たとえば企業ならば社長，軍団なら司令官の「企業家的態度」と「管理者的態度」とを，一段と高い視点から統合したトップリーダーの能力であり，ミドルやロアーのリーダーの能力ではないとしている（清水, 2000a, 32頁）。
52）清水［2000a］31頁。
53）高石［2012］1頁。
54）高石［2012］10頁。
55）佐藤［2014］9頁。
56）佐藤［2014］19頁。
57）金井［2007］87頁。

58) Greenleaf [1977] p. 27.
59) 金井 [2007] 55-56 頁。
60) ビジョンとは，人を引きつける的であり，組織にとって望ましく，実現可能な未来のイメージを指し，夢のような曖昧なときもあれば，目標やミッション・ステートメントのように明確なときもあるとしている（Bennis & Nanus, 1985, p. 116）。
61) Bennis & Nanus [1985] 邦訳, 53 頁。
62) Bennis & Nanus [1985] 邦訳, 116 頁。
63) 本研究では，ビジョン（vision）や倫理（ethics）を経営理念と同義として捉えているが，ビジョンについては，中長期的展望に立った経営方針という観点からは，戦略として捉えることもできる。
64) 本研究でいう事実（reality）は，現状分析から当面の問題を明らかにするとともに，その問題を直視し，その問題を解決するための短期目標や計画として捉えている。
65) 本研究でいう勇気（courage）とは，困難な戦略や計画を実行に移す覚悟を決め，決断した状態，すなわち困難や危険を恐れない心が芽生えた状態を指す。
66) Koestenbaum [2002] p. 18.
67) 変革型リーダーシップ（TL）を測定する尺度の Multifactor Leadership Questionnaire（MLQ 5-X Short Form）は，「カリスマ（attributed charisma）」，「理想的影響行動（idealized influence）」，「鼓舞する動機づけ（inspirational motivation）」，「知的刺激（intellectual stimulation）」，「個別的配慮（individualized consideration）」の5つの下位尺度（因子）から構成されており，それぞれの下位尺度をリッカートの5件法によって測定し，因子分析，t 検定，相関分析，重回帰分析などの分析結果から，「理想的影響行動（idealized influence）」と「鼓舞する動機づけ（inspiration motivation）」は，企業成長力との相関関係において有意の値が示された（理想的影響行動の度合いは企業成長力に直接的な影響を及ぼす）。
68) 企業成長力の算出方法：企業成長力＝売上高成長ポイント＋営業利益成長ポイント＋経常利益成長ポイント（売上高成長ポイント＝各年度の売上の成長率の総和×100，営業利益成長ポイント＝各年度の営業利益成長率の総和×100，経常利益成長ポイント＝各年度の経常利益成長率の総和×100）。
69) ①変革成功型＝TL（High）×成長力（High），②幸運型＝TL（Low）×成長力（Low），③空回り型＝TL（High）×成長力（Low），④放漫型＝TL（Low）×成長力（Low）。
70) 日野 [2004] は「理想化された影響力」と表現している。
71) カリスマ（attributed Charisma），知的刺激（intellectual stimulation），個別的配慮（individualized consideration），鼓舞する動機づけ（inspirational motivation）。
72) ①「変革成功型」群においては，「理想的影響行動」因子が，0.82 と最も高い値を示した。そして，「鼓舞する動機づけ」因子については，0.63 といった値であり，2番目に高いことがわかった。「カリスマ」因子については，0.47 で3番目の値を示した。続いて，「個別的配慮」因子については，0.44 を示し，4番目の値であった。「知的刺激」因子については，0.40 を示し，最も低い値であった。②「幸運型」群においては，「鼓舞する動機づけ」因子が，−0.16 といった値であり，最も高い値を示した。「理想的影響行動」因子については，−0.20 であり，2番目に高く，この因子も比較的高い値を示した。「知的刺激」因子については，−0.57 であり，3番目の値を示した。続いて，「個別的配慮」因子については，−0.68 を示し，4番目の値であった。「カリスマ」については，−0.83 を示し，最も低い値であった。③「空回り型」群においては，「知的刺激」因子が，0.98 と

いった値であり，最も高い値を示した。「カリスマ」因子については，0.70 であり，2 番目に高く，この因子も比較的高い値を示した。「鼓舞する動機づけ」因子については，0.67 であり，3 番目の値を示した。続いて，「個別的配慮」因子については，0.54 を示し，4 番目の値であった。「理想的影響行動」については，0.49 を示し，最も低い値であった。
④「放漫型」群においては，「個別的配慮」因子が，－0.58 といった値であり，最も高い値を示した。「カリスマ」因子については，－0.59 であり，2 番目に高く，この因子も比較的高い値を示した。「知的刺激」因子については，－0.77 であり，3 番目の値を示した。続いて，「鼓舞する動機づけ」因子については，－0.99 を示し，4 番目の値であった。「理想的影響行動」については，－1.04 を示し，最も低い値であった。

73) 伊丹・加護野［2003］388 頁。
74) 伊丹・加護野［2003］387-388 頁。
75) 伊丹・加護野［2003］388-389 頁。
76) 金井［1986］172 頁。
77) 佐竹［2015］32 頁。

第3章 経営理念研究と中小企業再生

　第2章では，リーダーシップの先行研究から第1のリサーチ・クエスチョンである「中小企業再生に有効なリーダーシップとはどのようなものか」について探った。その結果，中小企業再生には，本物の経営理念に依拠した経営者のリーダーシップを発揮することが求められることがわかった。しかし，このリーダーシップを支える経営理念を創成する方法に関する根本的な観点からの研究蓄積がきわめて少なく，さらなる検討が必要であることも明らかとなった。

　このように，組織が成功するためには，リーダーシップが欠かせない。そして，活力にあふれた強い組織をつくるためには，組織のあるべき未来を思い描き，そのビジョンや経営理念に向かって組織を変革していけるリーダーが必要である[1]。

　そこで，本章では，第2のリサーチ・クエスチョンである「中小企業再生のための経営者のリーダーシップを支える経営理念とはどのようなものか」について探っていく。

第1節　経営理念研究の変遷

　本節では，経営理念の源流と変遷について，経営理念研究の領域と方法論的諸問題を検討した槇谷[2008]らの研究を手がかりに，概観する。そのうえで，経営不振状態にある中小企業における経営理念創成の必要性や有効性，取り組み方などについて考察する。

　槇谷[2008]は，組織目的に関する研究の視点から，経営理念は組織の目的を

表現するものであると定義した。そして，経営理念に焦点を当てた研究ではないとしながらも，組織目的の意味づけについて探求したものとして，Taylor[1911]やBarnard[1938]，さらに，Simon[1976]らによる研究を経営理念の源流として取り上げている。また，経営目的の研究から見た経営理念の変遷については，Sutton et al.[1956]やThompson[1958]，Ackoff & Emery[1972]らの研究を取り上げ，経営目的の視点からの経営理念研究に関する検討を行っている[2]。

1. Taylorの研究

Taylor[1911]は，従業員の繁栄を伴わないかぎり，使用者の繁栄だけが長く続くことはないとし，労使双方の最大繁栄をもたらすことを目的として科学的管理法を提唱した[3]。

槇谷[2008]は，経営者と労働者の矛盾に対して，このTaylorの科学的管理法という制度や技法の背景にある意図や思想そのものは，経営理念の源流として位置づけられると指摘した。つまり，経営管理の原形としてのTaylorの科学的管理法は，単なる技法や制度，テイラーリズムといわれたイデオロギーとして捉えるだけでなく，経営者と労働者の矛盾に対応し，企業の永続的な繁栄の基盤を形成する経営理念の制度であると指摘した[4]。

このTaylorの科学的管理法を経営理念の源流とする視点は，企業業績の悪化が原因で経営不振に陥っている現在の中小企業の経営理念創成研究においても示唆に富む。なぜなら，経営理念のない当該企業の多くには，経営者の直感や経験などを頼りにした，場当たり的かつ属人的な「成り行き経営」が散見されるからである。つまり，極力，属人的で非合理的な方法を排除し，生産性を高めることによって，労働者には高賃金を支払い，一方でコストを抑えるといった労使双方にとって繁栄をもたらすとするこの科学的管理法の考え方は，経営資源の乏しい中小企業における経営理念創成に有効であると考えられる。

経営不振に悩む中小企業の多くにおいては，経営理念が形成されておらず，将来に対するビジョンや戦略が曖昧で，統一的で一貫した管理がなされていな

い。短納期化や低コスト化，多品種微量生産化，高品質化が求められ，さらに，人件費や原材料の高騰が進む中，このような非効率的経営により，経営者と従業員の双方に低賃金での長時間勤務が課せられ，彼らには，精神的かつ物理的に大きな負荷がかかっている。そして，先行き不透明な経営環境下において，彼らの事業意欲や労働意欲が著しく低下してしまっている。加えて，このような劣悪な経営環境や労働環境が起因して離職率が高まり，また少子高齢化が進む中，若い優秀な人材が集まらず，後継者が育ちにくい状態に陥っている。その結果，これらの中小企業では，人材不足による機会損失を招くなどの問題を引き起こし，企業業績を悪化させていると考えられる。

　この科学的管理法には，組織的怠業などの諸問題があるとの指摘もある[5]。しかし，このように労使双方にとって，業績の低迷から経営不振に陥っている経営理念がない中小企業は劣悪な経営環境下にあるといえ，労使双方の最大繁栄をもたらすことを目的として検討されたTaylorの示唆は貴重といえよう。

2.　Barnardの研究

　Barnard[1938]は，公式組織（formal organization）を2人以上の人々の意識的に調整された活動や諸力の体系として定義した。また，組織の構成要素を，共通目的（common purpose），伝達（communication），貢献意欲（willingness to serve）の3つとし，共通目的が組織の成立要因として重要であると指摘した[6]。

　槇谷[2008]は，Barnardのいう公式組織を存続（外部均衡）させるには，組織の有効性（effectiveness）と能率（efficiency）を高めるための経営管理の機能を確立する必要があるとしている。そして，この経営管理の機能を確立させるためには，人と組織の協働体系（cooperative systems）を統合する組織の共通目的としての経営理念が必要であるとする見解を示している[7]。

　業績が落ち込み，経営不振に陥っている経営理念がない（あるいは不明確な）中小企業は，このBarnardのいう組織構成要素の1つである「共通目的」が不明確な状態が多い。つまり，槇谷の見解から考察すれば，経営管理の機能を確立させるうえで重要な要素であるとする「人と組織の協働システム」を統

合する経営理念，すなわち組織の「共通目的」や「ビジョン」がないことが，当該企業における経営管理機能の不全化をもたらし，その結果，業績が悪化し，債務超過などの経営不振を招いていることが推察できる。

したがって，当該中小企業が，経営理念を創成していく際には，Barnardのいう組織構成要素の1つである「共通目的」を問い直し，明確にしてゆく取り組みがきわめて重要といえよう。

3. Simonの研究

Simon[1976]は，組織における個人の決定を支配する価値や目的は，主として組織の目的であると指摘し，経営行動としての意思決定において組織目的の重要性について論じている。そして，多くの行動，特に管理組織内の個人の行動は，目的志向的である——目標や目的を志向しており，この目的志向性によって，行動パターンに統一がもたらされると主張している。[8]

槇谷[2008]は，Simonの主張は，組織体の目的は意思決定に不可欠であり主要な標準であるとし，組織メンバーが意思決定を行うにあたって，組織の目的と価値を共有しているときに組織を自分自身に一体化（identification）させているとする解釈を示している。そのうえで，個人と組織の目的と価値の統合を唱えたものは経営理念であるとし，この経営理念から一体化が生ずるという見解を示した。それに対して，個人と組織の目標の統合を唱えたものは，目標による管理など経営管理の諸要素であると定義づけた。[9] [10]

業績の低迷から経営不振に陥っている経営理念がない中小企業の多くには，経営トップの独りよがりな考えや方針，目的を従業員などに一方的に押し付けてしまう傾向にある。もしくは，社員と共有すべき目的や価値観が不明確なまま，売上などの数値目標だけが設定されている状況が散見される。こういった状況下においては，明確で迅速な意思決定がなされないばかりか，経営者と従業員，すなわち個人と組織の目的や価値観が一体化されていないため，組織は機能せず，業績不振に陥ってしまう傾向にあると考えられる。

4. Sutton の研究

　Sutton[1956]は，アメリカの経営理念(business creed)はイデオロギー(ideology)であると捉え，「他人の感情や活動に影響力を及ぼすという明らかな目的をもって公表された信念の体系」として経営理念の「意図」について論じている。そして，経営者が特定のイデオロギーをもつのは，彼らが経営者としてとらざるをえない活動とか，家庭や地域社会で演じなければならないいろいろな社会的役割の相互矛盾とかから生ずる感情的矛盾，不安，疑念によるとしている。つまり，イデオロギーの内容が形成されるのは，この感情的矛盾を解決し，不安を緩和し，疑念を克服するためであるとして，経営理念の「機能」を示している。

　高田[1978]は，この Sutton の研究のなかで，経営理念の「意図」と「機能」についての主張が重要であるとし，この「意図」と「機能」が経営理念の存在意義であると指摘している。すなわち，経営者自身が「心理的能力」(psychological ability)を維持するため（挫折感をもたないようにするため）の支えになること，さらに，他人の感情や活動に作用することに経営理念の存在意義があるとしている。

　企業のトップ・マネジメントを担う経営者には，さまざまな責任や責務が重くのしかかる。たとえば，債務超過に陥っている中小企業の多くには，金融機関からの多額の借入金などの負債があり，この借入金返済にかかわる保証が代表者である社長個人に課せられている。そのため，精神的なストレスやプレッシャーから，孤独で不安な精神状態に陥っていることが推察される。したがって，これらのさまざまな不安を緩和し，社内外の関係者の感情や活動によい影響力を及ぼしながら，経営と事業活動に邁進できる精神状態を保つには，Suttonのいうイデオロギーや経営目的としての経営理念を創成していく取り組みが有用といえる。すなわち，経営理念の創成に向けた取り組みは，経営本来の目的や信念に立ち返るきっかけとなり，社長の精神状態を安定させる行為につながるといえよう。

5. Thompson の研究

　Thompson[1958]は，経営者が経営理念(company creeds)を作成する理由は次の4点としている。第1は，会社の目的（purpose）を明確にするためであり，なんのために企業活動を行うのかを正確に伝えるためとしている。第2は，会社の哲学―性格（philosophy-character）を明確にするためであり，会社の活動を指導する道徳的ならびに倫理的諸原則を伝えるためとしている。第3は，会社の中に特定の「雰囲気」(climate)をつくり出すためであり，会社の基本目的と基本倫理を従業員全階層に伝達し，全階層の従業員がその活動を通じて会社の基本目的と基本倫理を社外の人々―顧客その他―に伝達するようにするためとしている。第4は，マネジャーたちに行動基準（guide）を提供するためであり，彼らが独立的に行動できるとともに会社の基本的目標と原則の枠内にとどまるようにするためとしている。

　高田[1978]は，Thompsonのいう経営理念作成の第1と第2の理由は，経営理念そのものを確認し経営理念が自己自身を明示していることを意味するとし，第3と第4の理由は，経営理念の存在意義を述べていると説明している。槇谷[2008]は，経営理念作成の第3の理由にある「雰囲気」とは「組織文化」とつながってくるとし，第4の理由は，経営理念の具現化を示そうとしているものとして指摘している。

　業績不振から債務超過に陥っている中小企業における多くの経営者には，これらの思考が欠落しており，経営理念の必要性を認識していない傾向や特徴があるものと考えられる。つまり，経営理念が存在しないということは，会社の目的が不明確であり，なんのために企業活動を行うのかを正確に伝えることができず，会社の活動を指導する諸原則も不明確な状態であることから，組織力を高めて企業業績を向上させることが困難な状態にあるといえる。

6. Ackoff & Emery の研究

　Ackoff & Emery[1972]は，「現状維持システム」(state-maintaining system)

と「目標志向システム」(goal-seeking system),「目的志向システム」(purposeful system)の3つにシステムを分類する指摘を行っている。[18]

高田[1978]は,この目的志向システムに注目し,この目的志向システムにおける1つの下位分類としての「理想追求システム」(ideal-seeking system)が重要であると主張している。そして,Ackoff & Emery のいうこの理想追求性は,経営理念の性格に含まれており,Ackoff & Emery の理想追求システム論は経営理念の存在意義に重要な示唆を与えるとの見解を示している。[19]

Ackoff & Emery は,理想(ideal)→長期目標(objectives)→短期目標(goals)のように,短期目標を選択・整序するのは長期目標であり,長期目標を選択・整序するのが理想とする階層的関係を示した。この理想は,無限に近づくことはできるが実際には到達できない目的であるとし,この理想追求システムは,「完全」(perfection)とか「最終的に望ましいもの」(ultimately desirable)という概念をもち,それをシステマティックに―相互関連したステップに従って―追求するシステムであるとしている。[20]

さらに,Ackoff & Emery[1972]は,この理想追求システムには以下の四大機能である「必要機能」(necessary functions)があると指摘している。

第1の機能は,豊富(plenty)の追求であり,これは政治・経済的諸機能(politico-economic functions)であるとしている。この機能には生産や分配,交易(金融,福祉機能を含む),財産権(立法,警察,災害防止,保険,保全などの諸機能を含む)の諸機能も含まれるとし,万能(omniscience)という理想に近づくためには,豊かな資源が必要であるという。

第2は,真(truth)の追求,すなわち科学的諸機能(scientific functions)である。つまり,理想を追求するシステムには,必要な資源の発見と開発を行う能力が求められ,これらの能力と理想的知識を得るための基礎研究や応用研究,教育の諸機能なども含まれるとして主張している。

第3は,善(good)の追求としての倫理・道徳的諸機能(ethico-moral functions)である。理想追求システムは,それが生み出す諸結果の間やその他のシステムが生み出す諸結果との間に葛藤(conflict)がないことを要求する。「精神の安定」と「地上の平和」が万能という理想達成のための必要条件であり,

この条件を満たすのが倫理・道徳的機能であるとしている。

第4は，美（beauty）の追求であり，「浄化機能」と「インスピレーション機能」を含む美的諸機能（aesthetic functions）であるとしている。心身が疲れた状態においては，より新しい手段も目標もつくり出せない状態に陥っている。その際には，ペースを変えて再出発するためにリクリエーションの機能を果たすのが浄化機能としている。また，「創造的心情」や，将来の価値のために現在の価値を犠牲にする「英雄的心情」を，芸術は美によって生み出すが，これがインスピレーション機能だと論じている。[21]

以上の観点から，経営理念不在の中小企業には，Ackoff & Emery のいう「目的志向システム」における「理想追求システム」が備わっていない状況がうかがえる。高田[1978]は，この理想を経営理念として捉え，経営理念は経営目標を規制し経営経済と経営組織を規制する根本要因であるとし，経営理念の存在意義を主張している。つまり，経営理念不在企業が業績を悪化させている要因の1つに，この理想を追求し，経営目標や経営組織を規制する機能が欠落していることが挙げられる。

7. 日本における経営理念研究の変遷

日本における経営理念はいつから，どのような方法で形成されてきたのであろうか。本項では，日本における商業的組織における経営理念の変遷について概観する。

土屋[1964]は，本格的かつ純粋といえる商業経営者がはじめて出現し，本格的な商業経営理念がはじめて日本において形成されたのは，全国的・政治的統一が形成され，治安も全国的に確立した江戸時代であるとする見解を示した。[22] そして，江戸時代の文献中，最も早く商人の経営理念を記したものは江戸時代初期の寛永四年（1627年）に書かれた『長者教』としている。『長者教』は，1人の若者が，かまた屋，なわ屋，いづみ屋という3人の長者の商売にかかわる訓話を聞いて記したものであり，長者の，長者とならんとする者のための教えの書であり，経営理念史上の文献として，きわめて重要であるとしている。

明治維新の社会的変革期では，槇谷[2008]は，三井や住友のような商家，岩崎や安田のような新興企業の中核となった人々の統合と動機づけに家業の観念が利用されたとしている[23]。つまり，この家業の観念が，三井や住友，三菱，安田という企業における経営理念として機能していたものと考えられる。

　鳥羽・浅野[1986]は，明治から戦前にかけて，私利の追求を超えた「国家主義的価値観」を有する経営理念へと変容し，戦後から高度成長期にかけては，「祖国再建」・「企業再建」のために社内意識を高揚させる「精神作興タイプの理念」が多くなったと論じている。また，その後の1970年代以降は，経営理念のなかで企業の「社会的責任」が強調されるようになったと指摘し，1980年代以降には，方針あるいは戦略志向的な経営理念が増加してきたとしている[24]。

　以上，本項では，日本の江戸時代における経営理念の誕生から1980年代までの経営理念の変遷について先行研究を基に概観した。これらの研究からは，経営理念は，その時代の流れとともに，内容や内容に盛り込まれる要素の趨勢が大きく変遷してきたことがわかる。しかしながら，経営理念の本質は，どの時代においても大きな変化はないと考えられる。つまり，その本質は，企業とその経営者，従業員たちが，それぞれの時代において追い求めてゆくべきもの，すなわち，Ackoff & Emery のいう理想であると捉えることができよう。

第2節　経営理念の概念定義

　本節では，経営理念の概念定義について，その代表的な議論を概観しながら整理し，経営不振中小企業の経営理念創成の取り組みは，どのような組織的意義をもつのかといった観点から，経営理念の定義について考察する。

　関東経済産業局[2010]によれば，経営理念は，「経営者の考え方・目指すもの，会社の立ち位置・スタンスを明確化するものであり，まさしく『この会社はどのような会社であるか，何のために経営するのか（将来の姿・事業の目的・存在理由など）』を内部・外部に示すものである。また，経営者自身のみ

ならず，従業員にとっても判断基準・行動基準になるものでもある」としている[25]。

しかし，図表3-1に示すとおり，このほかにも多くの研究者により，さまざまな経営理念が定義されている。

このように，経営理念については学術的に一貫した定義づけが明解にされておらず，さらなる議論の余地がある[26]。それは経営理念という用語が，さまざまな用語[27]と同義で使用されているからであるといった指摘もある[28]。

こうして，さまざまな経営理念の概念定義がなされているなかで，本章では，佐久間[2005]が，「経営理念がない会社など信じられません。これでは何のためにこの会社はあるのか，何を目指して経営をしてゆけばいいのか，わかりません[29]」という企業経営における「目的」を明確にする必要性を指摘している観点と，前述の経営理念の源流と変遷の先行研究において多く表現されていた「目的」という用語に注目し，代表的な経営理念の概念定義について考察する。

山城[1969]は，「経営者が経営体の目的を達成するためにその機能を担当するにあたって活動の指針となる考え方」と「主体の目的活動の『よりどころ』となる考え方」と経営理念を定義した[30]。そして，中川[1972]による定義は，「経営者自身によって公表された企業経営の目的およびその指導原理」としている[31]。さらに，浅野[1991]は，「経営者あるいは企業が経営目的を達成しようとするための活動指針あるいは指導原理である[32]」とし，清水[1996]は，「経営者個人が抱く信念，従業員の欲求・動機，社会的環境の要請の3つの要素が相互作用して見出された企業の価値観・目的および指導原理[33]」として経営理念の概念を定義している。また，伊丹・加護野[2003]は，松下電器（現パナソニック）の創業者である松下幸之助の事例から，経営理念を「組織の理念的目的（この企業は何のために存在するか）と経営のやり方と人々の行動についての基本的考え方」と定義した[34]。つまり，組織の目的についての理念と経営行動の規範についての理念，その2つの部分から経営理念は構成されていると指摘している[35]。

これらの先行研究における経営理念の概念定義からは，経営理念そのものを目的とする定義づけや，経営の目的を明確にしたうえで，その目的を達成させ

図表 3-1　研究者による経営理念の定義

研究者名	経営理念の定義
土屋 (1967, 35 頁)	「経済人」の精神たる「資本主義精神」に対する対立理念，もしくは「資本主義精神」の崩壊の上に経営者の間に普及し支配しつつある「理念」
北野 (1972, 181 頁)	企業が行動主体として一貫した行動をとり，そのときどきの偶発事故によってゆさぶられないためには，企業が現在どこに位置しており，これからどこへ向かって進もうとしているかについての企業の生活空間ともいうべき構想
間 (1972, 78 頁)	明文化された組織の基本方針
高田 (1978, 15 頁)	経営者が企業という組織体を経営するに際して抱く信念，信条，理念
鳥羽・浅野 (1984, 37 頁)	経営者・組織体の行動規範・行動指針となる価値観，あるいは指導原理
水谷内 (1992, 27 頁)	企業ないしその経営者が経営活動を展開する際によりどころとする行動規範，行動指針，価値観，価値基軸およびエートス
梅澤 (1994, 2 頁)	経営活動に関し企業が抱いている価値観であり，企業が経営活動を推進していくうえでの指導的な原理であり，指針
奥村 (1994, 3 頁)	企業経営について，経営者ないし会社あるいは経済団体が公表した信念
松田 (2002, 92 頁)	公表された個人の信念，信条そのもの，もしくはそれが組織に根付いて，組織の基づく価値観として明文化されたもの
住原・三井・渡邊 (2008, 28 頁)	経営体を貫く事業の基本的信条や指導原理
松葉 (2008, 91 頁)	企業経営上の価値観ならびに行動規範を，企業の顧客，従業員をはじめ利害関係者に示すもの
青木 (2009, 130 頁)	企業の信条であり，企業活動の原点，原動力，最高基準になるもの
瀬戸 (2010, 70 頁)	創業者や経営承継者の信念・価値観を表現し，経営組織全成員で理解し共有すべき行動指針を明示した，コミュニケーションのベース
髙 (2010, 57 頁)	組織体として公表している，成文化された価値観や信念
高尾 (2010, 39 頁)	組織体として公表している，成文化された価値観や信念*
横川 (2010b, 127 頁)	「公表性」，「客観性」，「論理性」，「独自性」，「社会的共感性」の要素を含み，企業における指導原理として企業経営における意思決定や判断の規範となる価値観
小森谷 (2011, 70 頁)	自社の存在理由および未来像に対する問いかけへの表明であり，企業の重要な出発点であるとともに，経営活動の指針
佐々木 (2011, 34 頁)	国や地域といった社会における正義や倫理的価値観をもった，従業員に共有された，企業経営のあこがれを表現した言明
渡辺 (2011, 155 頁)	行為や慣行の基底となる，経営体に固有の価値観
田中 (2012, 21 頁)	社内外に公表された，経営者および組織体の明確な信念・価値観・行動規範

＊髙[2010]による定義を採用している。
出所：柴田[2013]から山城[1969]，中川[1972]，浅野[1991]，清水[1996]，伊丹・加護野[2003]による定義を削除，修正し，筆者作成。

るための指針であり，よりどころであり，指導原理となる考え方であることなどが示されている。つまり，これらの定義づけからは，経営の目的が不明確な状態では，経営理念としては成立し得ないということがわかる。

さらに，伊丹・加護野［2003］によれば，経営理念には3つの組織的意義があると主張する。第1は，組織で働く人々は理念的インセンティブを欲しており，正しいと思える理念をもって人々が働くとき，彼らのモチベーションは一段と高まると主張した。第2に，人々が行動をとり，判断するときの指針（判断基準）を与えるとしている。第3には，経営理念はコミュニケーションのベースを提供するとしている。すなわち，同じ経営理念を共有している人たちの間でコミュニケーションが起きることから，伝えられるメッセージのもつ意味が正確に伝わると指摘した。

つまり，経営理念は，モチベーションのベース（人々の心理的エネルギーと生きがいの場）や判断のベース（信条の場），コミュニケーションのベース（情報伝達の場）を提供し，組織を本当の生きた存在にするとして，その意義と重要性を伝えているのである。[36]

経営理念は，経営戦略や中期事業計画などの経営計画，経営目標に比べて，象徴的な飾り物として扱われている企業も少なからず存在し，[37]目先の利益や企業業績と直結しない「理想論」や「きれいごと」，「タテマエ」として捉えられがちであり，無視されてしまう傾向にあるといえる。それゆえ，業績が悪化し，経営不振に陥っている中小企業の多くには，明確な経営理念が存在しない。

したがって，これらの中小企業においては，佐久間［2005］が指摘したとおり，何のために会社はあるのか，何を目指して経営をしていけばいいのかわからず，顧客や取引先などの外の人たちに商売に対する考え方を説明することもできないことから，[38]企業業績を向上させることは，きわめて困難な状態にあることがうかがえる。

つまり，これらの中小企業においては，経営理念が存在せず，経営の目的が曖昧であるため，従業員のモチベーションはなかなか高まらず，現場などで判断する際の明確な基準や指針がないことから，顧客などへの迅速な現場対応が困難な状態にあるといえる。さらに，コミュニケーション上の問題において

は，経営理念，すなわち組織共通の目的が共有されていないため，伝えられるメッセージのもつ意味が正確に伝わる可能性が低い状態にあり，情報共有がうまくいっていないなどの弊害をもたらしている状態にあることが推察できる。

以上，「目的」という用語によって表現されている代表的な先行研究から経営理念の概念定義について，概観し，考察した。これらの先行研究における経営理念の定義からもわかるとおり，経営理念を明らかにし，経営理念を創成していく取り組みは，企業や経営の「目的」を問い直し，明らかにしていくことでもある。そして，この経営理念創成に向けた取り組みは，何のために会社はあるのか，何を目指して経営をしていけばいいのかわからず，企業業績を悪化させてしまっている状態から抜け出す大きなきっかけづくりにつながる行為といえよう。

第3節　経営理念の表現内容に関する研究

鳥羽・浅野[1984]は，図表3-2で示されるように，経営理念を「自戒型」と「規範型」，「方針型」の3つの類型に整理した。

「自戒型」は，経営トップ自身の行動上の自戒と後継者に対し訓(おし)えかつ手本を示す機能があり，自らの姿勢と言動を強く拘束する性格をもつものとして，倫理的・道徳的性格が強いといった特徴があると指摘している。そして，「規範型」は，主に従業員を対象とし，企業内部での社員統率用，あるいは内部管

図表 3-2　経営理念の類型

経営理念の類型	対　象	特　徴
自戒型	経営者	倫理的・道徳的性格が強い
規範型	従業員	内部管理・内部統制的性格が強い
方針型	社内・社外	社外：戦略，社内：指導・拘束的

出所：鳥羽・浅野[1984]の示唆を柴田[2013]が図示した。

理や内部統制的性格が強いという特徴があると主張している。さらに，「方針型」は，社内外を対象とし，企業の戦略や方針あるいは企業が直面している諸問題について，社内はもとより主として社会一般に訴える意図を強くもち，対外関係を第一義的に考えるとともに，それが同時に組織の基本の方向性や戦略的使命を示していることから，同時に社内的にも指導性・拘束性をもつといった特徴があると述べているのである[39]。

横川[2010a]は，この類型化を基に，間[1972]および社会経済生産性本部[1998・2004]による調査結果から，1960年代以前から2000年代にかけての経営理念の表現内容につい論じている。

この研究によれば，1960年代以前の経営理念は「自戒型」が多く，1960年代から1980年代にかけては，「和」や「誠実」といった行動規範的な要素が盛り込まれ，「自戒型」から「規範型」へと移行したとしている。そして，1990年代以降2000年代においては，「顧客満足の向上」や「社会との共生」といった対外的内容をもつ「方針型」が強まったと指摘した[40]。

また，図表3-3に示されるとおり，1998年から2004年に順位を上げている「重視されている経営理念の表現内容」は，「地球環境への配慮」，「挑戦（チャレンジ）」，「従業員の尊重」，「従業員の団結・和」であったという。

さらに，横川[2010b]は，未上場企業を対象にした調査結果から[41]，中小企業は「顧客満足の向上」といった「経済的利益」などの経営理念の内容を重視していると指摘した。一方，大企業においては，「社会との共生」や「地域社会への貢献」などの内容を重視しているとしている[42]。

これは，横川[2010b]が指摘しているように，大企業の方が，中小企業よりも相対的に地域社会に対して強い影響力を有しており，企業行動上も地域社会や，より広いステークホルダーとの良好な関係構築が求められているとともに，より社会を意識した姿勢や企業活動が求められているからだと考えられる。

そして，中小企業については，横川[2010b]も指摘しているように，大企業と比較して経営基盤が弱く，経営資源が乏しいため，より収益力を高めることが求められていることなどから，「経済的利益」といった経営理念の内容を重

図表3-3　重視されている経営理念の内容

項　目	1998年		2004年		順位変動
顧客志向	33.7	1位	35.9	1位	→
その他*	27.8	2位	31.3	2位	→
社会との共生	24.1	3位	22.0	3位	→
先駆者精神・イノベーション・創造性	21.5	4位	19.0	5位	↓
地球環境への配慮	18.6	5位	19.4	4位	↑
技術の優秀性	16.0	6位	15.4	8位	↓
人類	15.7	7位	7.0	15位	↓
挑戦（チャレンジ）	15.6	8位	17.6	6位	↑
個人の尊重	14.4	9位	11.2	12位	↓
グローバル（国際化）	13.1	10位	11.6	11位	↓
従業員の尊重	12.9	11位	12.4	10位	↑
従業員の団結・和	12.1	12位	16.4	7位	↑

横川［2010a］が社会生産性本部［1998・2004］の調査を基に作成し，それに柴田［2013］が加筆，修正した。
*「1998年調査」の「その他」は，「品質」，「取引先との共存共栄」，「信用」などである。
「2004年調査」の「その他」は，「存続の志向」，「感謝の念」，「品質」，「健康」，「遵法」などである。
出所：柴田［2013］30頁；横川［2010a］128頁に依拠し筆者作成。

視しているのであろう。

第4節　経営理念の構造に関する研究

　高田［1978］は，経営理念を，経営目標とともに経営目的を構成する合成体であるとし，経営理念を上位概念，経営目標を下位概念として捉えた。そして，経営理念には，経営信条（management creed），経営信念（management belief），経営理想（management ideal）の意味があり，経営目標には，management goals（短期目標）と management objectives（長期目標）の意味があると明確に区別し，経営目的の構造を示した。

経営理念は、経営目的性をもち、経営者が企業という組織体を経営するに際して抱く信念、信条、理念（理想）[43]とし、簡単には、経営観であると定義した。そして、経営理念には、経営目標観、経営組織観、経営経済観、環境諸主体観（社会観）という4つの見方が含まれると高田は指摘している。

さらに、「経営理念と経営目標」、「経営目標と経営経済」、「経営目標と経営組織」には、規制と制約という相互作用の関係があると指摘し、それぞれの関係性について構造的に捉えた説明を行っている（図表3-4）[44]。

森本[1982]は、この高田による研究の示唆から、経営目的を価値的側面と事実的側面とに分類した。価値的側面には、経営理念と経営行動基準が経営目的の下位概念として、また、事実的側面には、経営目標と経営戦略が経営目的の下位概念として位置づけた。さらに、これらの下位概念である経営計画や経営行動の要素へと結びついていく関係モデル（図表3-5）を示した[45]。

そして、経営目的の価値的側面である経営理念は、企業の究極的状態であり、経営行動の根底的基盤となるべきものだとし、確固たるものか優柔なものであるかを問わなければ、あらゆる企業に経営理念は存在すると指摘した。

また、企業環境が静穏であれば、経営理念はそれほど問題にならないが、そ

図表3-4　経営目的と経営組織、経営経済の関係

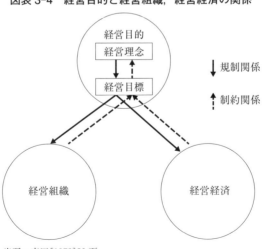

出所：高田[1978]30頁。

図表 3-5　経営理念と経営行動基準の位置づけ

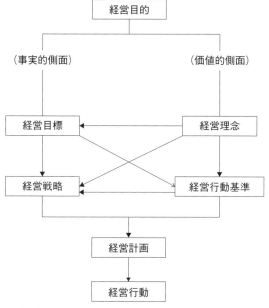

出所：森本[1982]2頁。

れが喧噪（turbulent）になると，経営理念の鮮明化と内容自体の環境適応が必要になり，さらにその具体化としての経営行動基準の設定が求められるようになるとしている。

さらに，個別企業においては，図表 3-6 に示されるように，経営目標や経営戦略という事実的側面を捨象すれば，「経営理念→経営行動基準→経営行動」という関係があり，企業環境へのインパクトがフィードバックするというシステムが存在するとしている。[46]

奥村[1994]は，経営理念は，①会社の使命や存在意義についての経営理念，②これを具体化し実効あらしめる経営方針，③社員の行動を指示する行動指針という理想としての上位概念から実践原理としての下位概念に至る階層により構成されるとした（図表 3-7）。[47]

松岡[2000]は，経営理念の構造的特徴は，このような階層構造をなすことで，具体的な行動へと結びつくように操作化されていくことであるとしてい

図表 3-6　各種レベルの行動基準

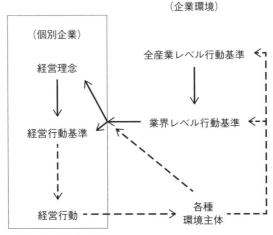

出所：森本[1982]19頁。

図表 3-7　経営理念の階層構造

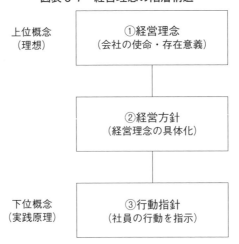

出所：奥村[1994]8頁。

る。さらに，このような階層構造においては，経営理念として示された各要素間の関係が維持されていること，すなわち，各階層間での一貫性が保たれていることが必要になると主張している。[48]

　立派な経営理念が作成され，社長室の額の中に掲げられていたとしても，経

営理念の構造が不明確で，その各要素間の関係が維持されず，各階層間での一貫性が保たれていなければ，有効な経営理念が創成されたとはいえない。つまり，このような状態で創成された経営理念は，具体的な行動や目標とする企業業績などの成果，いわゆる「ホンネ」へと結びつけるのは難しいといえる。

したがって，経営理念を，目先の利益や企業業績と直結しない単なる「スローガン」や「理想論」，「きれいごと」，「タテマエ」に終わらせないためには，これらの経営理念の構造的特徴を理解したうえで，経営理念の創成に取り組むことが求められるといえる。そうすれば，いわゆる「タテマエ」と「ホンネ」の一致が成しとげられるのであろう。

第5節　経営理念の機能に関する研究

伊丹・加護野[2003]は，モチベーションのベースや判断のベース，コミュニケーションのベースを提供し，組織を本当の生きた存在にする機能があるとして，経営理念の意義と重要性を伝えたと前述した。しかし，これ以外にも，さまざまな経営理念の機能に関する議論が展開されている。ここでは，その代表的な経営理念の機能に関する議論について概観，整理する。

北居・松田[2004]は，経営理念には「経営内部の統合機能」と「経営外部に対する適応機能」の2つのメイン機能があり，「経営内部の統合機能」は「組織成員の動機づけ機能」と「組織成員の統合機能」の2つのサブ機能を有するとした。また，「組織成員の統合機能」は「組織の中で一体感を醸成する機能」と「組織の指針（バックボーン）的機能」に分けられるとし，「経営外部に対する適応機能」にも「企業の対外活動における正当化機能」と「環境変化に対する適合機能」の2つのサブ機能があり，「環境変化に対する適合機能」は，さらに「適合機能を通しての存続効果」と「組織活性化効果」に分けられると指摘した。[49]

横川[2010a]は，図表3-8に示されるように，経営理念の機能には，対外関

係における指導原理としての①「社会適応機能」，経営目標，戦略，組織を規定し経営の実践面に対する②「経営実践機能」，組織内に対する指導原理としての③「企業内統合機能」の3機能があると指摘した。[50]

①「社会適応機能」の内容には，「自社の存在意義の明確化」，「経営の方向性の明確化」，「社会的責任意識の向上」，「ステークホルダー意識の向上」があるとしている。そして，②「企業内統合機能」の内容は，「経営理念の社内浸透による企業文化・社風の良質化」，「従業員の行動規範の明確化」，「従業員の統率・一体感の醸成」，「従業員のモラール（士気）の向上と動機づけ」であり，③「経営実践機能」の内容には，「日常の経営管理の拠り所」，「経営戦略・方針の拠り所」，「意思決定の基準」，「コンプライアンスの明確化」，「人事・評価制度の明確化」などがあると指摘している。

さらに，横川[2010b]は，大企業の方が中小企業よりも，経営理念が機能しており，重視する機能も企業規模によって異なると主張した。つまり，未上場である中小企業は「企業文化の良質化」機能を最も重視し，次に重視する機能

図表3-8　経営理念の機能

分類	内容
社会適応機能	自社の存在意義の明確化
	経営の方向性の明確化
	社会的責任意識の向上
	ステークホルダー意識の向上
経営実践機能	日常の経営管理の拠り所
	経営戦略・方針の拠り所
	意思決定の基準
	コンプライアンスの明確化
	人事・評価制度の明確化
企業内統合機能	経営理念の社内浸透による企業文化・社風の良質化
	従業員の行動規範の明確化
	従業員の統率・一体感の醸成
	従業員のモラール（士気）の向上と動機づけ

出所：横川[2010a]129頁。

は,「方向性の明確化」だが,上場している大企業は「方向性の明確化」が最も高く,「企業文化の良質化」が続くと指摘している。

これは,大企業の方が中小企業に比べ,よりステークホルダーを意識する姿勢があり,社会やステークホルダーに対する影響力が増大するため,自社の存在意義をより鮮明にし,社会的責任意識も高く持ち合わせなければならないからであるとしている。さらに,従業員の統率や一体感の醸成が必要であり,戦略経営やコンプライアンスの必要性から,経営理念をよりどころとする経営姿勢が大企業には求められる傾向にあると論じている。[51]

松岡[2000]は,経営理念の機能を「順機能」と「逆機能」に分けた示唆に富む検討を行っている。

「順機能」については,さらに「対内的機能」と「対外的機能」の2つに分けて,それぞれの特徴を説明している。「対内的機能」には,「動機づけ機能」,「意思決定あるいは行動の基準の提供機能」,「統合機能」の4つがあるとしている。また,「対外的機能」には,「適応機能」(社会からの承認),「イメージの形成機能」の2つがあると述べている。

一方,経営理念の「逆機能」には,「思考様式の均質化・同質化」,「自己保存機能」,「過度の依存」,「誤った経営理念の浸透」を生じさせる恐れがあると指摘し,経営理念による4つの弊害を示唆した。

「思考様式の均質化・同質化」による弊害には,多様な思考の可能性や,新たな思考が生まれることを妨げさせる恐れがあるとしている。そして,「自己保存機能」による弊害には,経営理念が価値観として組織に強く根づいている状態では,その更新が困難であるとともに,更新の必要性すら見過ごされてしまうという問題があるとしている。また,「過度の依存」による弊害には,経営理念に過度に依存してしまい,自ら思考できなくなる問題が潜んでいるとしている。さらに,「誤った経営理念の浸透」による弊害には,組織メンバーなどが経営理念の内容に違和感を抱く場合には,それが共有されることはないとはしながらも,不適切な内容が浸透してしまった場合には,人々を誤った方向に導いてしまう恐れがあるとしている。[52]

以上の先行研究からもわかるとおり,経営理念は,組織構成員などの企業内

部や顧客などの企業外部に対して，さまざまな機能を提供し，企業経営にとってきわめて重要な存在であるといえる。

しかしながら，松岡[2000]が指摘したように，経営理念の逆機能性，すなわち「思考様式の均質化・同質化」，「自己保存機能」，「過度の依存」，「誤った経営理念の浸透」を生じさせるという経営理念の弊害をも十分に考慮し，中小企業においても経営理念を創成していく取り組みが求められているといえよう。

第6節　経営理念と企業業績に関する研究

経営理念の企業業績における有効性に関する研究も図表3-9のとおり蓄積が進んでいる。

図表3-9　経営理念の企業業績における有効性に関する主な研究

研究者	指摘内容
Ouchi (1981)	経営理念を基礎にするZタイプの企業は，従業員の集団的価値観に対する志向性が強く，高業績を残している。
Peters & Waterman (1982)	超優良企業，すなわち高い業績を出している企業業の共通点は，明確な哲学や価値観，信条，ビジョンをもっている。
Collins & Porras (1994)	ビジョンをもっている企業は，単なるカネ儲け，すなわち経済上の目的を超えた基本理念に徹する傾向が強く，利益を優先させる傾向が強い比較対象企業よりも，きわめて効率的に多くの利益を生み出している。
宮田 (2004)	経常利益額が大きくなるほど，経営理念が「ある」と回答した企業比率は高い。
久保・広田・宮島 (2005)	経営理念の存在によって，ROA（総資産営業利益率）などの企業業績が向上する。
飛田 (2010)	株主のみではなく，従業員を含む多様なステークホルダーを重視した経営理念を表明する企業が，良好な業績をもたらす。

出所：筆者作成。

Ouchi[1981]は，アメリカ企業によく見られるタイプをA型組織とし，日本企業によく見られるタイプをZ型組織と呼んだ。そして，それぞれの組織に見られる特徴を比較検討した結果，このZタイプの企業の基礎は経営理念にあると指摘した。また，従業員の「集団的価値観に対する強い志向性」が，Zタイプである日本企業の大きな特徴であり，アメリカ企業でも同様の特徴をもつ企業は高業績を残していると主張した[53]。

Peters & Waterman[1982]は，超優良企業（エクセレント・カンパニー），すなわち高い業績を出している企業の調査結果から，これらの企業の共通点は，明確な哲学や価値観，信条，ビジョンをもっていることだと指摘した。そして，これらの超優良企業では，価値観というものが非常に大切にされ，価値観に基づいた経営を実践していることを特徴に挙げている[54]。

Collins & Porras[1994]は，ビジョンをもっている企業，未来志向の企業，先見的な企業，業界で卓越した企業，同業他社の間で広く尊敬を集め大きなインパクトを世界に与え続けてきた企業をビジョナリー・カンパニーと呼んだ。そして，これらの企業は，単なるカネ儲け，すなわち，経済上の目的を超えた基本理念に徹する傾向が強く，社会になくてはならない存在になっているとともに，利益を優先させる傾向が強い比較対象企業よりも，きわめて効率的に多くの利益を生み出していることを明らかにした[55]。

宮田[2004]は，図表3-10に示すとおり，5,156社の中小企業を対象にした調査から，経常利益額が大きくなるほど，経営理念が「ある」と回答した企業の比率は高く，経常利益額が小さくなるほど，「ある」と回答した企業の比率は低いとし，経営理念と利益に高い相関性があることを示した。これは，事業が経営者の自己実現であるときに，優れた業績，高い効率，高収益が生まれるためであるとしている。つまり，自己実現の結果として，こだわりや個性的な着眼点が生じ，そこから形成された経営理念は独自性を生み，結果として，利益を生み出す高い有効性をもつと主張している[56]。

久保・広田・宮島[2005]は，経営理念の存在によって，企業のROA（総資産営業利益率）と1人あたりの賃金にどのような影響があるのかを分析した。その結果，日本においては，経営理念が成員のコントロールに貴重な役割を果

図表 3-10　経常利益の額と経営理念の有無

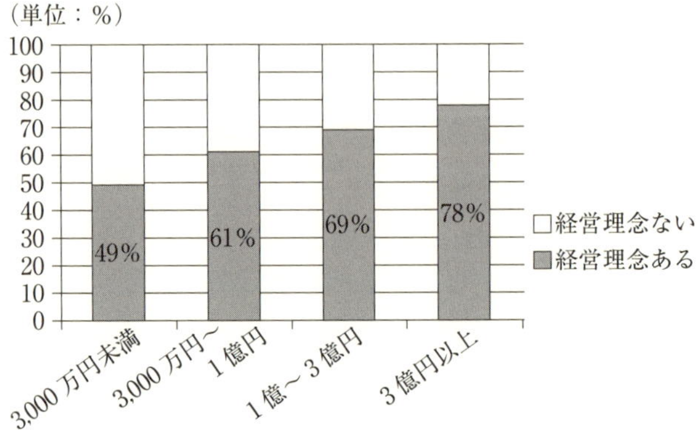
(単位：%)
100
90
80
70
60
50
40
30
20
10
0
49%
61%
69%
78%
□経営理念ない
■経営理念ある
3,000 万円未満
3,000 万円～1億円
1億～3億円
3億円以上

注：金額は経常利益を指し，「経営理念ない」には，無回答も含まれる。
出所：宮田[2004]42-44 頁に依拠し筆者作成。

たし，その業績を向上させている可能性があることを示唆した。また，経営理念の有無が業績の差を生むことはないと指摘した海外における先行研究[57)]については，アメリカやイギリスの企業は，「株主主権型」であり，企業の目的が比較的明確であるため，経営理念によって成員をコントロールする必要性は大きくないとし，日本企業と異なる結果が得られた理由を示した。つまり，日本企業は，従業員の重要性，長期雇用の慣習などの点でより「ステークホルダー型」に近く，経営理念が成員の行動を適切にコントロールし，そのパフォーマンスを向上させたとしている[58)]。

飛田[2010]は，日本企業がどのような経営理念を持ち合わせ，その経営理念が企業の財務業績にどのような影響を与えているのかを明らかにするために，「従業員重視」または「株主重視」という経営理念の内容の違いによる企業業績の差の比較検証を行った。その結果，株主のみに言及されている企業群がその他の企業群と比べて，1.3%から1.6%程度業績が低いことが明らかとなったとしている。したがって，株主のみではなく，従業員を含む多様なステークホルダーを重視することが良好な企業業績をもたらす可能性があると分析している[59)]。

以上の先行研究から，経営理念は，財務的な企業業績の1つである利益を向

上させる大きな要因になり得ることがわかった。そして，この利益は，経営理念という理想や目的を追求するための手段として捉えることができる。つまり，Collins & Porras[1994]のいうように，単なるカネ儲けを超えた基本的価値観と，経済上の目的を超えた基本理念，すなわち経営理念が形成されると，より広い視野に立ち，より意義のある理想を追求していこうとする取り組みがなされるので，利益自体は企業の理想や目的とはならず，この理想や目的を追求する手段としての意義をもつことになる。

したがって，経営理念が存在しない企業は，利益自体が目的となり，儲かるか儲からないかの次元にとどまってしまう傾向にあるため，伊丹・加護野[2003]のいう「組織を本当の生きた存在にする」ことが困難な状態にあるといえる。つまり，経営理念のない企業は，相対的に組織のパフォーマンスが低く，財務的な企業業績である利益を生み出しにくいのであろう。

第7節　経営理念の形成方法に関する研究

経営理念の形成方法に関する議論も深まりつつある（たとえば，Collins & Porras, 1994；宮田，2004；三井，2010；加藤，2010・2011a・2011b・2015；佐藤，2011・2014）。本節では，経営不振の中小企業における経営理念創成の方法を明らかにする観点から，Collins & Porras，宮田，加藤らによる経営理念形成にかかわるそれぞれの議論について整理，検討する。

1. Collins & Porras の研究

Collins & Porras[1994]は，卓越した企業であるビジョナリー・カンパニーを築くには，経営理念にあたる「基本理念」を文章化することが重要であるとし，そこには，「基本的価値観」と「目的」が明示されることを推奨している。「基本的価値観」は，「組織にとって不可欠で不変の主義」とし，「いくつかの

一般的な指導原理からなり，文化や経営手法と混同してはならず，利益の追求や目先の事情のために曲げてはならない」ものだとし，「目的」は，「単なるカネ儲けを超えた会社の根本的な存在理由であり，地平線の上に永遠に輝き続ける道しるべとなる星であり，個々の目標や事業戦略と混同してはならない」と定義している。

　また，Collins & Porras[1994]は，ビジョナリー・カンパニーにおける「基本的価値観」は，「短い言葉に凝縮され，大切な指針になっている」とし，この「基本的価値観」は「いろいろな形で言い表され得るが，どれも簡潔で，明解で，率直で，力強い」といった文章上の特徴を示した。さらに，「基本的価値観」は5つ以下の項目で文章化することが望ましいと主張する。そして，これを超える項目がリストアップされた場合は，「不利益を被るようになっても100年間にわたって守り続けていくべきものはどれか」などと自問することによって，どれが本物の「基本的価値観」なのかを見極める方法を示している。加えて，「基本理念」を掲げるときには，心から信じていることを表現することが不可欠であるとしている。

　一方，「目的」の最大の役割は，指針となり，活力を与えることであって，他企業との違いを明らかにすることではないと主張する。そして，「目的」を見出すには，「会社を閉鎖し，清算し，資産を売却することもできるのに，そうしないのはなぜなのか」などと自問し，組織が存在する理由をもっと深く，根本的に考えることが重要であると述べている。

　さらに，Collins & Porras は，ビジョナリー・カンパニーの多くが「基本理念」を文章化したのは，設立から10年前後の大企業に成長する前だとしている。この事実から，発展途上の中小企業においては，「基本理念」を文章化しなくても問題はないとしている。しかし，理念の文章化は早ければ早いほどよいとしながらも，その具体的な方法については示されていない。[60]

2. 宮田の研究

　宮田[2004]は，経営理念の形成は，創業者あるいは経営者の自己実現の結果

としてなされるものであり，経営者の問題意識・能力・課題が社会のニーズと結びつくことによってなされると指摘した。そして，この問題意識・能力・課題，社会ニーズを明確にし，経営理念に結晶化させるには，「問いかけ」が必要だと主張する。この「問いかけ」は，自己実現するためのプロセスの先にある努力の方向性を示すものだとし，経営理念形成において重要な取り組みといえる。「問いかけ」には「積極的問いかけ」と「消極的問いかけ」があるとし，前者はたとえば夢，願い，生きがい，憧れ，才能，能力，個性，問題意識，悲願・大願，使命感などであり，後者はたとえば疑問，不平，不満，苦しさ，悲しさ，不遇感などといった形で認識されると説明している。

さらに，イエローハットの創業者である鍵山秀三郎の事例から，Maslow[1970]の「欲求5段階説」でいう「生物的欲求（生理的欲求・安定の欲求）」と「社会的欲求（連帯の欲求・自尊の欲求）」の次元からなる「欠乏動機」状態が「自己実現の欲求（宗教的欲求）」である「成長動機」状態へと欲求・動機の質的転換がなされると同時に，経営者の内なる確信が経営理念へと転換していくとする経営理念の形成過程を示唆した。

また，宮田は，経営理念のある中小企業のなかで最も経常利益が高いのは，創業後11年～20年に経営理念を形成した企業であるという。そして，経営理念なしと回答した優良企業においても形成途上であるとする企業の比率が36％という調査結果から，経営理念の形成には時間がかかるとしており，早期に創成するための方法は示されていない。[61]

3. 加藤の研究

加藤[2010]は，松下幸之助の語った「経営に魂が入った」[62]とする借りものではない本物の経営理念を作成する観点から，図表3-11に示すように，心理学（NLP＝神経言語プログラミング）を活用した具体的な経営理念の作成方法について考察し，このNLPのニューロロジカルレベル（人の意識の論理構造モデル）が経営者をはじめとする組織の構成員を動機づける本物の具体的な経営理念の作成に有効であることを明らかにした。[63]

図表3-11　ニューロロジカルレベルによる経営理念の作成

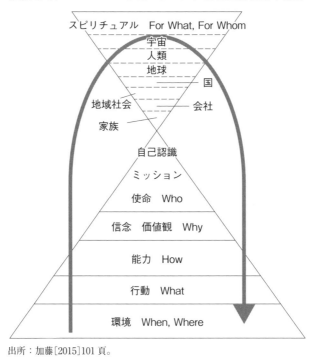

出所：加藤[2015]101頁。

　さらに，加藤[2011a, 2011b, 2012, 2013]は，このNLPのニューロロジカルレベルを活用し，現実の社会的価値観を経営理念に取り込む方法[64]，従業員の欲求を取り入れた作成方法[65]，経営者の無意識から言葉を抽出する方法[66]，チームの無意識的アプローチによる経営理念の作成方法とその浸透方法に関する有効性を示[67]した。

　このように，経営理念の具体的な作成方法から浸透方法に至るまで一歩踏み込んだ議論を展開している先行研究はきわめて少なく，加藤の示唆は貴重といえる。しかし，この研究による示唆は，あくまでも経営理念の作成と浸透においては一定の有効性は認められるものの，業績との関連性は示されていない。加えて，経営不振の欠乏状態にある中小企業において，どれだけ有効な方法なのかについても明らかにされていない。したがって，目先の利益を必要として

いる経営不振に喘ぐ中小企業にとっては，さらに，踏み込んだ経営理念創成の検討が必要といえる。

第8節　小　　括

　本章では，これまであまり議論されてこなかった「経営不振の中小企業における経営理念の必要性や有効性，創成方法のあり方」を経営理念の先行研究から考察するとともに，先行研究における問題点と課題を検討した。そして，第2のリサーチ・クエスチョンである「中小企業再生のための経営者のリーダーシップを支える経営理念とはどのようなものか」について探った。

　具体的には，第1節において経営理念研究の変遷，第2節では概念定義，第3節では表現内容，第4節では構造，第5節は機能，第6節では企業業績との関連性，そして，第7節においては経営理念の形成方法に関する先行研究を通じてその検討を行った。

　その結果，第1節では，経営理念は，企業とその経営者，従業員たちが，それぞれの時代において追い求めていくべきもの，すなわち理想として捉えることができ，経営資源の乏しい中小企業においてもきわめて重要な要素であることがわかった。

　第2節では，経営理念の概念定義について考察した。結果，経営理念は，経営理念そのものを目的とする定義づけや，経営の目的を明確にしたうえで，その目的を達成させるための指針であり，よりどころであり，指導原理となる考え方であることなどが示されていることがわかった。つまり，これらの定義づけからは，経営の目的が不明確な状態では，経営理念としては成立し得ないということであり，経営理念を明らかにし，経営理念を創成していく取り組みは，企業や経営の「目的」を問い直し，明らかにしていくことであり，何のために会社はあるのか，何を目指して経営をしていけばいいのかわからず，企業業績を悪化させてしまっている状態から抜け出す大きなきっかけづくりにつな

がる行為といえることが確認できた。

　第3節では，経営理念の表現内容に関して検討した。結果，中小企業は，大企業と比較して経営基盤が弱く，経営資源が乏しいため，より収益力を高めることが求められていることから，「経済的利益」といった経営理念の内容を重視していることがわかった。したがって，経営不振に陥り，危機的な状況にある中小企業にとっては，利益と直結する表現内容，すなわち，顧客や顧客と接する従業員を重視した表現が有効であることが確認できた。

　第4節では，経営理念の構造に関して検討した。結果，経営理念は，理想としての上位概念から実践原理としての下位概念に至る階層により構成され，このような階層構造をなすことで，具体的な行動へと結びつくように操作化されていくとする見解を確認した。さらに，この階層構造では，経営理念として示された各要素間の関係が維持されていること，すなわち，各階層間での一貫性が保たれていることが必要だということが確認された。

　第5節では，経営理念の機能に関する既存研究の確認を行った。その結果，経営理念は，組織構成員などの企業内部や顧客などの企業外部に対して，自社の存在意義を明確にするなどのさまざまな機能を提供し，企業経営にとってきわめて重要な存在であることがわかった。しかしながら，経営理念には，逆機能性，すなわち「思考様式の均質化・同質化」，「自己保存機能」，「過度の依存」，「誤った経営理念の浸透」などを生じさせるという弊害もあることが確認でき，この点に留意した経営理念創成が求められることが判明した。

　第6節では，経営理念と企業業績との関連性について考察した。その結果，経営理念は，財務的な企業業績の1つである利益を向上させる大きな要因になり得ることがわかった。そして，この利益は，経営理念という理想や目的を追求するための手段として捉えることができ，単なるカネ儲けを超えた基本的価値観，すなわち経営理念が形成されると，より広い視野に立ち，より意義のある理想を追求していこうとする取り組みがなされることもわかった。したがって，経営理念がない企業では，利益自体が目的となり，儲かるか儲からないかの次元にとどまってしまう傾向にあるため，経営理念がない企業は，相対的に組織のパフォーマンスが低く，財務的な企業業績である利益を生み出しにくい

ことが推察される。

　第7節では，経営理念の形成方法について検討した。結果，経営理念形成は，経営者などの自己実現の結果としてなされるものであり，経営者の問題意識・能力・課題が社会のニーズと結びつくことによってなされるといった指摘などを確認した。また，この問題意識・能力・課題，社会ニーズを明確にし，経営理念に結晶化させるには，「問いかけ」が必要であり，経営理念形成において重要な取り組みであることがわかった。しかし，経営理念の形成には10年前後の時間がかかるとしており，早期に創成するための方法は示されていなかった。

　以上のように，これまであまり議論されてこなかった「経営不振の中小企業における経営理念の必要性や有効性，創成方法のあり方」を経営理念の先行研究から考察するとともに，先行研究における問題点と課題を検討した。また，第2のリサーチ・クエスチョンである「中小企業再生のための経営者のリーダーシップを支える経営理念とはどのようなものか」について探った。

　その結果，これらの既存研究からは，経営理念自体の必要性と有効性は確認された。つまり，企業が持続的に成長するには，明確な目的と価値観を共有することが不可欠であり，これらを明確にし，共有させる有効な取り組みの1つが，経営理念形成にあることが示された。また，経営理念を形成するためには，経営者の内面に対する「問いかけ」によって経営者の信念や価値観，経営の目的を言語化，文章化し，借り物ではない本物の経営理念を作成する方法が一部の企業には有効であることが確認された。

　これらの指摘はどれも示唆に富み，実践での活用に有効と思われる。しかしながら，借りものではない本物の経営理念を形成し，企業業績が向上するには，多くの時間を要するなどの問題点が明らかとなった。つまり，多くの企業においては，十分な利益を得るまでには経営理念形成後，10年前後の期間を要することが確認されたのである。

　したがって，目先の利益を必要としている経営不振に喘ぐ中小企業にとっては，さらに，踏み込んだ経営理念創成方法の検討が必要であり，これらの研究によるアプローチだけでは，限界があることが明らかとなった。すなわち，こ

の問題点が，経営不振に喘ぐ中小企業における経営理念創成を阻む大きな要因であり，この要因を取り除くための方法論を明らかにする必要があることが検討課題として判明した。

このように，短期的に利益を必要としている経営不振の中小企業に求められる経営者の再生型リーダーシップを支える経営理念の創成方法に関しては，さらに踏み込んで，すなわち早期に経営理念を創成する方法を具体的に検討する必要があり，次章では，当該企業経営者の関心度が高いとされているホンネ，すなわちカネを扱う利益計画との関係性から検討を試みることとする。

(注)
1) Bennis & Nanus [1985] 邦訳, 22 頁。
2) 槇谷 [2008] 2 頁。
3) Taylor [1911] 邦訳, 227-228 頁。
4) 槇谷 [2008] 2 頁。
5) 佐藤 [2007] 28 頁。
6) Barnard [1938] 邦訳, 76 頁, 85 頁。
7) 槇谷 [2008] 2 頁。
8) Simon [1976] 邦訳, 7 頁。
9) 英語では,「MBO (Management By Objectives through Self Control)」と呼ばれ，ドラッカーやマクレガー，オディオーンらによって提唱された経営手法である。
10) 槇谷 [2008] 2-3 頁。
11) 高田 [1978] や槇谷 [2008] は,「business creed」を「経営信条」と邦訳している。
12) Sutton [1956] 邦訳, 3 頁, 7 頁。
13) 高田 [1978] 23-25 頁。
14) 高田 [1978] は「company creeds」を「会社信条」と邦訳し，槇谷 [2008] は「経営信条」と邦訳している。
15) Thompson [1958] p. 9.
16) 高田 [1978] 26 頁。
17) 槇谷 [2008] 4 頁。
18) Ackoff [1971] pp. 665-666.
19) 高田 [1978] 20-23 頁。
20) Ackoff [1971] p. 667. Ackoff & Emery [1972] pp. 240-241.
21) Ackoff & Emery [1972] pp. 242-245.
22) 土屋 [1964] 77-78 頁。
23) 槇谷 [2008] 5-6 頁。
24) 鳥羽・浅野 [1986] 152-163 頁。
25) 関東経済産業局 [2010] 7 頁。
26) 瀬戸 [2012] 27 頁。

27) 奥村 [1994] は，日本における経営理念の呼び方は，「企業理念，基本理念，社是，社訓，綱領，経営方針，経営指針，企業目的，企業使命，根本精神，信条，理想，ビジョン，誓い，規，モットー，めざすべき企業像，事業成功の秘訣，企業目標，事業領域，行動指針，行動基準，スローガン」などがあるとしている。鳥羽・浅野 [1984] は，アメリカにおいては，「Management Creed, Management Philosophy, Basic Objectives, Our Basic Policy, Fundamental Principles, What We are Aiming For, The Credo by Which We Serve, Guiding Principles, This We Believe, Primary Responsibilities, Policies など」という言葉で表現されているとしている。
28) 柴田 [2013] 27 頁。
29) 佐久間 [2005] 15 頁。
30) 山城 [1969] 23 頁，28 頁。
31) 中川 [1972] 9 頁。
32) 浅野 [1991] 3 頁。
33) 清水 [1996] 90 頁。
34) 1918（大正 7）年 3 月に松下幸之助により大阪市福島区大開町に松下電気器具製作所を設立創業し，配線器具の製造を開始した。2008（平成 20）年 10 月には，会社名を松下電器産業株式会社からパナソニック株式会社に変更している。
35) 伊丹・加護野 [2003] 347 頁。
36) 伊丹・加護野 [2003] 347-349 頁。
37) 槇谷 [2008] 1 頁。
38) 佐久間 [2005] 15 頁。
39) 鳥羽・浅野 [1984] 38-39 頁。
40) 横川 [2010a] 127-128 頁。
41) 大企業と中小企業で共通して重視度合の高い経営理念の内容は「顧客満足の向上」であった。
42) 横川 [2010b] 22・24 頁。
43) 高田 [1978] の 15 頁では「理念」と表現しているが，16 頁では「理想」と表現している。
44) 高田 [1978] 15 頁，30 頁。
45) 森本 [1982] 2 頁。
46) 森本 [1982] 20 頁。
47) 奥村 [1994] 8 頁。
48) 松岡 [2000] 8-9 頁。
49) 北居・松田 [2004] 95 頁。
50) 横川 [2010a] 128-130 頁。
51) 横川 [2010b] 22-25 頁。
52) 松岡 [2000] 12-17 頁。
53) Ouchi [1981] 邦訳，180-182 頁。
54) Peters & Waterman [1982] 邦訳，469-474 頁。
55) Collins & Porras [1994] 邦訳，12 頁。
56) 宮田 [2004] 42-44 頁。
57) 久保・広田・宮島 [2005] らは，「Klemm, Sanderson, and Luffman [1991], David [1989], Bart [1997] による研究では，経営理念の有無が企業業績に差を生むという結果は得ら

れなかった」と述べている。
58) 久保ほか [2005] 120-122 頁。
59) 飛田 [2010] 73-76 頁。
60) Collins & Porras [1994] 邦訳, 118-129 頁。
61) 宮田 [2004] 67-68 頁。
62) 伊丹・加護野 [2003] 346 頁。
63) 加藤 [2010] 53-54 頁。
64) 加藤 [2011a] 60 頁。
65) 加藤 [2011b] 25-26 頁。
66) 加藤 [2012] 20-21 頁。
67) 加藤 [2013] 31-33 頁。

第4章 利益計画研究と中小企業再生

 前述したように，経営理念は，経営戦略や中期事業計画などの経営計画，経営目標に比べて，象徴的な飾り物として扱われている企業も少なからず存在し，目先の利益や企業業績と直結しない「理想論」や「きれいごと」，「タテマエ」として捉えられがちで，無視されてしまう傾向にある。それゆえ，業績が悪化し，経営不振に陥っている中小企業の多くには，明確な経営理念が存在しない。

 また，戦略や計画との整合性がなく，経営者のホンネも反映されていない，タテマエだけの誤った経営理念に基づいたリーダーシップを発揮することは得策ではない。それは，松岡[2000]が指摘するように，誤った経営理念であれば，組織メンバーなどが経営理念の内容に違和感を抱くので，それが共有されることはなく，戦略や計画も実行・実現されないまま，再生が困難になるばかりか，不適切な経営理念が浸透してしまった場合には，人々を誤った方向に導いてしまう恐れがあるからである。

 そこで，本章では，当該企業経営者の関心度が高く，単なる理想論としてのタテマエではなく，ホンネとしてのカネを扱う利益計画との関係性から経営理念の創成方法の検討を試みる。つまり，危機的状況にある当該企業経営者が早期に欲しているのは，経営理念ではなく，危機的な状況を回避するための当面の利益やカネだからである。この当面の利益やカネを得ることが，当該経営者にとっての喫緊の課題であり，ホンネなのである。

 したがって，経営理念の必要性を意識しながらも，まずは，このホンネと向き合う，すなわちカネの問題を直視し，このカネの問題を解決するための利益計画を検討することから着手する方が，当該経営者によっては，より現実的であり，早期に危機意識が強められるとともに，モチベーションも高められると

考えられるのである。

　企業経営における利益計画の策定・運用方法に関する研究の蓄積は多い（たとえば，NAA，1964；Anthony，1965；高宮，1972；上総，1993；Mintzberg，1987・1994・2009；Simons，1995・2000；Kaplan & Norton，1996；佐藤，2000・2007；吉田，2003；堀井，2003；福嶋・米満・新井・梶原，2013）。また，最近では，中小企業における利益計画の重要性や策定方法に関する議論も進んでいる（たとえば，小田，2002；澤邉・飛田，2008；朝原，2010；稲垣，2010；飛田，2011・2014；吉川，2012・2014；澤邉，2013；小椋，2014；加藤，2015）。

　飛田［2014］は，日本における中小企業の管理会計を対象とした研究はあまり行われてこなかったと指摘しているが[1]，本章では，第3のリサーチ・クエスチョンである「中小企業再生に有効な経営者の再生型リーダーシップを支える経営理念を早期に創成するには，どのような方法が有効か」を探求するために，前述したように，当該企業経営者の関心度が高いとされているホンネ，すなわちカネを扱う管理会計領域である利益計画と，タテマエとして捉えられがちな経営理念との関係性に着目した検討を試みる。

　具体的には，第1節において，中小企業における利益計画策定の現状を確認し，管理会計領域である利益計画の策定を阻む要因や課題などについて考察する。また，第2節では管理会計の概念，第3節では管理会計領域における利益計画の概念，第4節では利益計画を導く戦略の概念について確認するとともに，戦略論に関する代表的な研究について概観する。第5節では，利益計画策定プロセスと経営理念との関係性に主眼が置かれている既存研究の確認を行うとともに，経営理念が不明確な経営不振中小企業の再生に求められる経営理念創成に関する既存研究の課題を明らかにし，戦略構築プロセスや利益計画策定プロセス，経営理念創成プロセスの観点から，第3のリサーチ・クエスチョンである「中小企業再生に有効な経営者の再生型リーダーシップを支える経営理念を早期に創成するには，どのような方法が有効か」を探求し，第6節において本章を小括することとする。

第1節　中小企業における利益計画策定の現状

　本節では，中小企業における利益計画策定の現状を確認し，管理会計領域である利益計画の策定を阻む要因や課題などについて考察する。

　経営不振状態にある多くの中小企業では，管理会計の導入が進んでおらず，利益計画が曖昧，あるいは存在しない傾向が散見さられる。また，経営者の倒産リスクに対する危機意識が弱く，倒産リスクなどの問題点があることを意識しても，その問題点を先送りし，再建に対する経営行動が希薄で，手遅れになる企業が多い[2]。したがって，このような企業においては，財務の健全性が高まらず，企業価値の維持，向上，すなわち債務超過を解消して再生を図ることが困難な状況にあるといえる。

　それでは，なぜ，経営不振に陥っているにもかかわらず，当該企業における経営者の危機意識は弱く，利益計画が曖昧な状況が目立つのであろうか。それは，たとえ債務超過状態にあっても「雨の日に傘を貸す」リレーションシップバンキングを目指している金融機関が多く存在することも1つの要因として挙げられる[3]。

　金融庁［2014］は，中小・零細企業の経営・財務面の特性や中小・零細企業に特有の融資形態を踏まえ，赤字や債務超過が生じていることや，貸出条件の変更が行われているといった表面的な現象のみをもって，債務者区分を判断することは適当ではないとして，金融機関の検査における検証ポイントを示している[4]。つまり，当該金融機関は，この金融庁の金融検査マニュアル[5]に沿った条件によって貸し出しを行っており，経営状況が悪化した中小企業の資金源としての役割を担っている。したがって，たとえ債務超過に陥っても，いわゆる「困ったら何とかしてくれる」金融機関からの資金調達が可能なことが，経営者の現状認識に対する甘さや問題を先送りにさせる1つの要因となって，倒産リスクに対する経営者の危機意識が強まらない状況にあることが推察される。

　さらに，このような経営不振状態にある経営理念が存在しない中小企業は，

経営者の信念や将来展望，ビジョン，戦略，管理会計における利益計画が曖昧である。それゆえ，実行意欲が弱い傾向にあり，再生に有効な経営者のリーダーシップが十分に発揮されていなことが推察される。金融庁[2014]は，中小・零細企業などの場合，企業の規模，人員などを勘案すると，大企業の場合と同様な大部で精緻な経営改善計画などを策定できない場合があり[6]，経営改善計画などが策定されていない債務者を直ちに破綻懸念先と判断してはならないとしている[7]。このように，債務超過状態の中小企業において経営（再生・改善）計画の策定が必ずしも強く求められてない状況が窺えるのである。

吉川[2014]は，十分な実行意欲を有しない経営者に対して，再生計画の策定プロセスを通じていかに意識改革が行われるかをエスノグラフィックな定性的研究（金融機関を中心とする中小企業の再生現場に焦点を当てた参与観察を中心とする長期的なフィールドスタディに基づく経験的研究）により検討した。そして，中小企業と金融機関を中心とする地域経済というビジネス・エコシステムにおける相互作用に着目して，営業活動の確認を通じて経営者の実行意欲が喚起されるとともに，経営者意識の改革が進み経営者意識の十分性が確認される事例を提供している。

この研究は，倒産の危機に直面している中小企業が再生を図るための管理会計（計画策定）や地域金融機関による支援の有効性が示されており，非常に示唆に富む。しかし，将来願望（ビジョン）にのみ焦点を絞って議論が進められており，経営理念との関係性やその創成方法を含めた議論がなされていない。また，経営者意識に欠ける経営者の実行意欲を喚起し，再建に向けた道筋を示す事例については論じているが，危機意識と経営理念，将来願望（ビジョン）をどのように誘導し，経営者のリーダーシップがいかに発揮され，債務超過を解消して再建を果たしていけばよいのか，すなわち業績との関係性については議論されておらず，さらなる検討が必要と思われる。

第2節　管理会計の概念

本節では，利益計画の領域を扱う管理会計の概念について確認していく。

吉田[2003]は，会計は，膨大な取引を意味ある形に表章する簿記の機能を利用して何を表章すべきかを明らかにするとし，財務諸表利用者の関心の対象を明らかにするとともに，意思決定に重要な情報を提供するとしている[8]。

また，図表4-1に示されるように，企業会計は，財務会計と管理会計に分類される。佐藤[2007]によれば，財務会計は，過去計算および現在計算を取り扱い，企業の経営成績および財政状態を財務諸表によって報告することを主眼としている。一方で，管理会計は，未来計算を取扱い，企業内部の経営管理者が計画をたて，実績を達成目標に向けて統制，あるいは業績を評価するのに役立つ会計情報を報告することを主眼としている。そして，その測定単位は，貨幣や個数・重量・時間数などの物量単位を使用することが多く，経営不振の中小企業にとっても重要な経営管理技法といえる[9]。

上総[1993]は，図表4-2のAnthony[1965]のフレームワークを活用し[10]，①戦

図表4-1　企業会計の構成図

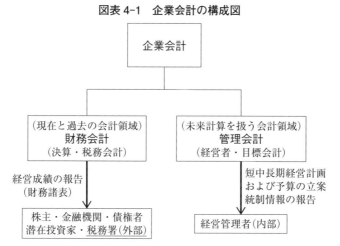

出所：佐藤[2007]11-12頁，14頁に依拠し筆者作成。

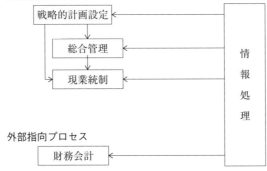

図表 4-2　組織における計画と統制のプロセス

原典：Anthony[1965] p. 22.
出所：上総[1993] 65 頁に依拠し筆者作成。

略計画設定，②総合管理，③現業統制の3つに階層化された経営管理の視点から管理会計論を主張した。具体的には，図表4-3に示すように，この3つに階層化された経営管理に対応して次の3つのサブ管理会計を提示している[11]。

1つは，①戦略計画設定のための会計，すなわち戦略的計画会計である。これは，主として，トップ・マネジメントレベルによって行われる企業の基本目標，基本方針の設定，長期的な基本計画設定にかかわる意思決定プロセスであり，これを支援するための会計を指しているという。

2つは，②総合管理のための会計，すなわち総合管理会計である。これは，主として，トップ・マネジメントが現業部長（事業部長や職能部門長など）に対して展開する戦略的計画の実施プロセスといえる。そして，短期的かつ総合的な企業活動の計画設定と統制を含む経営管理プロセスであり，これを支援するための会計を指すとしている。

3つは，③現業統制のための会計，すなわち現業統制会計である。これは，主として，現業管理者（現業部門長，工場長，現場監督者，職長など）が一般従業員に対して展開する総合管理の実施プロセスである。また，現業活動の日常的かつ部分的な統制活動に重点をおく経営管理プロセスでもあり，このような現業統制を支援するための会計としている。

図表4-3 階層的管理会計論の体系

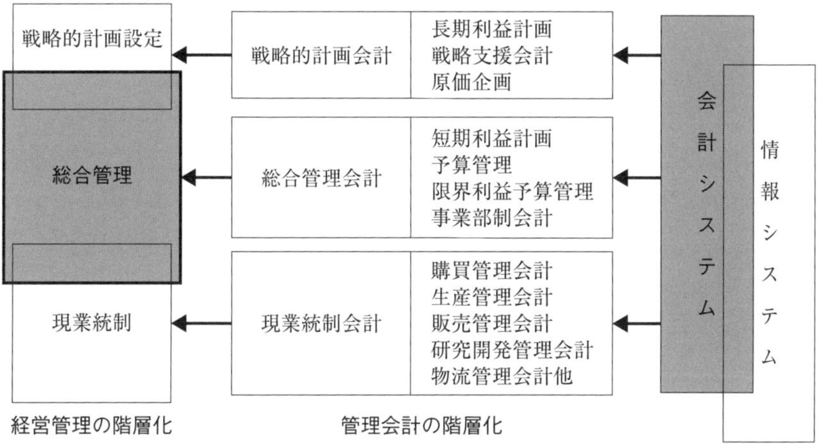

経営管理の階層化	管理会計の階層化		会計システム	情報システム
戦略的計画設定	戦略的計画会計	長期利益計画 戦略支援会計 原価企画		
総合管理	総合管理会計	短期利益計画 予算管理 限界利益予算管理 事業部制会計		
現業統制	現業統制会計	購買管理会計 生産管理会計 販売管理会計 研究開発管理会計 物流管理会計他		

出所：上総[1993]66頁。

　この管理会計による経営技法は，大企業のみならず，中小企業経営においても有効といわれている（たとえば，小田，2002；澤邉・飛田，2008；朝原，2010；稲垣，2010；飛田，2011・2014；吉川，2012・2014；澤邉，2013；小椋，2014；加藤，2015）。そして，経営不振状態にある中小企業が，再生を果たすうえでも，きわめて有用な仕組みと考えられる。

　しかし，多くの経営不振の中小企業においては，財務会計のみによる処理が中心であり（しかも，税理士などの専門家にそのすべてが委ねられているケースが散見される），管理会計の導入を積極的に進めている経営不振の中小企業は少ない状況にある。

第3節　利益計画の概念

　本節では，管理会計領域において重要な役割を果たし，経営不振の中小企業経営者にとって，タテマエとして捉えられがちな経営理念に比べて関心度が高

く,ホンネ,すなわちカネを扱う利益計画の概念について確認する。

管理会計領域における利益計画は,利益を生む事業部門,すなわち収益と費用の両方に責任をもつ独立事業部門に対して使われる[12]。そして,戦略計画を貨幣で測定し,利益計算を行うプロセスが利益計画設定(profit planning)であり,その結果が,利益計画(profit plan)といえる[13]。佐藤[2007]は,「利益計画とは,企業が目標とする利益を経営方針と科学的調査から予定して,その目標利益を達成するにはすべての経営部門の管理者や従業員が各々の立場から,どのようにその経営活動を実施しなければならないかということを表現した総合的な計画である」と定義した[14]。

また,図表4-4に示されるように,経営戦略に基づいて設定された戦略計画,すなわち経営計画の下位概念に位置し,これを貨幣的に表現した利益計画は,その期間の観点から長期利益計画や中期利益計画,短期利益計画に分類され,この短期利益計画の実現を目指して予算(budget)が編成される[15]。加えて,利益計画の内容は,あらゆる経営活動の予測であり,その予測を目標利益として統一化されたものといえるが,利益計画は,貨幣による財務的数値で表され,売上高などを計算した収益計画と売上原価などを算出した費用計画など

図表4-4 経営計画と利益計画の内容

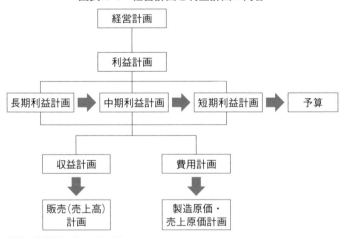

出所:佐藤[2007]134-135頁。

で構成されている。[17]

　佐藤[2007]が指摘するように，利益計画の上位概念に相当する経営計画は，経営政策に基づいて企業目的を達成するために，経営方針をその手順にしたがって予定した計画であり，経営活動の指針といえる。しかしながら，企業経営の終局の目的は，企業の利害関係者（株主・債権者・従業員など）に利益を分配することができ，かつ企業自身の将来を保証するのに必要な利益を獲得することなので，企業にとって最も重要な計画は，利益計画であり，利益計画は再生計画の中核部分になるといえよう。

第4節　戦略の概念と戦略論に関する主な研究

　次に，本節においては，企業経営に有効な利益計画を導くとされている戦略の概念について確認するとともに，戦略論に関する代表的な研究について概観する。

　戦略（strategy）という概念は，もともと軍事用語であったが，経営学の領域においては，Chandler[1962]が「組織は戦略に従う」[18]という命題の下で，最初に戦略という用語を使用したという説もある。[19] Chandler[1962]は，戦略を「一企業体の基本的な長期目的を決定し，これらの諸目的を遂行するために必要な行動方式を選択し，諸資源を割当てること」と定義した。[20]

　一方で，Ansoff[1979]は，「戦略は組織に従う」[21]として，組織が戦略を規定する「組織→戦略」というChandler[1962]とは逆の命題を提示した。[22] また，Ansoff[1965]は，図表4-5に示す「成長ベクトル」を用いて，「現在の製品―市場（使命・ニーズ）」分野との関連において，企業の進む方向，すなわち選択すべき戦略を明らかにする方法を提示し，[23]より体系的な経営戦略論を展開したとされている。[24]

　つまり，「現在の製品と現在の市場（使命・ニーズ）」を選択する場合は「市場浸透力」を高める戦略であり，「新製品と現在の市場（使命・ニーズ）」を選

図表 4-5　成長ベクトルの構成要素

使命 (ニーズ) ＼ 製品	現	新
現	市場浸透力	製品開発
新	市場開発	多角化

出所：Ansoff[1965]邦訳, 137頁。

択する場合は「製品開発」戦略になる。また,「現製品と新市場（使命・ニーズ）」は「市場開発」戦略であり,「新製品と新市場（使命・ニーズ）」は難易度が最も高いとされている「多角化」という戦略を選択するというように,企業の進む方向として,戦略を明らかにしていくのである。

伊丹・加護野[2003]によれば,戦略とは,「市場の中の組織としての活動の長期的な基本設計図」であり[25],図表 4-6 に示すように,「企業や事業の将来のあるべき姿とそこに至るまでの変革のシナリオを描いた設計図」であるとしている[26]。つまり,企業のあるべき姿を示すだけではなく,あるべき姿と変革のシナリオの2つがそろって始めて戦略を決めたことになると指摘している[27]。

上總[1993]は,「経営戦略とは,企業環境に対応して競争優位性を確保する経営資源の有効配分を行う企業活動の基本方針である」と指摘しているが,経営戦略について,全社的かつ長期的な視点から決定される企業戦略（corporate strategy）,この下位概念として,生産戦略,マーケティング戦略,研究開発戦略,財務戦略,人事戦略などの機能（職能）ごとに分割された機能別戦略（functional strategy）,そして事業分野ごとに分割された事業戦略（business strategy）などの組織的な視点から見た区分によって構成されていると指摘している[28]。

Porter[1980]は,企業とそれを取り巻く環境との関係から競争優位性を導く事業レベルでの戦略論を展開した。具体的には,図表 4-7 に示すように,業界内における業者間の敵対関係（rivalry among existing firms）,新規参入業者の

第4章 利益計画研究と中小企業再生 95

図表 4-6 目標と戦略

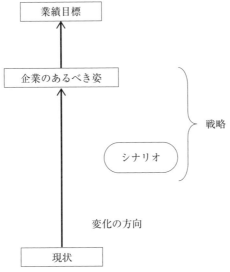

出所:伊丹・加護野[2003]24頁。

図表 4-7 5つの競争要因(the five competitive forces)

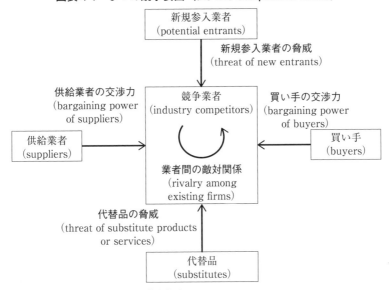

出所:Porter[1980]p.4に依拠し,筆者作成。

脅威（threat of new entrants），代替品の脅威（threat of substitute products or services），買い手の交渉力（bargaining power of buyers），供給業者の交渉力（bargaining power of suppliers）の5つの要因モデルから，長期的な収益上の魅力を分析し，競争戦略（competitive strategy）を導く方法を提示した。そして，Porter[1985]は，競争戦略とは，「競争の発生する基本的な場所である業界において，有利な競争的地位を探すことである」とし，競争戦略の狙いは，「業界の競争状況を左右するいくつかの要因をうまくかいくぐって，収益をもたらす確固とした地位を樹立すること」と指摘している。[30]

また，Porter[1980]は，この5つの競争要因（the five competitive forces）に対処する場合，他社に打ち勝つための3つの基本戦略（three generic strategies）があると指摘した。具体的には，図表4-8に示すとおり，第1に「コ

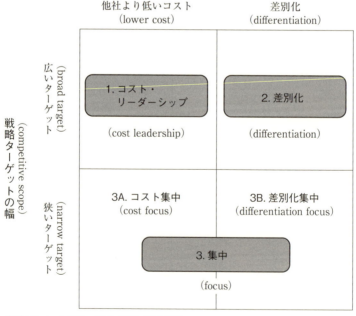

図表4-8　3つの基本戦略（three generic strategies）

出所：Porter[1985]p. 12に依拠し筆者作成。

スト・リーダーシップ（overall cost leadership）戦略」，第2に「差別化（differentiation）戦略」，第3に「集中（focus）戦略」である。[31]

さらに，Porter[1985]は，図表4-9に示されるように，企業が特定の業界で競争優位性を見出すための分析するツールとして，価値連鎖，すなわちバリューチェーン（value chain）モデルを提示した。これは，競争優位の源泉が，企業内の製品製造にかかわる「主活動（primary activities）」とそれを支える「支援活動（support activities）」における各要素のどの部分にあるのかを特定しようとする分析モデルである。[32] つまり，これは，顧客に価値を提供し，マージンを得るためのバリューチェーンという価値創造プロセスにおける諸要素の差別化やコスト分析を行うことで，競争優位性を築く戦略を導こうとするためのツールといえよう。

また，Kotler[2000]は，図表4-10に示されるように，業界内での企業の地位を「全方位化を戦略方針」とする①「リーダー」，「差別化を戦略方針」とする②「チャレンジャー」，「模倣化」を戦略方針とする③「フォロワー」，「集中化」を戦略方針とする④「ニッチャー」の4つに分類し，それぞれの地位に応[33]

図表4-9 価値連鎖の基本形（the generic value chain）

(support activities) 支援活動	全般管理（firm infrastructure）					マージン(margin)
	人事・労務管理（human resource managemant）					
	技術開発（technology development）					
	調達活動（procurement）					
	購買物流(inbound logistics)	製造(operations)	出荷物流(outbound logistics)	販売・マーケティング(marketing & sales)	サービス(service)	

主活動（primary activities）

出所：Porter[1985] p.37 に依拠し筆者作成。

図表 4-10　競争地位の類型化と戦略

相対的経営資源の位置		量	
		大	小
質	高	①リーダー （市場目標）最大シェア，最大利潤，名声イメージ （戦略方針）全方位化	④ニッチャー （市場目標）利潤，名声イメージ （戦略方針）集中化
	低	②チャレンジャー （市場目標）市場シェア （戦略方針）差別化	③フォロワー （市場目標）生存利潤 （戦略方針）模倣化

出所：嶋口[1986]101 頁。

じた戦略をとることが望ましいと主張している[34]。

　さらに，Kotler[2000]は，①市場を細分化（segmentation）し，②適切な標的市場を選択（targeting）し，選択された標的市場の中において，③自社のポジションを明確化（positioning）していくという「STP」，すなわちマーケティング戦略の基本的なフレームワークを提示し，自社が誰に対してどのような価値を提供するのかを明確にする必要があると指摘している[35]。

　また，嶋口[1986]は，図表 4-11 に示されるように，次節で取り上げる統合市場戦略の中核部分である戦略ドメインを，①「顧客層（who）」[36]，②「ニーズ（what）」，③「独自能力（how）」の３つの観点から規定する必要性について主張している[37]。

　Levitt[1960]は，アメリカの鉄道会社の事例を挙げながら，この戦略ドメイン，すなわち事業領域の規定を経営者が誤ると，事業は衰退してしまうと指摘した。つまり，彼は，かつてのアメリカの鉄道会社が没落したのは，会社が自らの事業を「輸送（transportation-oriented）」という顧客ニーズ（costumer-oriented）に沿ったものではなく，「鉄道（railroad-oriented）」という製品ありき（product-oriented）の捉えた方による規定をしてしまったからだと主張している[38]。すなわち，鉄道は物理的なドメインだが，輸送は顧客ニーズを重視した機能的なドメインといえよう。

図表 4-11　戦略ドメイン

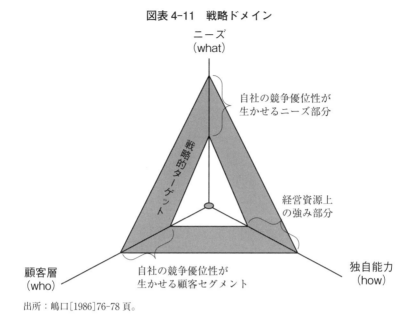

出所：嶋口[1986]76-78頁。

Kim & Mauborgne[2005]は，従来型の競争戦略をレッド・オーシャン戦略（red ocean strategy）とし，その限界を明らかにするとともに，ブルー・オーシャン戦略（blue ocean strategy）の必要性について主張した。図表4-12に示すとおり，レッド・オーシャン戦略は，既存の市場空間で競争し，競合他社を打ち負かそうとするが，ブルー・オーシャン戦略は，競争のない市場空間を切り開き，競争自体を無意味なものにすることを主眼としている。また，既存の需要を引寄せ，価値とコストの間にトレードオフの関係が生まれ，差別化，低コストのどちらかを選んで企業活動をそれに合わせる戦略がレッド・オーシャンなのに対して，新しい需要を掘り起こし，価値を高めながらコストを押し下げ，差別化と低コストをともに追求し，その目的のためにすべての企業活動を推進する戦略がブルー・オーシャンであるとしている[39]。

そして，図表4-13に示されるように，ブルー・オーシャン戦略の土台であるコストを押し下げながら，買い手にとっての価値を高める状態を意味する「バリュー・イノベーション（value innovation）」という概念を提示した。Kim

図表4-12 戦略の比較：レッド・オーシャン VS. ブルー・オーシャン

レッド・オーシャン戦略	ブルー・オーシャン戦略
既存の市場空間で競争する	競争のない市場空間を切り開く
競合他社を打ち負かす	競争を無意味なものにする
既存の需要を引寄せる	新しい需要を掘り起こす
価値とコストの間にトレードオフの関係が生まれる	価値を高めながらコストを押し下げる
差別化，低コスト，どちらかを選んで企業活動をそれに合わせる	差別化と低コストをともに追求し，その目的のためにすべての企業活動を推進する

出所：Kim & Mauborgne[2005] p. 38.

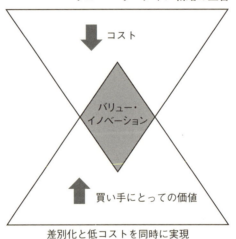

図表4-13 バリュー・イノベーション：
ブルー・オーシャン戦略の土台

差別化と低コストを同時に実現

出所：Kim & Mauborgne[2005]邦訳, 37頁。

& Mauborgne[2005]は，この「バリュー・イノベーション」におけるコストを下げるには，業界で常識とされている競争のための要素をそぎ落とすことが必要であり，買い手にとっての価値を高めるためには，業界にとって未知の要素を取り入れることが重要であると指摘した。そして，この取り組みによって，時が経つにつれて，優れた価値に引き寄せられるようにして売上が伸びてい

き，規模の経済性が働くため，いっそうのコスト低減が実現するとしている。[40]

さらに，Kim & Mauborgne[2005]は，このブルー・オーシャン戦略を導くために，「戦略キャンバス（strategy canbvas）」や「4つのアクション（the four actions framework）」，この「4つのアクション」を補う「アクション・マトリクス（action matrix）」という分析ツール，フレームワーク，手法を提示した。

「戦略キャンバス」は，魅力あふれるブルー・オーシャンを創造するための分析を助けるだけでなく，行動のためのフレームワークにもなるとしている。これは，既存の市場空間についての現状把握を通して，競合他社が何を売りにし，顧客はどのようなメリットを享受しているのかについての情報すべてをチャート化し，戦略の特徴を示す価値曲線（value curve）によって，直感的に理解するとともに，他社との差別化を明らかにするうえで有用といえる。[41]

また，「4つのアクション」は，図表4-14に示されるように，買い手に提供する価値を見直して，「新しい価値曲線」を描くための基本分析手法である。

Kim & Mauborgne[2005]は，差別化と低コストのトレードオフを解消して，

図表4-14　4つのアクション

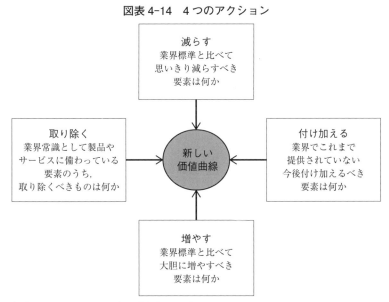

出所：Kim & Mauborgne[2005]邦訳, 51頁。

価値曲線を刷新するためには,「業界常識として製品やサービスに備わっている要素のうち,取り除くべきものは何か」,「業界標準と比べて思いきり減らすべき要素は何か」,「業界標準と比べて大胆に増やすべき要素は何か」,「業界でこれまで提供されていない今後付け加えるべき要素は何か」という4つの問いを通して,業界のこれまでの戦略ロジックやビジネスモデルに挑むとよいと指摘している[42]。

Kim & Mauborgne[2005]によれば,「アクション・マトリクス」(図表4-15)は,先の「4つのアクション」に関係した問いについて考えるだけでなく,「4つのアクション」を漏らさず実現して「新たな価値曲線」を描くことができると指摘する。つまり,このマトリクスに「取り除く」,「減らす」,「増やす」,「付け加える」という「4つのアクション」を具体的に書き込んでいくと,「価値とコストのトレードオフから解放され,差別化と低コストを同時に追求できる」,「『増やす』『付け加える』にばかり躍起になって高コストを招き,製品やサービスにあれもこれも盛り込み過ぎている企業に,たちどころに警鐘を鳴らす」,「あらゆる階層のマネジャーにとって理解しやすいため,活用率が高い」,「マトリクスを何とか埋めようとして,業界での競争要因すべてについて詳しく調べるため,無意識の前提に気づく機会が生まれる」という4つの効果が直ちに生まれるとしているのである[43]。

このように,戦略は,概念の複雑さゆえに,その後も多くの論者によって議論が進むにつれてさまざまな定義があてられたが,「戦略とは,持続的競争優位性(sustainable competitive advantage)を達成するためのポジショニング(positioning)を構築すること」などという概念定義がこれまでの議論の中から見出すことができる。また,戦略の最終目標は,顧客に価値を提供することによって,株主などのステークホルダーに対する価値を創造することであり,そのためには,限られた経営資源を有効活用するとともに,競合他社と明確な差別化を図ることが条件だといえる[44]。したがって,経営資源の乏しい経営不振に陥っている中小企

図表4-15 アクション・マトリクス

取り除く	増やす
減らす	付け加える

出所：Kim & Mauborgne [2005]邦訳, 59頁。

業こそ，選択と集中を図り，限られた経営資源を有効活用するための戦略を明らかにすることは，きわめて重要といえよう。

第5節　利益計画策定プロセスと経営理念

利益計画策定プロセスと経営理念との関係性に主眼が置かれている既存研究の確認を行うとともに，経営理念が不明確な経営不振中小企業の再生に求められる経営理念創成に関する課題を明らかにし，戦略構築プロセスや利益計画策定プロセス，経営理念創成プロセスの観点から，第3のリサーチ・クエスチョンである「中小企業再生に有効な経営者の再生型リーダーシップを支える経営理念を早期に創成するには，どのような方法が有効か」について探っていく。

上総[1993]によれば，従来，企業では，まず，企業目標が設定され，これを達成するために，長期経営計画が設定されていたが，経営戦略の登場により，企業目標の設定に続いて，これを実現する経営戦略を決定するプロセスが新たに組み込まれたとしている。[45]

すなわち，図表4-16に示すように，①目標を設定し，②環境分析（企業環境と競争企業の分析）と自社分析（自社の経営資源や企業環境の分析）を行い，③戦略決定（全社的な企業戦略が決定され，さらに事業別や機能別の戦略が決定）され，④戦略計画（経営戦略を実現するため，3～5年の長期経営計画ないし2～3年の中期経営計画が設定されると同時に，戦略計画を貨幣的に表現した長期利益計画）が設定され，⑤短期計画（戦略計画を実行に移すための，向こう1年間の企業活動の計画）が設定されるとしている。[47]

つまり，上総[1993]は，企業目標，すなわち経営理念や経営目標を実現する

図表4-16　戦略計画の設定プロセス

出所：上総[1993]76頁。

ため，環境分析と自社分析が行われた後，経営戦略が決定され，経営戦略を実現するため，戦略計画が具体的かつ細目的に設定されるとしているのである[48]。

また，上総[1993]は，図表4-17に示すように，経営者は企業目的の実現を目指して企業管理を合理的に展開するために，設定された目標利益とそれを具体化した経営計画が会計プロセスを通じて会計報告書に表現され，これが管理者集団に報告されるとしている[49][50]。

嶋口[1986]は，マーケティング重視の経営戦略としての統合市場戦略は，図表4-18に示すように，経営理念と目的をバックボーンとし，企業や事業を取り巻く市場環境にリードされ，組織の経営資源上の強みを一致させる市場戦略の策定から始まり，さらにこの戦略と一貫性をとりつつ組織構造，管理システム，評価システムへと連動されるとしている[51]。

Simons[2000]は，図表4-19で示すように，ミッション（mission）[52]，すなわち経営理念と事業戦略（business strategy）の策定から実行までのプロセスを提

図表 4-17　管理者管理のための会計

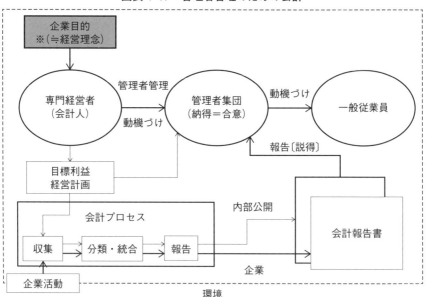

出所：上総[1993]17頁に依拠し筆者作成。

第4章 利益計画研究と中小企業再生 105

図表 4-18 統合市場戦略

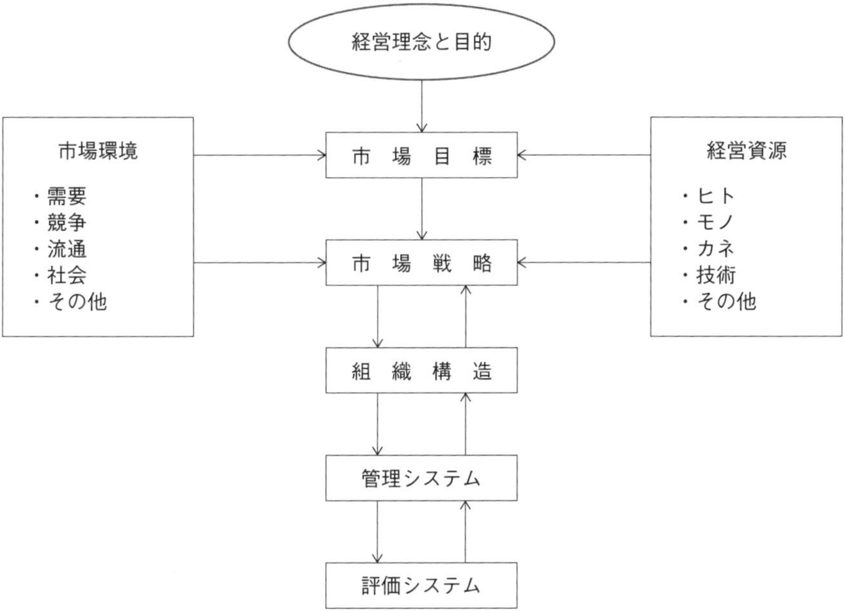

```
          経営理念と目的
              ↓
市場環境  →  市 場 目 標  ←  経営資源
・需要                         ・ヒト
・競争         ↓↑              ・モノ
・流通  →  市 場 戦 略  ←      ・カネ
・社会                         ・技術
・その他        ↓              ・その他
           組 織 構 造
               ↓  ↑
           管理システム
               ↓
           評価システム
```

出所：嶋口[1986]53頁。

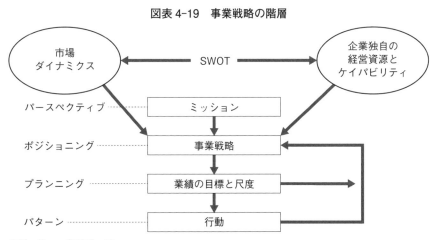

図表 4-19 事業戦略の階層

出所：Simons[2000]p.18.

示した。つまり，企業の存続目的を表現し，事業に大所高所からのパースペクティブ（perspective）を与えるミッションを基に企業（事業）のポジショニング（positon）を明らかにした戦略が策定され，この策定された戦略により業績の目標と尺度，すなわち計画（plan）が設定され，最終的には行動（actions）のパターン（patterns）が決まるとしている。

そして，具体的な事業戦略を練る前に，図表4-20に示すSWOT分析[53]によって①市場環境，②自社の経営資源とケイパビリティを把握する必要性について指摘している。

市場環境（competitive market dynamics）に対応する戦略を導き出すには，前述したPorterの5つの競争要因のフレームワークなどを活用し，SWOT分析の外部環境における機会（opportunities）と脅威（threats）に整理することが望ましいとしている。加えて，自社の経営資源（resources）とケイパビリティ（capabilities），すなわち内部環境における強み（strengths）と弱み（weaknesses）を見極め，戦略構築のための環境状況を把握する必要性について指摘しているのである。[54]

また，加藤［2015］は，図表4-21に示すとおり，前述のニューロロジカルレベルを活用して導出したミッション，すなわち経営理念を意識化したうえで経営戦略を考え，中小企業の経営計画と利益計画を立てることを提案している。[55]

Kaplan & Norton［1996］は，図表4-22に示すバランス・スコアカード（balanced scorecard）[56]の目標（objectives）と業績評価指標（measures）は，企業のビジョンと戦略（vision and strategy）から導き出し，財務の視点（financial），顧客の視点（customer），業務プロセスの視点（internal business process），人材と変革の視点（learning and growth）[57]という財務的評価指標と非財務的評価指

図表4-20　SWOT分析のフレームワーク

	内部環境	外部環境
プラス要因	強み（strengths）	機会（opportunities）
マイナス要因	弱み（weaknesses）	脅威（threats）

出所：筆者作成。

第4章 利益計画研究と中小企業再生　107

図表4-21　経営戦略（および財務戦略）

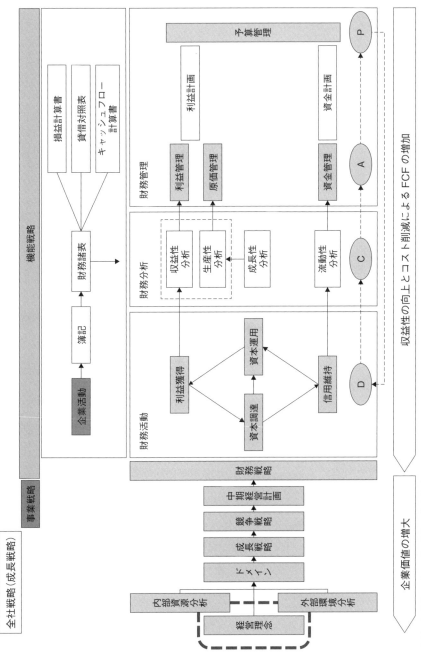

出所：加藤[2015]92頁に依拠し筆者作成。

図表 4-22 バランス・スコアカードのフレームワーク

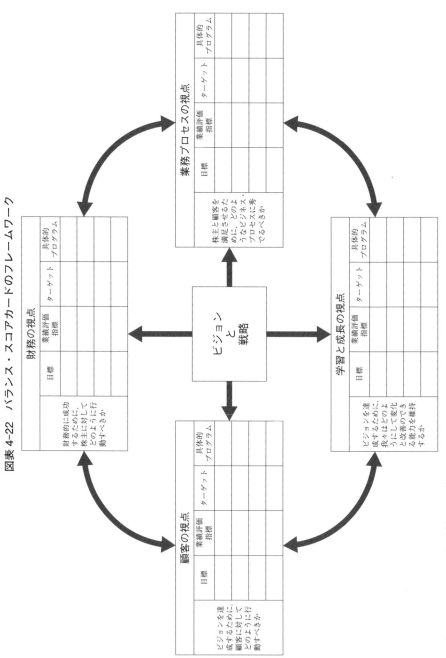

出所：Kaplan & Norton [1996] 邦訳, 9 頁。

標の 4 つの視点 (perspectives) から企業の業績を見るためのフレームワークを提示した。つまり，このバランス・スコアカードは，財務の視点により，短期的な利益を維持ないし確保できる一方で，長期の財務的業績向上と競争優位を確保するためのバリュードライバー（価値創造要因）を明らかにしてくれると主張している[58]。

さらに，このバランス・スコアカードは，ミッションや戦略を具体的なこの 4 つの視点における目標や業績評価指標に「バランス」を取りながら置き換えるとともに，過去の結果と将来の業績向上を導く業績評価指標との「バランス」も表しており，客観的で定量化しやすい指標と主観的な判断を要する指標とで「バランス」を保っているとしている。

したがって，バランス・スコアカードは，単なる戦術的ないしオペレーショナルな業績評価システムではなく，図表 4-23 に示されるように，「①ビジョンと戦略を明確にし，わかりやすい言葉に置き換える」，「②戦略目標と業績評価

図表 4-23　行動の戦略的フレームワークとしてのバランス・スコアカード

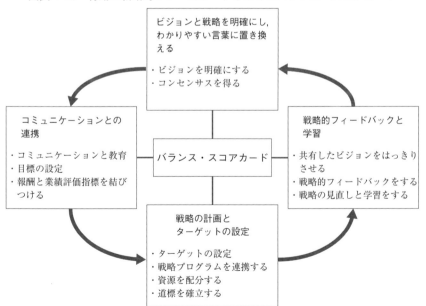

出所：Kaplan & Norton [1996] 邦訳，11 頁。

指標を結びつけ,周知徹底させる」,「③計画,目標設定,戦略プログラムの整合性を保つ」,「④戦略的フィードバックと学習を促進する」という4つのマネジメント・プロセスを組織化するフレームとして,すなわち「戦略的マネジメント・システム」としても利用され,長期的展望に立って戦略をマネジメントするとしている。[59]

また,Kaplan & Norton[2001]は,図表4-24に示すように,戦略は,マネジメント・プロセスとして独立して存在するものではなく,組織体の全体をおおうミッション,すなわち経営理念から始まる論理的な連続体における1ステッ

図表4-24　ミッションを求められる成果に変換する流れ

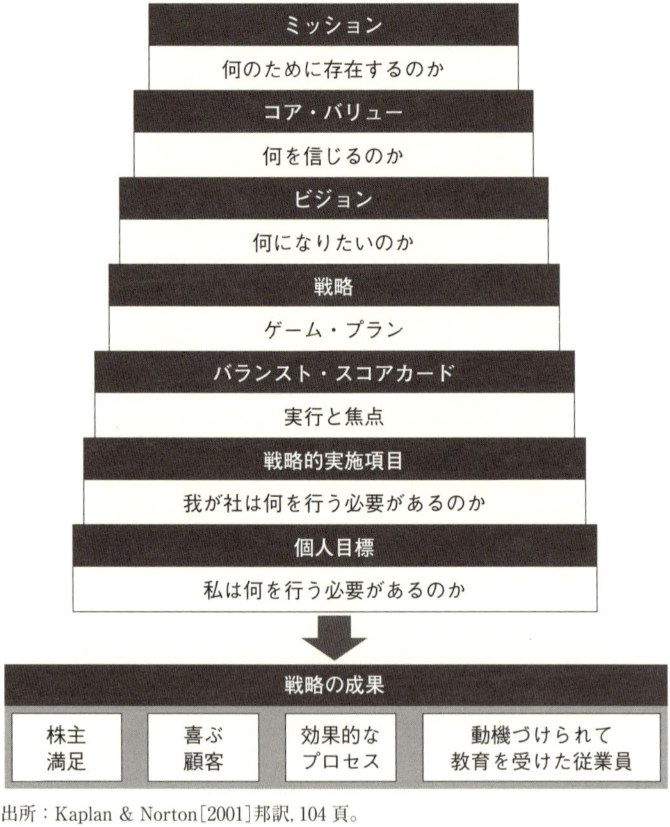

ミッション
何のために存在するのか
コア・バリュー
何を信じるのか
ビジョン
何になりたいのか
戦略
ゲーム・プラン
バランスト・スコアカード
実行と焦点
戦略的実施項目
我が社は何を行う必要があるのか
個人目標
私は何を行う必要があるのか

戦略の成果			
株主満足	喜ぶ顧客	効果的なプロセス	動機づけられて教育を受けた従業員

出所:Kaplan & Norton[2001]邦訳,104頁。

プであると指摘している。そして，その連続体は，本社レベルのミッション・ステートメントから最前線や支援部門の従業員によって実行される作業に至るまで，組織体を貫いており，戦略以外のマネジメント・プロセスと関連させながら戦略を位置づける首尾一貫した方法をもたなければならないと主張している。

　つまり，まずは，なぜミッションが存在し，幅広い全社的な構造のなかでビジネス・ユニットが経営を遂行していくかの定義づけをするための出発点であるミッションを明らかにする。次に，ミッションとともにあるコア・バリューである「何を信じるのか」を明らかにし，続いて「何になりたいのか」という組織体のビジョンを明確にすることで組織体の具体的な未来図としての方向性を示す手続きへと進む。さらに，静的なミッションおよびコア・バリューから，次の段階である動的な，すなわち状況に応じて変化する「ゲームプラン」としての戦略へと乗り出すことになるとしている。[60]

　このように，利益計画設定プロセスと経営理念との関係性に主眼が置かれている既存研究の多くでは，「経営理念ありき」，すなわち経営理念から戦略を導き，そこから計画を検討するという「理念→戦略→計画」型の検討プロセスが主流であり，経営理念から戦略や利益計画が導かれていることがわかった。このことから，そもそも明確な経営理念が存在しない経営不振の中小企業に有効な方法に関する研究の蓄積がきわめて少ないことが明らかとなった。

　そこで，次章では，第3のリサーチ・クエスチョンである「中小企業再生に有効な経営者の再生型リーダーシップを支える経営理念を早期に創成するには，どのような方法が有効か」について，引き続き探っていく必要があり，経営不振の中小企業経営者の関心度が高く，経営者のホンネ，すなわちカネを扱う利益計画から戦略や経営理念を検討する方法，すなわち「計画→戦略→理念」型の創成プロセスにより本物の経営理念が早期に創成されることによって，経営者の再生型リーダーシップが開発されるとする可能性についての検討を試みることとする。

第 6 節　小　　括

　本章では，第 3 のリサーチ・クエスチョンである「中小企業再生に有効な経営者の再生型リーダーシップを支える経営理念を早期に創成するには，どのような方法が有効か」を探求するために，当該企業経営者のホンネ，すなわち関心度が高いと思われるカネにかかわる領域を扱う管理会計領域である利益計画や戦略と，タテマエとして捉えられがちな経営理念との関係性に着目した検討を試みた。

　第 1 節においては，経営不振の中小企業における利益計画策定の現状を確認し，管理会計領域である利益計画の策定を阻む要因や課題などについて考察した。その結果，金融庁の金融検査マニュアルに沿った条件によって金融機関は貸し出しを行っており，たとえ債務超過に陥っても，いわゆる「困ったら何とかしてくれる」金融機関からの資金調達が可能なことが，経営者の現状認識に対する甘さや問題を先送りにさせる 1 つの要因となって，倒産リスクに対する経営者の危機意識が強まらない状況にあるとが推察された。

　また，金融庁［2014］は，経営改善計画などが策定されていない債務者を直ちに破綻懸念先と判断してはならないとしており，債務超過状態の中小企業において経営（再生・改善）計画の策定が必ずしも強く求められてない状況にあることが，利益計画の策定を阻む 1 つの要因であることがわかった。

　さらに，吉川［2014］は，十分な実行意欲を有しない経営者のいる中小企業が再生を図るための管理会計（計画策定）や地域金融機関による支援の有効性を示した示唆に富む貴重な研究を行っている。しかし，経営理念との関係性や創成方法を含めた議論がなされておらず，危機意識と経営理念，将来願望（ビジョン）をどのように誘導し，経営者のリーダーシップがいかに発揮され，債務超過を解消して再建を果たしていけばよいのか，すなわち業績との関係性については議論されておらず，さらなる検討が必要であることが判明した。

　第 2 節では利益計画の領域を扱う管理会計の概念について検討した。その結

果，管理会計は，未来計算を取扱い，計画を立て，実績を達成目標に向けて統制，あるいは業績を評価するのに役立つ会計情報を報告することを主眼としており，経営不振状態にある中小企業が再生を果たすうえで，きわめて重要かつ有用な経営管理技法であり，この管理会計の導入を推進する必要性があることが確認された。

第3節では管理会計領域において重要な役割を果たし，経営不振の中小企業経営者にとって，経営理念に比べて比較的関心度が高いとされる利益計画の概念について確認した。その結果，戦略計画を貨幣で測定し，利益計算を行うプロセスが利益計画設定（profit planning）であり，その結果が，利益計画（profit plan）といえることが確認できた。

また，利益計画は，貨幣による財務的数値で表され，売上高などを計算した収益計画と売上原価などを算出した費用計画などで構成されており，佐藤［2007］が指摘するように，企業にとって最も重要な計画は利益計画といえ，利益計画は再生計画の中核部分にあたることが再確認された。

第4節では利益計画を導くとされている戦略の概念について確認するとともに，戦略論に関する代表的な研究について概観した。その結果，「戦略とは，持続的競争優位性を達成するためのポジショニングを構築すること」などという概念定義がこれまでの議論の中から見出すことができた。

さらに，限られた経営資源を有効活用するとともに，競合他社と明確な差別化を図ることが条件といえ，経営資源の乏しい経営不振に陥っている中小企業こそ，選択と集中を図り，限られた経営資源を有効活用するための戦略を明らかにする取り組みが，再生を図るうえで有効な方法の1つであることが確認された。

第5節では，利益計画設定プロセスと経営理念との関係性に主眼が置かれている既存研究の確認を行い，経営理念が不明確な経営不振中小企業の再生に求められる経営理念創成に関する課題を明らかにした。また，戦略構築プロセスや利益計画策定プロセス，経営理念創成プロセスの観点から，第3のリサーチ・クエスチョンである「中小企業再生に有効な経営者の再生型リーダーシップを支える経営理念を早期に創成するには，どのような方法が有効か」につい

て探った。

　その結果，利益計画設定プロセスと経営理念との関係性に主眼が置かれている既存研究の多くでは，「経営理念ありき」，すなわち経営理念から戦略を導き，そこから計画を策定するという「理念→戦略→計画」型のプロセスが主流であり，経営理念から戦略や利益計画が導かれていることがわかった。このことから，そもそも明確な本物の経営理念が存在しない経営不振の中小企業に有効な方法に関する研究の蓄積がきわめて少ないことが明らかとなった。

　そこで，次章では，第3のリサーチ・クエスチョンである「中小企業再生に有効な経営者の再生型リーダーシップを支える経営理念を早期に創成するには，どのような方法が有効か」について，引き続き探っていく必要があり，経営不振の中小企業経営者の関心度が高く，経営者のホンネ，すなわちカネを扱う利益計画から戦略や経営理念を導く方法，すなわち「計画→戦略→理念」型の経営理念創成プロセスにより本物の経営理念が早期に創成されることによって，経営者の再生型リーダーシップが開発されるとする可能性についての検討を試みるための仮説設定と仮説を裏付ける理論的根拠について検討することとする。

(注)
1) 飛田［2014］2頁。
2) 太田［2009a］65頁。
3) 吉川［2012］85頁。
4) 金融庁［2014］3頁。
5) 金融庁［2014］。
6) 金融庁［2014］7頁。
7) 金融庁［2014］5頁。
8) 吉田［2003］11-12頁。
9) 佐藤［2007］11-14頁
10) Anthony［1965］p. 22.
11) 上総［1993］64-66頁。
12) Simons［2000］p. 101.
13) 戦略計画の内容は，長期個別計画，長期事業計画，長期利益計画からなる（上総, 1993, 89頁）。
14) 上総［1993］92頁。
15) 佐藤［2007］134頁。

16) 長期は3〜5年，中期は2〜3年，短期は1年間を指す（上総，1993，77頁）。
17) 佐藤［2007］134-135頁。
18) Chandler［1962］邦訳，377頁。
19) 上総［1993］75頁。
20) Chandler［1962］邦訳，29頁。
21) Ansoff［1979］pp. 91-92.
22) 組織の力量に応じた経営戦略というよりは，組織特性を活かした経営戦略と捉えることができる。
23) Ansoff［1965］邦訳，137頁。
24) 上総［1993］75頁。
25) 伊丹・加護野［2003］21頁。
26) 伊丹・加護野［2003］23頁。
27) 伊丹・加護野［2003］25頁。
28) 上総［1993］76頁。
29) Porter［1980］p. 4.
30) Porter［1985］p. 1.
31) 「集中戦略」には，「コスト集中戦略」と「差別化集中戦略」がある。
32) 「主活動（primary activities）」の要素は，①「購買物流（inbound logistics）」・②「製造（operations）」・③出荷物流（outbound logistics）」・「④販売・マーケティング（marketing & sales）」・「⑤サービス（service）」で構成される。また，「支援活動（support activities）」は，①「全般管理（firm infrastructure）」・「②人事・労務管理（human resource management）」・③「技術開発（technology development）」・「④調達活動（procurement）」から構成される。
33) 市場占有率が高い順に，①「リーダー」，②「チャレンジャー」，③「フォロワー」，④「ニッチャー」としている。
34) Kotler［2000］邦訳，282頁。
35) Kotler［2000］邦訳，109頁。
36) 戦略ドメインとは，企業が長期的に自社の存立を委ね，経営資源を効率的に投入していく市場内生存領域を指し，市場戦略の中核となるものである（嶋口，1986，74頁）。
37) 嶋口［1986］73-88頁。
38) Levitt［1960］p. 45.
39) Kim & Mauborgne［2005］邦訳，37-39頁。
40) Kim & Mauborgne［2005］邦訳，37頁。
41) Kim & Mauborgne［2005］邦訳，47-50頁。
42) Kim & Mauborgne［2005］邦訳，50-51頁。
43) Kim & Mauborgne［2005］邦訳，50-51頁。
44) De Kluyver & Pearce［2003］邦訳，17頁。
45) 上総［1993］76頁。
46) ここでいう企業目標には，ドメイン戦略の一環としての経営理念と数値目標としての経営目標が含まれており，目標利益もここで決定される（上総，1993，76頁）。
47) 上総［1993］76-77頁。
48) 上総［1993］76頁。
49) 本稿では，「企業目的」を「経営理念」として捉えている。

50) 上総 [1993] 17-18 頁。
51) 嶋口 [1986] 73 頁。
52) 本稿では,「ミッション」を「経営理念」として捉えている。
53) 内部環境としての強み (strengths) と弱み (weaknesses),外部環境としての機会 (opportunities) と脅威 (threats) の英語の頭文字を取って名付けられている。
54) Simons [2000] pp. 18-27.
55) 加藤 [2015] 100 頁。
56) バランスト・スコアカードと邦訳される場合もある。
57) 図表4-22 においては,「学習と成長の視点」という邦訳にした。
58) Kaplan & Norton [1996] 邦訳, 8-10 頁。
59) Kaplan & Norton [1996] 邦訳, 10-12 頁。
60) Kaplan & Norton [2001] 邦訳, 103-104 頁。

第5章 仮説の展開

第1節　仮説導出の理論と仮説の設定

　中小企業再生に有効な戦略構築と利益計画を策定し，その戦略と計画を実行・実現させるためには，本物の経営理念に支えられた経営者のリーダーシップが不可欠であることはすでに述べた。そして，前章で検討したように，経営者のリーダーシップを支える経営理念を戦略や計画に落とし込む「理念→戦略→計画」型のプロセスが多くの論者によって提唱されていることも確認できた。

　しかし，そもそも明確な本物の経営理念が存在しない経営不振中小企業の場合は，どのようにして再生に有効な経営者のリーダーシップを支える本物の経営理念を早期に創成すればよいのであろうか。

　タテマエとして捉えられ，本物ではない経営理念に基づいて経営者が再生のためのリーダーシップを発揮することは得策ではない。それは，松岡[2000]が指摘するように，誤った経営理念であれば，組織メンバーなどが経営理念の内容に違和感を抱くので，それが共有されることはなく，戦略や計画も実行・実現されないまま，再生が困難になるばかりか，不適切な経営理念が浸透してしまった場合には，人々を誤った方向に導いてしまう恐れがあるからである。

　NAA[1964]は，「利益計画設定の過程は，会社の将来に焦点を合わせているため，経営者の思考を活動的にするとともに，洞察力を向上させ，建設的な考え方をもつようにさせるのに役だつ」と指摘した[1]。この指摘は，当面のカネの問題を解決する利益計画を検討する過程が，計画と整合性のある長期目標とし

ての戦略，経営者のホンネを反映させた将来のあるべき姿や理想である経営理念を自然派生的に早期に連想させやすくする可能性を示す有望な理論的視角といえる。

つまり，この指摘は，「計画→戦略→経営理念」という当該経営者の関心度に合わせた経営理念創成プロセスを意味しており，計画や戦略と整合性があり，経営者のホンネを反映させた本物の経営理念が自然の流れのなかで早期に見出され，この経営理念によってリーダーシップが早期に開発される可能性を示唆していると解釈できるからである。

それは，図表5-1に示すように，既存研究において多くの論者が提唱する「理念→戦略→計画」型の検討プロセスとは異なり，経営不振の中小企業経営者の関心度が高く，経営者のホンネ，すなわちカネなどの当面の問題を扱う利益計画検討後に，その上位概念にある戦略を導き，そこから戦略の上位概念に位置する経営理念を導こうとするプロセス，すなわち「計画→戦略→理念」型

図表 5-1　経営理念創成プロセス

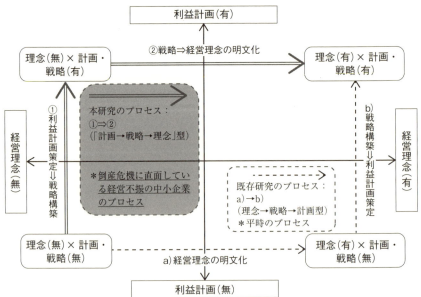

出所：筆者作成（既存研究のプロセスは，Simons[2000]などに依拠）。

の創成プロセスによる経営理念創成の方法は，経営理念と利益計画の乖離を埋める有効な1つの方法としても考えられる．

したがって，経営者の関心度が高く具体的に検討しやすい目先のカネの問題を扱う計画策定の検討から着手し，次に，理想である理念の下位概念にある戦略を検討する方が，当該経営者の関心度の進行度合いに合わせた現実的な検討プロセスだと考えられるとともに，長期目標に相当する戦略が経営者のホンネを扱う計画と理念との媒介役を担い，計画や戦略と整合性のある本物の理念が創成されやすくなるので，結果として，中小企業再生に有効な経営者のリーダーシップ開発につながると考えるのである．

また，前述したように，Bass & Avolio[1995]によって開発されたMultifactor Leadership Questionnaire（MLQ 5-X Short Form）を活用した佐竹[2007]の研究から，企業変革や企業成長，すなわち企業再生に有効と考えられる変革型リーダーシップ（TL）の下位尺度の要素である「理想的影響行動」(II) は「経営理念」を意味する経営者行動であり，「鼓舞する動機づけ」(IM) は「目標設定・計画策定・戦略構築」に相当する経営者行動として捉えることができる．

したがって，明確な経営理念や計画，戦略がない経営不振状態の中小企業においては，「TL」度の下位尺度を意味する「II」の度合いと「IM」の度合いが低いので，「TL」の度合いが低い状態にあるといえる．

その後，問題解決のための計画と戦略を優先的に検討し，明確にすることによって，「IM」の度合いのみが高まり，「IM」は「高」の状態に変化する．その結果，「II」は「低」のままの状態ではあるが，「IM」が「高」となっているので，「TL」は「中」の状態に変化したといえる．

次に，検討された計画と戦略から経営理念が検討され，明らかとなった場合は，「IM」同様，「II」も「高」の状態となり，「TL」は「高」の状態となる．結果，「TL」度が高まり，リーダーシップが開発されたことになるのである．

つまり，問題を解決するための計画や戦略を検討し，明確にするという行為は，「IM」，すなわち「鼓舞する動機づけ」要素の度合いが高まることを意味し，検討された計画や戦略から本物の経営理念を検討し，明確にする行為は，「II」，すなわち「理想的影響行動」の度合いを高めることになるので，結果と

して，変革型のリーダーシップ，すなわち，中小企業再生に求められる経営者の再生型リーダーシップが開発されると捉えることができよう。

さらに，前述の Koestenbaum[2002]の「The Leadership Diamond Model」を構成する「ビジョン（vision）」や「倫理（ethics）」，「事実（reality）」，「勇気（courage）」の4要素で置き換えていうならば，明確な経営理念や計画，戦略がない経営不振状態の中小企業は，このすべての4要素が不明確な状態を指すと考えられる。

つまり，図表5-2に示すように，①事実を直視する現状分析から当面の問題を解決する短期目標や計画を検討する行為が「事実」の要素を高める状態であり，②長期目標である戦略が「ビジョン」として検討され，また，理念が理想としての「ビジョン」として検討されるとともに，③社内外の関係者に対する道徳心である「倫理」としての理念を検討することによって，④判断基準としての理念が明確化され，困難や危険を恐れない心が芽生えた状態となり，経営

図表5-2　The Leadership Diamond Model とリーダーシップ開発プロセス

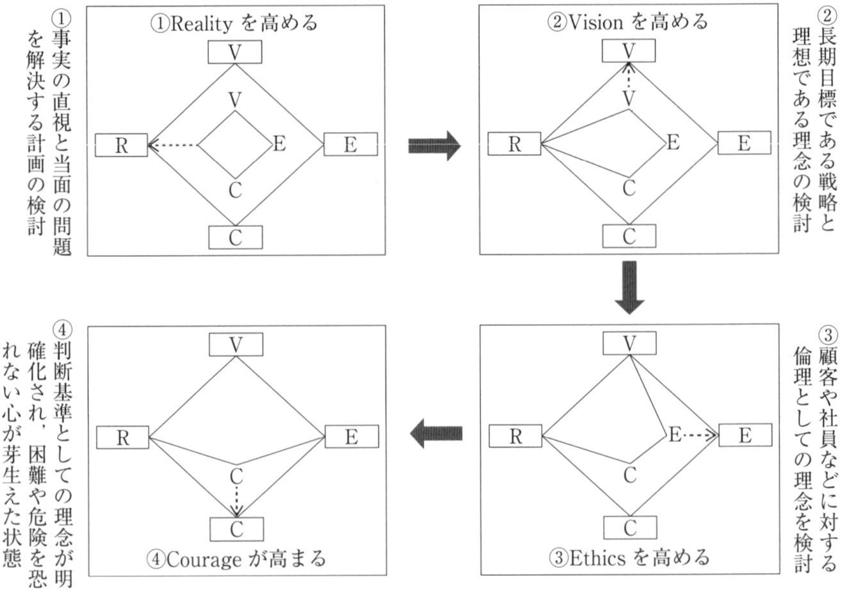

①事実の直視と当面の問題を解決する計画の検討　①Realityを高める

②長期目標である戦略と理想である理念の検討　②Visionを高める

③顧客や社員などに対する倫理としての理念を検討　③Ethicsを高める

④判断基準としての理念が明確化され，困難や危険を恐れない心が芽生えた状態　④Courageが高まる

出所：Koestenbaum[2002]p. 18に依拠し筆者作成。

者としての決意と覚悟，決断力を意味する「勇気」が高まっていくと考えられ，「事実」（当面問題の問題，短期目標，計画）→「ビジョン」（長期目標，戦略）→「ビジョン・倫理・勇気」（理念）という流れで各要素が明らかになっていく，すなわち高まっていくにしたがって，Koestenbaumのいうリーダーシップが開発されていくと解釈することができるのである。

以上から，第3のリサーチ・クエスチョンである「中小企業再生に有効な経営者の再生型リーダーシップを支える経営理念を早期に創成するには，どのような方法が有効か」を解明するために，以下の仮説を設定することとする。

仮説1：問題を解決する利益計画検討後に，戦略を検討するという「問題→計画→戦略」型の検討プロセスは中小企業再生に有効である。

仮説2：仮説1で検討された戦略から経営理念を検討するという「戦略→理念」型の経営理念創成プロセスは，経営者のホンネや計画，戦略と整合性のある本物の経営理念を早期に創成する有効な方法である。

仮説3：仮説1，仮説2による方法，すなわち「問題→計画→戦略→理念」型の経営理念創成プロセスによって，中小企業再生に有効な経営者の再生型リーダーシップが開発される。

第2節　仮説を裏付ける理論的根拠による検証

次に，これらの3つの仮説を裏付ける理論的根拠による検証を行う。

前述した，仮説を導出したNAA[1964]などによる示唆以外の有望な理論的視角としては，まず原科・原沢[2007]が提示した図表5-3に示される「計画策定・実行サイクル」が挙げられる。これは，「企業計画」では，まず，「Plan」から始まるが，「公共計画」では，問題を明らかにするという「See」から始まるとする指摘である。[3]

つまり，経営理念が不明確な経営不振の中小企業では，経営理念からではなく，まずは現状分析，すなわち原科・原沢のいう「See」により財務的な問題点や現場などにおける問題点を明らかにすることから始め，そこから段階的に

図表 5-3　計画策定・実行サイクル

〈企業計画では Plan からスタート〉　　〈公共計画では See からスタート〉

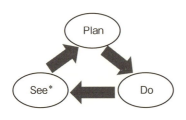
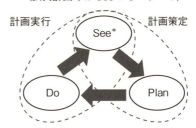

＊Do の次にくる See は，Check と同義になる。
出所：原科・原沢[2007]43 頁。

達成していこうとする数値目標や計画，すなわち「Plan」を設定する。その後，この「Plan」を基に，経営方針とする戦略を導き，この戦略を経営者の決意表明として経営理念に変換し，「Do」，すなわちリーダーシップを発揮して，再生を図ろうとする方法に置き換えて考えることができるのである。

続いて挙げられる有望な理論的示唆は，図表 5-4 の「意思決定を通じたコントロール」に示される Mintzberg[2009]がモデル化した意思決定プロセスである。

このプロセスを経営不振の中小企業に当てはめると，経営理念から明らかにしていくのではなく，原科・原沢のいう「See」に相当する現状分析，すなわち「問題の特定」が最初の取り組みになる。そして，この特定された問題から「対策案の考案」，すなわち原科・原沢のいう「plan」といった利益計画が導かれる。さらに，そこから，戦略と経営者の決意を表明した経営理念，すなわち

図表 5-4　意思決定を通じたコントロール

目標の想定 → 問題の特定 → 対策案の考案 → 方針の決定 → 資源の分配

設計
（戦略・組織構造・システム）

仕事の委任　　　　　　　　　　選択肢の選定

出所：Mintzberg[2009]邦訳, 87 頁。

「方針の決定」がなされていくと置き換えて捉えることができる。

つまり，Mintzberg[2009]によれば，意思決定は，①「問題を特定する」ことから始まり，次に②「対策案を考え」，そのうえで③「最終的な方針を決定する」という順に進むと指摘しており，経営不振の中小企業においても，この手順に沿って現状に対応した利益計画を策定し，そこから計画と整合性のある戦略を構築し，その後に，本物の経営理念を創成していくべきであると考えることができるのである。

動機づけの観点からは，モチベーション理論の1つであるMaslow[1970]の「欲求5段階説」に宮田[2004]の解釈を加えた研究と，それにAckoff[1971]，Ackoff & Emery[1972]の「理想追求システム」を加えたフレームワークからの視角も有望である。

宮田[2004]は，Maslowの欲求5段階説から経営理念が導かれる段階を示したが，これに，Ackoff & Emeryの理想追求システムに基づいた概念を加味して考察すると，図表5-5に示されるように，利益計画策定後に戦略を導き，そこから経営理念を検討していこうとする方法は，経営不振の中小企業には有効

図表5-5　Maslowの欲求5段階説とAckoff & Emeryの理想追求システム

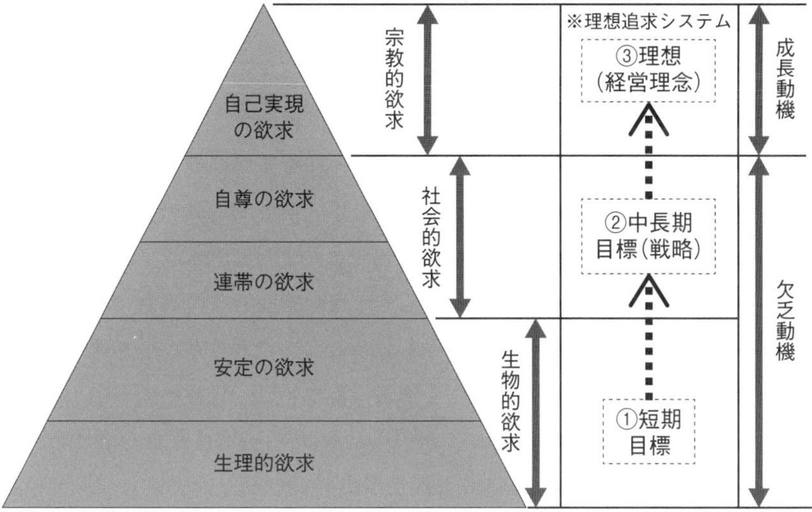

ピラミッド（下から上へ）	Maslow区分	理想追求システム	動機
自己実現の欲求	宗教的欲求	③理想（経営理念）	成長動機
自尊の欲求	社会的欲求	②中長期目標（戦略）	欠乏動機
連帯の欲求	社会的欲求		欠乏動機
安定の欲求	生物的欲求	①短期目標	欠乏動機
生理的欲求	生物的欲求		欠乏動機

出所：富田[2004]55頁；Ackoff[1971]p. 667；Ackoff & Emery[1972]pp. 240-241に依拠し筆者作成。

であることがわかる。

つまり、経営不振に陥っている「欠乏動機」状態にある企業が、いきなり Maslow のいう「自己実現の欲求」に相当し、高い理想である経営理念を検討するよりは、「生理的欲求」や「安定の欲求」を満たす、すなわち目の前にある当面の問題を解決するための Ackoff & Emery のいう①「短期目標（goals）」を、まずは設定することから着想する方が、より現実的だからである。そのうえで「連帯の欲求」や「自尊の欲求」としての「社会的欲求」に相当する②「長期目標（objectives）」や中長期計画、すなわち戦略を検討し、そこから③「理想（ideal）」である経営理念を導くという段階を踏んだ「計画→戦略→経営理念」型の経営理念創成プロセスは、当該企業の経営者にとっては受け入れやすく、経営者のモチベーションが高まると考えられるのである。

Drucker[2008]は、計画の段階に至ったとき、再び我々のミッション、すなわち経営理念は何かを考えると指摘しているが、計画と戦略の検討後に、「当社のミッションは何か」と問い直し、計画や戦略の意味と会社の存在意義を確認することによって、計画や戦略との整合が図られ、借り物ではない本物の経営理念を見出していくことが期待できるのである。

また、前述した NAA[1964] が、「計画設定の過程は、経営者の洞察力を向上させ、建設的な考え方をもつようにさせるのに役だつ」と指摘するように、この Maslow の欲求5段階説と Ackoff & Emery のいう理想追求システムによる考え方は、経営不振の中小企業が、当面の問題を解決する短期目標、すなわち利益計画策定の延長線上から長期目標としての戦略と経営理念を自然の流れのなかで見出していくことにつながると捉えることができるのである。

遠藤[2005]は、図表5-6の問題解決プロセスで示すように、「より質の高い問題とは標準や基準をクリアーしたうえで、さらにレベルの高い『あるべき理想像』と現状とのギャップを指す」としている。この考え方は、本研究の主張とも一致する。つまり、遠藤のいう「標準・基準」は、経営不振の中小企業でいえば、「単年度の黒字化」などに相当し、遠藤のいう「あるべき姿（理想像）」が「経営理念」に当てはまると考えるからである。

したがって、まずは、当面の課題、直面する課題と考えられる「標準・基

図表 5-6　企業活動における「問題」の種類と解決プロセス

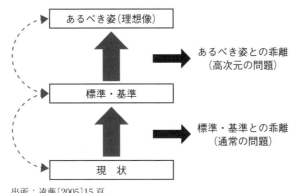

出所：遠藤[2005]15頁。

準」，すなわち「単年度の黒字化」と「現状」，すなわち「損失」との乖離を埋めるための短期利益計画を優先的に検討し，そこから，「あるべき姿（理想像）」，すなわち「経営理念」と「標準・基準」との乖離を埋めるための戦略や中長期利益計画を明確にしていく取り組みが，より現実的であり，経営者のモチベーションが高まると考えられるのである。

さらに，遠藤[2004]は，図表5-7に示されるように，トップダウン型の「経営を構成するピラミッド」における上位概念の新たなビジョンや戦略を打ち出しても，それが実行されず，結果の出ない企業が山ほどあり，経営の実行性を考える際に必要なのは，「逆ピラミッドの発想」であると指摘した[10]。つまり，ビジョンや戦略は必要な要素ではあるが，それ自体に実行性は担保されておらず，現場の問題を解決する計画から発想していくことも重要であるとしている。

また，前述した太田の「倒産・再生のERM」理論もこの仮説を裏付ける有望な理論的根拠といえる。つまり，太田[2009a]は，まずは，「保守的リスクマネジメント」，すなわち当面の問題や課題である「企業価値の維持をめざし，リスクのマイナス面（脅威）に対応する管理活動」に相当する「応急再生」に取り組み，その後，「進取的リスクマネジメント」，すなわち長期目標としての戦略や理想として捉えることができる「企業価値の維持をめざし，リスクのプラス面（機会）に対応する管理活動」に相当する「本格再生」と「持続型再

図表 5-7　経営を構成するピラミッドと逆ピラミッドによる発想法

出所：遠藤[2001]8頁および遠藤[2004]18-19頁に依拠し筆者作成。

生」（安定再生）を図っていくべきだとしており，この太田による ERM 理論における再生プロセスと類似すると考えられるからである。[11]

　さらに，佐藤[2007]が，「能力があっても仕事に対してのやる気・意欲がなければ，業績など望みえない」と指摘するように，[12] 中小企業が再生を果たすには，経営者の動機づけを検討することが不可欠である。そして，佐藤[2007]が，動機づけの第1歩は「お金」であり，「お金」の条件が満たされると，次には自己実現項目が動機づけ要因となるとする主張は，[13] 経営者が債務超過状態という経営不振状態から脱却するための有望な視角を与えてくれる。つまり，利益計画は再生を果たすための第1歩の動機づけ要因と捉えることができ，本研究において提唱する「計画→戦略→理念」型のプロセスモデルを裏付ける有力な示唆といえる。

　以上が，仮説1の「問題を解決する利益計画検討後に，戦略を検討するという『問題→計画→戦略』型の検討プロセスは中小企業再生に有効である」と仮説2の「仮説1で検討された戦略から経営理念を検討するという『戦略→理念』型の経営理念創成プロセスは，経営者のホンネや計画，戦略と整合性のある本物の経営理念を早期に創成する有効な方法である」，仮説3の「仮説1，仮説2による方法，すなわち『問題→計画→戦略→理念』型の経営理念創成プロセスによって，中小企業再生に有効な経営者の再生型リーダーシップが開発される」を裏付ける有望な理論的根拠といえる。

以上から，問題を解決するための利益計画策定後に導いた戦略から経営理念を検討する経営理念創成プロセス，変革型リーダーシップ（TL）から見たリーダーシップ状態，Maslow の欲求5段階説，Ackoff & Emery の理想追求システムとの関係性を整理すると，図表5-8 に示されるとおりである。

つまり，「理念(無)×計画・戦略(無)」の経営不振中小企業は，「生理的欲求」と「安定の欲求」に相当する「生物的欲求」を満たすために現状分析から当面の問題を特定し，この問題を解決するための Ackoff & Emery のいう「短期目標」である計画を検討・追求することで，変革型リーダーシップ（TL）の構成要素の1つである「鼓舞する動機づけ」（IM）が「低」から「中」へと変化し，そこから「長期目標」としての戦略を検討していくことによって，「IM」がさらに高まって，「中」から「高」状態となり，「理念(無)×計画・戦略(有)」状態の企業となっていく。

図表 5-8　経営理念創成プロセス・リーダーシップ状態・欲求 5 段階説・理想追求システム

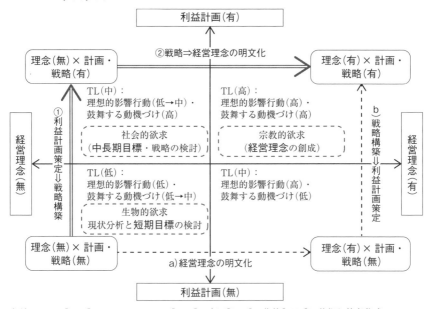

出所：Ackoff[1971]；Ackoff & Emery[1972]；宮田[2004]；佐竹[2007]に依拠し筆者作成。

そして，NAA[1964]が，「利益計画設定の過程は，会社の将来に焦点を合わせているため，経営者の思考を活動的にするとともに，洞察力を向上させ，建設的な考え方をもつようにさせるのに役だつ」と指摘するように，「短期目標」としての計画から「長期目標」としての戦略を検討・追求したことに伴って，Maslowのいう「自己実現の欲求」，すなわち宮田のいう「宗教的欲求」を満たそうとする経営者行動である「理想」としての経営理念を検討・追求しようという経営者意欲が高まりやすい状態になることが期待できるので，経営理念を意味する「TL」の構成要素である「理想的影響行動」(II) の度合いが「低」から「中」状態へと変化すると考えられる。

さらに，この計画と戦略検討後，意図的に経営理念を検討・追求し，明らかにするによって，当該企業は，「理念(有)×計画・戦略(有)」状態となるとともに，当該経営者のII度合が「中」から「高」状態となるので，結果として，「TL」度が高まり，当該企業に求められる経営者の再生型リーダーシップが開発された状態になるのである。

(注)
1) NAA [1964] 邦訳, 21-22頁。
2) ここでいう「理念」は「経営理念」を指す。
3) 原科・原沢 [2007] 43頁。
4) Mintzberg [2009] 邦訳, 87頁。
5) 理想 (ideal) →長期目標 (objectives) →短期目標 (goals) のように，短期目標を選択・整序するのは長期目標であり，長期目標を選択・整序するのが理想とする階層的関係を示している。この理想は，無限に近づくことはできるが実際には到達できない目的であり，どれか1つのgoalまたはobjectiveを達成すると，その理想にさらに近接した他のgoalまたはobjectiveを追求するシステムである。また，このシステムは，「完全」(perfection)とか「最終的に望ましいもの」(ultimately desirable)という概念をもち，それをシステマティックに―相互関連したステップに従って―追求するシステムである (Ackoff, 1971, p.667; Ackoff & Emery, 1972, pp. 240-241)。
6) 宮田 [2004] 55頁。
7) 伊丹・加護野 [2003] が，戦略とは「市場の中の組織としての活動の長期的な基本設計図」と指摘していることから，Ackoff & Emeryのいう「長期目標」を「戦略」として解釈した。
8) Drucker [2008] p. 16.
9) 遠藤 [2005] 16頁。

10）遠藤［2004］19 頁。
11）太田［2009a］10-11 頁。
12）佐藤［2007］24 頁。
13）佐藤［2007］24 頁。

第6章 事例研究と仮説の検証

　本章では，前述した理論のトライアンギュレーション（三角測量），すなわち1つの課題に対する研究で異なった理論的見方を適用させ，パターン適合の分析手法を活用した質的研究の事例研究法により，前章で設定した以下の仮説検証を行う。

　仮説1：問題を解決する利益計画検討後に，戦略を検討するという「問題→計画→戦略」型の検討プロセスは中小企業再生に有効である。

　仮説2：仮説1で検討された戦略から経営理念を検討するという「戦略→理念」型の経営理念創成プロセスは，経営者のホンネや計画，戦略と整合性のある本物の経営理念を早期に創成する有効な方法である。

　仮説3：仮説1，仮説2による方法，すなわち「問題→計画→戦略→理念」型の経営理念創成プロセスによって，中小企業再生に有効な経営者の再生型リーダーシップが開発される。

　そして，廃業件数が多く開業件数が少ないため，減少幅が最も大きいとされる「小売業」[1]や，近年の著しいIT化の進展状況を鑑みたことから「情報通信業」，日本の産業を支えているとされる「製造業」を展開する三業種の中から，明確な本物の経営理念が存在せず，明文化されていなかった，再生を果たしたとされる企業とその代表者を研究対象先として検討する。

　経済産業省・厚生労働省・文部科学省[2015]は，国内生産額（売上に相当）の産業別構成比において「製造業」が30.8％と最も比率が高く，次いで「サービス業」22.9％，「商業」10.0％と続くとしていることから，この三業種が我が国を代表する産業と捉え[2]，これらの業種に属する企業を分析対象先として選定した。

製造業は我が国において基幹産業であり，きわめて重要な役割を担っている。経済産業省・厚生労働省・文部科学省[2015]は，製造業を経常収支黒字に貢献するとともに，他産業への波及効果やサプライチェーンの集積メリット，地方の雇用確保，技術革新を生み続ける場として位置づけており，その生産波及の大きさは「全産業」が1.93％，「サービス業」1.62％なのに対して，「製造業」は2.13％であり，1単位国産品の最終需要が発生した際には，2.13倍の生産波及があるとしている。[3)]

　製造業を展開する中小企業であるアシザワ・ファインテック社は，技術革新に取り組み，仮説で設定した「問題→計画→戦略→理念」型による経営理念創成プロセスによって債務超過状態を解消させ，再生を果たすという基準に当てはまる企業であり，[4)] 経営理念創成に関して多くの知見が得られるととともに，取材協力と情報開示に応じていただいたことから本研究の分析対象先とした。

　続いて，国内生産額の産業別構成比において二番目に比率が高いとされている「サービス業」として，「情報通信業」を展開するWOWOW社を選定した。WOWOW社は，現在においては東京証券取引所の第一部市場に上場する企業であり中小企業ではない。しかし，本研究で分析した1993年頃の当時においては，非上場企業であり，従業員数も207人という比較的規模の小さな経営理念を有しない債務超過企業であった。しかし，そこから仮説において設定した「問題→計画→戦略→理念」型の検討プロセスによって経営理念を創成し，当該市場に上場を果たした現象は，中小企業再生に求められる経営理念を早期に創成するとともに，経営者に求められる再生型リーダーシップの開発方法を検討するうえで，きわめて示唆に富む再生事例であり，本研究の分析対象企業として取り上げている。

　さらに，国内生産額の産業別構成比において三番目に比率の高い「商業」に属する企業としては，前述したように，廃業件数が多く開業件数が少ないため，減少幅が最も大きいとされ，「商業」を代表する「小売業」に属する中小企業であるヤマグチ社を選定した。

　また，仮説導出の理論，すなわち佐竹[2007]による「変革型リーダーシップ」，Koestenbaum[2002]の「The Leadership Diamond Model」，仮説を裏付

ける理論的根拠で示したMaslow[1970]の「欲求5段階説」に宮田[2004]の解釈とAckoff[1971]，Ackoff & Emery[1972]の「理想追求システム」を加えたフレームワーク，太田[2009a]の「倒産・再生のERM」，第1章で検討した福本[2005]の「リーダーシップ&『戦略・ファイナンス・組織』の融合」に「経営理念」の要素を加えた理論などに依拠する方法により，再生を果たした各社の事例分析から仮説の検証を試みるとともに，第3のリサーチ・クエスチョンである「中小企業再生に有効な経営者の再生型リーダーシップを支える経営理念を早期に創成するには，どのような方法が有効か」について明らかにしていく。

なお，前述したように，事例データの収集は，文献データの確認を補完的に行う目的で，研究課題に関する一般的な自由形式の質問，すなわち非構造化面接（open-ended interview）を研究対象先の代表者に対して行っている。

第1節　株式会社ヤマグチの事例[5)]

1. 企業概要と経営危機を乗り越えた経緯

株式会社ヤマグチは「でんかのヤマグチ」という屋号で，東京都町田市において1965年5月5日に松下電器（現パナソニック）系列の電器店，いわゆる「町の電気屋さん」として，代表取締役である山口勉氏（1942年，東京生まれ）によって創業された。同社は，年商12億4千万円で，最終利益2,300万円，資本金は1,000万円，従業員数約50名（正社員40名とパート10名）規模の中小企業である（2012年3月期）。そして，東京都町田市と神奈川県相模原市に商圏を絞った地域密着型の経営を展開しており，40％に迫る高い売上高総利益率（以下，粗利益率）を達成している。

1996年頃からヤマダ電機やヨドバシカメラなどの大手家電量販店が同社の近隣周辺に続々と進出し，6店もの競合店が立ち並ぶという危機的状況に同社は直面した。こういった危機的状況のなかで，「生き残っていけるのか」とい

う強まる危機感から，代表取締役の山口氏は「取引先や専門家に相談するもいい答えは出てこなかった」と振り返る。そして，「自分で考えなければいけない」と眠れない日々を過ごしながら悩み考え続けたという。「量販店のいいところは，価格が安い，お店が大きい，駐車場が広い，いろんな商品が並んでいるなどいいところだらけだが，買う側の一番は価格が安いところであり，量販店同士で1円でも安くする闘いをやっている。量販店の価格競争の渦に入らないようにするにはどうしたらいいか」という現状分析と自らへの問いかけから「量販店とは逆のことをやってみるか」という考えが導かれ，粗利益率を増加させる「高売り」を決意したという。

図表6-1に示すとおり，1996年当時の同社の粗利率は25％～26％であり，量販店が進出する以前の3年間（1993年～1995年）は赤字続きであったが，借入金などにより，資金繰りに行き詰まることはなかったという。しかし，山口氏は，量販店の進出により売上高はさらに30％減少し，資金難から倒産という危機的状況に陥ると予測した。そこで，生き残りをかけ，10年間で粗利率を10ポイント上げて35％にする目標を1996年に設定し，倒産を免れるた

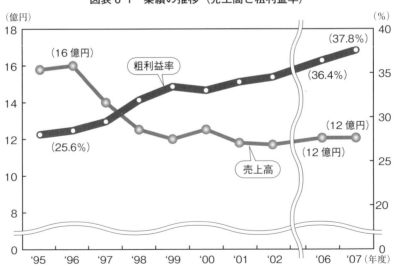

図表6-1　業績の推移（売上高と粗利益率）

出所：藤井[2010]〈http://blogs.itmedia.co.jp/brand_ing/2010/08/post-04b7.html〉。

めの利益計画策定後に，高売りを実現させるための戦略を構築し，経営理念を検討，明文化していったのである。

結果，同社の目標は8年で達成され，現在においては粗利率が40％に迫り，2014年3月期に至るまで17期連続の黒字を達成している。さらに，量販店が台頭する以前の1996年当時においては，約2億円の借入金があるなど多額の有利子負債を抱え資金繰りに窮するという実質的な債務超過，すなわち支払不能状態にあったと考えられるが，2008年には新規借り入れや借り換え，仕入資金不足からくる小切手の発行などが一切不要となり，無借金経営を実現している。

2. 利益計画策定と戦略構築

次に，同社の1996年当時の利益計画策定と戦略構築について分析する。

同社は，図表6-2に示すように，大手量販店の進出に伴い，同社の売上高は30％落ちるという現状分析から将来の予測と問題の特定を行い，生き残りをかけ，社員を削減することなく，10年間で粗利率を10ポイント上げて35％にするという利益計画を1996年に策定した。

同社の場合，大手量販店の進出に伴い売上高が3割減少し，さらに損失がふくらむとともに，借入金の返済が滞るという債務不履行，すなわち倒産の危険性があると予測し，この危機を克服するために重視した経営指標が売上高総利益率，すなわち粗利益率であった。同社の社長である山口氏は，「借金を減らす経営をしなければいけない」[6]と思い立ち，利益計画をたてた当時の状況について以下のように振り返っている。

　　目標とする経営指標を営業利益や経常利益ではなく粗利益にしたのは，社員にとって非常に分りやすいからです。何より計算が楽です。売り上げから仕入額を引けばいいわけですから，社員はこの二つの数字だけ，正確には仕入額だけを知っていればいい。営業利益ですと販管費などを把握する必要があり，社員全員が理解し，日々の営業で追いかける数字としては不向きだと思いました。[7]

図表 6-2　ヤマグチ社の現状分析・予測・計画設定

検討項目	現状	予測	計画
売上（単位：円）	1,000,000,000	700,000,000	700,000,000
粗利益率	25%	25%	35%
粗利益額（単位：円）	250,000,000	175,000,000	245,000,000
販売費及び一般管理費（単位：円）	200,000,000	200,000,000	200,000,000
営業利益（単位：円）	50,000,000	−25,000,000	45,000,000
顧客台帳登録数（単位：円）	34,000	23,800	13,000
平均顧客販売単価（単位：円）	29,412	29,412	53,846
平均顧客粗利益単価（単位：円）	7,353	7,353	18,846
営業員（単位：人）	18	18	18
営業員1人当たりの担当顧客数（単位：件）	1,889	1,322	722
上得意客（単位：件）	150	150	150
訪問件数／日（単位：件）	—	—	5
上得意客への訪問日数／月（単位：日）	—	—	30
人事評価のベース	売上高	売上高	粗利益額

注：「現状」の営業利益は，実際はマイナスであったが，値引き販売をしないことを想定して算出されている。

出所：山口［2013］29-36 頁に依拠し筆者作成。

　本来であれば，デフォルト状態，すなわち債務不履行を回避するために借入金の返済原資となる税引き後の当期純利益の絶対額やその利益率，フリーキャッシュフロー[8]などの額を共有指標として設定することも得策と考えられるが，同氏は，当該原資を支払うための資金計画を踏まえた利益計画を立てたう[9]えで，敢えて，従業員と同じ目標を共有するために，わかりやすい指標，す[10]なわち粗利益率を掲げるとともに，日次ベースで割り当てられた担当者別・商品別の粗利益額とその率の計画（予算）を立てるなどして借入金の返済原資を賄うだけの当期純利益額を確保するための利益計画を策定したのである。

　つまり，結果としての貸借対照表ベース，すなわち企業の資産，負債，純資産のある一定時点における状態を加味した指標である資本利益率やカネの流れ

を表すキャッシュフロー計算書ベースにおけるフリーキャッシュフローの額を示すよりは，負債減少と資産形成の根本原因となる損益計算書ベースの最もわかりやすい利益率を全社員共通の最優先すべき目標値として設定したのである。

同社は，倒産の危機的状況に直面するまでは，「売上高で計画し，売上高で実績を管理し，売上高で評価する」という売上至上主義の経営を行っていた。値引きをしてまでも，顧客数や販売数量を増やして増収を図ろうとしていたのである。そして，仕入額を従業員には知らせず，利益や代金回収は二の次であるといった考えの下，経営を行っていた。その結果，赤字が続き，有利子負債も増加傾向にある経営状況にあったのである。

しかし，前述したように，大手量販店の進出を機に，客数が減少することを予測し，それに伴って売上高も3割落ち込むといった見通しを立てた。そして，この見通しどおり売上が減少すれば，さらに損失がふくらみ，倒産してしまうといった危機意識が強まったことから，それまでの売上至上主義から粗利益率を重視する経営へと転換を図ることを同社の社長は決意したのである。具体的には，それまで秘密にしていた仕入価格を従業員にも開示し，粗利益率を25％から35％にするという目標をベースとする基本方針の下，これを達成するための計画を実行していったのである。

従前は，最もわかりやすい売上高を共有指標としていたが，大手量販店の進出に伴い，25％の粗利益率のまま売上高が3割減少した場合には，人件費などの固定費を賄えないばかりか，金融機関への借入金返済が滞るという危機意識から，倒産の危機を回避するために必要な利益の絶対額を算出したうえで，設定された指標が，この粗利利益率なのである。

したがって，粗利益率のみを算出したというよりは，資金計画上，借入金返済額の原資としての当期純利益利益額を計算したうえで，最低限確保しなければならない粗利益額とその率を算出し，計画をたてたのである。そして，敢えて，従業員の実行意欲を高める観点から，よりシンプルでわかりやすい粗利益率を会社の重視すべき経営指標として掲げたのである。

そして，この高売りを実現させる目標と計画を達成するために，規模と収益性から同社の立ち位置を表した図表6-3に示されるように，顧客数を大幅に減

図表 6-3　規模と収益性

企業名	売上高（百万円）	売上総利益（百万円）	総利益率	決算期
ヤマダ電	1,664,370	438,042	26.3%	2015 年 3 月
ビックカメラ	795,368	209,645	26.4%	2015 年 8 月
エディオン	691,216	190,360	27.5%	2015 年 3 月
ケーズ HD	637,194	161,142	25.3%	2015 年 3 月
上新電	372,385	79,838	21.4%	2015 年 3 月
ベスト電	175,114	40,176	22.9%	2015 年 2 月

出所：各社の有価証券報告などに依拠し筆者作成。

らすとともに，仕入先をパナソニック社の1社に絞り込み，規模を追求するのではなく，質の高いサービスを提供するという特化型の戦略を検討・選択・構築していったのである。

　これは，図表 6-4 に示されるように，Porter[1980]の「3つの基本戦略」のフレームワークにおける「差別化集中戦略」に相当すると考えられる。また，図表 6-5 に示される Kotler[1980]の「競争地位の類型化と戦略」における「ニッチャー」による戦略にも相当するといえる。さらに，Ansoff[1965]の「成長ベクトル」におけるフレームワークに置き換えると，既存市場に対して，既存製品を提供する「市場浸透戦略」になると考えられる。[12]

　つまり，経営資源の乏しい同社は，図表 6-6 に示す顧客排除基準を設け，約 34,000 件の顧客を約 13,000 件に絞り込み，質の高いサービスを提供する特化型の思い切った戦略を計画策定直後に検討し，それを実行していったのである。[13]

　このような戦略は，現状を分析し，問題を特定したことから，生き残るため

第6章　事例研究と仮説の検証　139

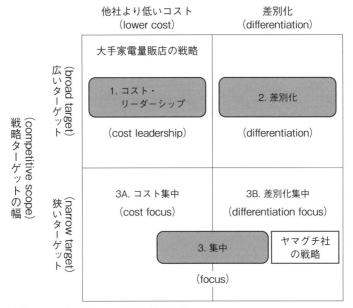

図表6-4　3つの基本戦略

出所：Porter[1985]p.12に依拠し筆者作成。

図表6-5　競争地位の類型化と戦略

相対的経営資源の位置		量	
		大	小
質	高	①リーダー （市場目標）最大シェア，最大利潤，名声イメージ （戦略方針）全方位化 大手家電量販店の戦略	④ニッチャー （市場目標）利潤，名声イメージ （戦略方針）集中化 ヤマグチ社の戦略
	低	②チャレンジャー （市場目標）市場シェア （戦略方針）差別化	③フォロワー （市場目標）生存利潤 （戦略方針）模倣化

出所：嶋口[1986]101頁に依拠し筆者作成。

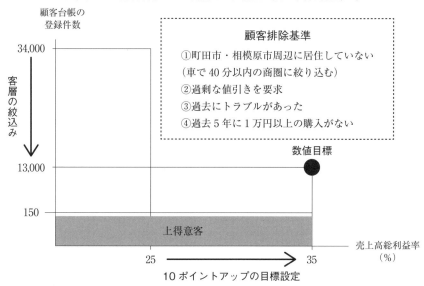

図表 6-6　顧客台帳の登録件数と粗利益（売上高総利益）率

出所：山口［2013］29-38 頁に依拠し筆者作成。

に，すなわち赤字を出さないために粗利益率を高めるという利益計画を策定した直後に導かれており，この困難な計画の実現性を高めるために考えられた戦略であると考えることができる。それゆえ，既存研究において多くの論者が提唱する「理念→戦略→計画」型のプロセスとは異なり，「問題→計画→戦略」型のプロセスによって戦略が構築されたといえる。

3. 経営理念創成

次に，同社の経営理念創成について分析する。

前述したように，同社は，危機的な状況を乗り切るために，従業員は削減せず，顧客数を大幅に削減し，質の高いサービスを提供することによって，粗利益率を 10 ポイント高めるために「高売り」という思い切った計画と戦略を立てた。しかし，加藤［2015］が，中小企業の経営計画は，作成されたものの実行に移されないままに終わるケースが多いと指摘するように，[14] 顧客数を大幅に減

らし，サービスの質を高めるという展開は，理論上は理解できても，それを実行・実現させることは，一般的に困難といわれている。

そこで問われるのが，この困難な戦略や計画を実行・実現させる経営者のリーダーシップを支える経営理念である。同社は，利益計画策定と戦略構築の直後に，当該計画と戦略と整合性のある経営理念を検討している。つまり，「でんかのヤマグチは当店を利用していただく大切な大切なお客様とお客様のために働く社員のためにある」という経営者としての覚悟と決意を示す経営理念を導くとともに[15]，この経営理念に基づいた「4つのモットー」である「①お客様に呼ばれたらすぐトンデ行くこと」，「②お客様のかゆいところに手が届くこと」，「③お客様に喜んでもらうこと」，「④お客様に良い商品で満足してもらうこと」を社員の行動に対する活動方針として作成し，困難な危機的状況から再生を果たしたと分析できるのである[16]。

経済産業省[2012]は，「平成24年度おもてなし経営企業選―先進的モデル企業―」において同社を以下のように取り上げている。

大切にしたのは「お客さまにとことん喜んでもらう」こと。中でも特徴的なのは，「でんかのヤマグチはトンデ行きます」を合言葉に，御用聞きサービスに力を入れ，「ちょっとしたお困りごと」に喜んでこたえている点である。たとえば，顧客の犬を代わりに散歩したり，通りがかった営業車をタクシーとして使ってもらったりと，「何でも屋さん」の役割を無料で担っていることだ。「遠くの親戚よりも近くのヤマグチ」という関係が顧客との間に生まれている。さらに，毎週末および毎月恒例のさまざまなイベント開催も，顧客との親密度を高めている[17]。

ここからは，利益計画や戦略から導かれた経営理念と社員の行動に対する活動方針が，実際に顧客に対するサービスとなって徹底して実践され，貫かれていることが読み取れる。つまり，生き残るために粗利益率を10ポイント向上させるという計画と顧客数を大幅に減少させ，仕入先をパナソニック社の1社に絞り込むとともに，規模を追求するのはなく，質の高いサービスを提供する

という特化型の戦略が，山口氏の決意として表明された経営理念となって，それが実際の組織行動と整合性がとれていることがわかるのである。

また，同社の経営理念創成と再生プロセスは図表6-7に示すとおりである。

これは，太田[2009a]が提唱している「倒産・再生のERM」理論に同社の経営理念が創成されるプロセスと同社の再生プロセスを融合させたものである。[18]
このように，同社の経営理念は，既存研究の「理念→戦略→計画」型とは異なる逆プロセスの「計画→戦略→理念」型によって，利益計画から戦略が導かれた直後に導出され，太田のいう「応急再生（緊急措置としての再生状態）」が同時期に図られ，単年度の黒字化が達成された。そして，その後，10年後の目標であった35％の粗利益率が8年後に達成されるとともに，借入金の残高が0円となって「本格再生」がなされ，17期連続の黒字化が達成されるという「安定再生（持続型再生）」を果たしていったのである。

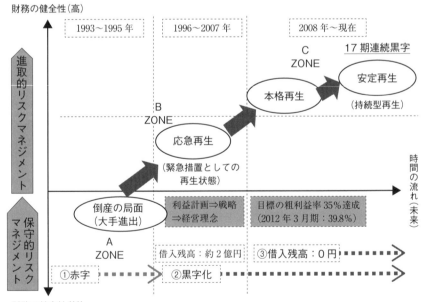

図表6-7　経営理念創成と再生プロセス（ヤマグチ社）

出所：太田[2009a]11頁と山口[2013]に依拠し筆者作成。

つまり，1993年から1995年にかけては，会社として正式に明文化された明確な経営理念が存在せず，赤字続きで経営不振状態にあった同社は，太田のいう「倒産の局面」，すなわち「A ZONE」の状態にあったといえるが，大手家電量販店が台頭し始める1996年頃には，問題を解決するための利益計画査定後に戦略を明らかにし，単年度の黒字化を達成する「応急再生」，すなわち「緊急措置としての再生」状態の「B ZONE」へと転換を図っていた。

続いて，計画策定と戦略構築直後の同時期の1996年に，この戦略に基づいて経営者のリーダーシップを支える本物の経営理念が検討・創成されるという段階を経て，10年後の目標であった35％の粗利益率が8年後に達成されるとともに，借入金の残高が0円となる「本格再生」と17期連続の黒字化を達成するという「安定再生」，すなわち「持続型再生」状態にある「C ZONE」へと段階を踏んで再生を果たしていったと分析することができるのである。

さらに，既存研究では，図表6-8に示すように，「a)経営理念の明文化」→「b)戦略構築⇒利益計画策定」，すなわち「理念→戦略→計画」型というプロセスが一般的であり，多くの論者によって提唱されている。この検討プロセスは，平時においては有効と考えられるプロセスである。一方で，本研究で主張する「計画→戦略→理念」型の経営理念創成プロセスは，危機的状況に陥った経営不振中小企業においては有効なプロセスと考えており，ヤマグチ社においてもこのプロセスによって再生が果たされていったと解釈することができるのである。

つまり，明確な経営理念や再生に有効な戦略と計画が存在していなかった1995年当時の同社は「理念(無)×計画・戦略(無)」の経営不振状態であったが，1996年においては，まずは大手量販店の進出に伴う売上減少からくる資金繰りの悪化に直面するという問題や当面の取り組むべき課題を明らかにしたうえで，「①利益計画策定⇒戦略構築」を実行し，これにより，「理念(無)×計画・戦略(有)」状態の企業へと移行した。そして，当該計画と戦略を検討した直後の同年において，「②戦略⇒経営理念の明文化」によって経営理念が検討され，明文化されるとともに，公表されたのである。その結果，「理念(有)×計画・戦略(有)」状態企業へと変化し，その後，「本格再生」と「安定再生(持続型再生)」を果たしていったのである。

図表6-8　経営理念創成プロセス（ヤマグチ社）

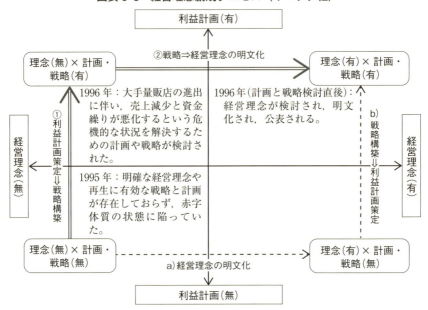

注：各象限の情報は，山口[2013]に依拠。
出所：筆者作成。

4. 経営者の再生型リーダーシップ

次に，同社における経営者の再生型リーダーシップについて分析する。

同社は，現状における当面の問題を財務的側面から明確にしたことで，太田のいう危機意識が強まり，そこから利益計画策定と特化型の戦略構築を行った後に，経営理念を明文化し，図表6-9に示されるプロセスによって，福本のいう「理念」や「ビジョン」が全社員に共有されたうえで，山口氏の再生型リーダーシップが開発され，それを中核とし，「戦略・ファイナンス・組織」が融合されるかたちで再生を果たしていったと分析することができる。

つまり，まずは，大手家電量販店の進出に伴う売上減少による倒産という危機的な状況に直面しているという問題を解決するために，粗利益率の向上と有利子負債の圧縮，日次決算，固定資産の売却（営業車のリース化）や人員配置

図表6-9　リーダーシップ＆「経営理念・戦略・ファイナンス・組織」(ヤマグチ社)

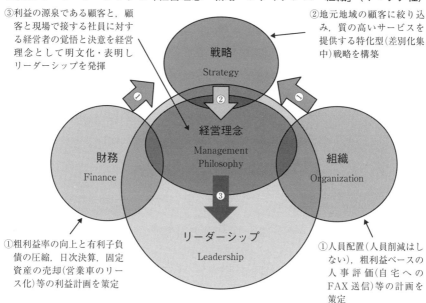

出所：福本[2005]138頁に依拠し筆者作成。

(人員削減はしない)，粗利益ベースの人事評価（自宅への FAX 送信）を導入するなどの①「財務」と「組織」の側面から利益計画を策定した。

次に，地元地域の顧客に限定し，仕入先はパナソニック1社に絞り込むとともに，質の高いサービスを提供するという②特化型（差別化集中）の「戦略」が構築され，そこから利益の源泉である顧客と，顧客と現場で接する社員に対する経営者の覚悟と決意を表明した③本物の「経営理念」が創成されることによって，経営者の再生型「リーダーシップ」が開発されていったと置き換えて解釈することができるのである。

さらに，Koestenbaum[2002]の「The Leadership Diamond Model」のフレームワークに同社の事例を当てはめて分析すると，図表6-10に示されている流れでリーダーシップが開発されていったことがわかる。

つまり，同社は，まず，Koestenbaum のいうリーダーシップに求められる①事実（reality）の要素を高めるための取り組み，すなわち大手量販店の台頭

図表 6-10　The Leadership Diamond Model（ヤマグチ社）

Lock This Image in Your Mind

②ビジョン（戦略）

②顧客を絞り込み，「高売り」に見合う顧客価値を提供するというビジョンと戦略を導いた。

③地元の顧客と社員を大切にする経営理念を明文化・表明した。

Vision

偉大さ（リーダーシップ）

Greatness

Reality

①事実（問題と計画）

①現状分析から問題を特定し，粗利益率を10ポイントと向上させる計画を策定した。

Ethics　③倫理（経営理念）

Courage　④勇気

④経営理念によって勇気づけられ（困難や危険を恐れない心が芽生え），戦略と計画を実行・実現させるリーダーシップが開発された。

The mind, stretched to a new idea, never goes back to its original dimension.

出所：Koestenbaum［2002］p. 18 に依拠し筆者作成。

によって売上減少を招き，資金繰りの悪化から倒産の危機的な状況に直面しているという問題と徹底的に向き合った。そして，そこから，10年以内に粗利益率を10ポイント向上させて35％にするという「高売り」によって生き残りを図る計画を立て，顧客を絞り込み，「高売り」に見合う顧客価値を提供するという戦略，すなわち中長期目標としての②ビジョン（vision）の要素を明らかにし，地元地域の顧客と社員を大切にするという③倫理（ethics）の要素，すなわち経営理念が導かれたことによって，判断基準としての理念が明確化され，困難や危険を恐れない心が芽生えた状態となり，経営者としての決意と覚悟，決断力を意味する④勇気（courage）の要素が高まって，経営不振中小企業の再生に求められる経営者の再生型リーダーシップが開発されていったと分析することができるのである。

次に，Bass & Avolio［1995］によって開発された Multifactor Leadership Questionnaire（MLQ 5-X Short Form）を活用した佐竹［2007］による変革型リー

ダーシップ（TL）の理論に当てはめて分析するとともに，図表6-11に示すように，同社の経営理念創成プロセス，変革型リーダーシップ（TL）から見たリーダーシップ状態，Maslowの欲求5段階説，Ackoff & Emeryの理想追求システムとの関係性を整理する。

前述したとおり，この変革型リーダーシップ（TL）の下位尺度の要素である「理想的影響行動」(II)は「経営理念」を意味する経営者行動であり，「鼓舞する動機づけ」(IM)は「目標設定・計画策定・戦略構築」に相当する経営者行動として捉えることができる。したがって，明確な経営理念が存在せず，売上至上主義であり，再生に有効な計画や戦略もなく「理念(無)×計画・戦略(無)」状態であった1995年当時の経営不振状態の同社においては，「TL」度

図表6-11　経営理念創成プロセス・リーダーシップ状態・欲求5段階説・理想追求システム（ヤマグチ社）

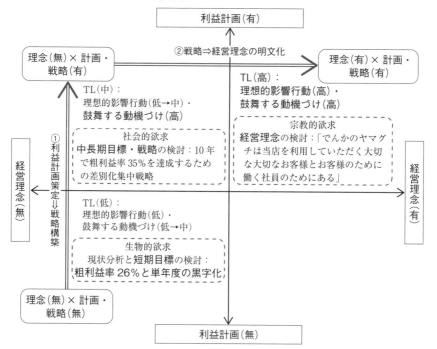

出所：Ackoff[1971]，Ackoff & Emery[1972]，宮田[2004]，佐竹[2007]に依拠し筆者作成。

の下位尺度を意味する「II」の度合いと「IM」の度合いが低い状態にあったので，「TL」度も「無」に等しい「低」状態にあったといえる。

しかし，その後の1996年には，問題解決のための計画を明らかにし，そこから「短期目標」と「長期目標」である戦略を優先的に検討し，明確にすることによって，「理念(無)×計画・戦略(有)」状態となって，「IM」の度合いが高まり，「IM」は「低」から「中」，「高」の状態へと変化していった。そして，NAA[1964]が，「利益計画設定の過程は，会社の将来に焦点を合わせているため，経営者の思考を活動的にするとともに，洞察力を向上させ，建設的な考え方をもつようにさせるのに役だつ」と指摘するように，「短期目標」としての計画から「長期目標」としての戦略を検討・追求したことに伴って，Maslowのいう「自己実現の欲求」，すなわち宮田のいう「宗教的欲求」を満たそうとする経営者行動である「理想」としての経営理念を検討・追求しようとする経営者意欲が高まりやすい状態になったと推察でき，経営理念を意味する「TL」の構成要素である「II」の度合いが「低」から「中」状態へと変化したと考えられる。結果，「IM」の度合いが「高」となり，「II」の度合いが「中」となったため，「TL」度は「中」の状態に変化したといえる。

さらに，この計画と戦略検討直後に，当該計画と戦略と整合性のある「でんかのヤマグチは当店を利用していただく大切な大切なお客様とお客様のために働く社員のためにある」という経営者としての覚悟と決意を示す経営理念を意図的に検討・追求し，明らかにしたことによって，当該企業は，「理念(有)×計画・戦略(有)」状態となるとともに，当該経営者の「II」度合が「中」から「高」状態となったので，結果として，「TL」度が高まり，当該企業に求められる経営者の再生型リーダーシップが開発された状態になったと分析できる。

5. 考　察

本項では，前項までの分析結果から，さらに，同社における経営者の再生型リーダーシップを支える経営理念を創成するプロセスの有効性について，前章で取り上げた原科・原沢[2007]の「計画策定・実行サイクル」，Mintzberg

[2009]がモデル化した「意思決定のプロセス」，遠藤[2005]の「問題解決プロセス」，遠藤[2004]の「逆ピラミッド発想法」などの理論も加えた考察を試みる。

前述したように，NAA[1964]が，「計画設定の過程は，経営者の洞察力を向上させ，建設的な考え方をもつようにさせるのに役だつ」と指摘するように，同社は，まず，大手家電量販店6店の台頭により，売上が大幅に減少し，資金繰りが悪化することによって，倒産の危機に直面しているという問題と向き合い，この問題を解決するための利益計画を策定した過程から再生に有効な戦略を検討した直後の同年の1996年に，この計画や戦略と整合性のある経営理念が導かれていったと分析することができる。

そして，同社は，原科・原沢[2007]が提示した「計画策定・実行サイクル」の「See」の現状分析により売上が減少するという収益力低下の問題を明らかにし，そこから粗利益率を10ポイント上げて35％にするという「高売り」をベースとする利益計画，すなわち「Plan」をたて，そこから計画の実現性を高めるための戦略構築と経営者の覚悟としての経営理念を検討して，「Do」，すなわちリーダーシップを発揮して再生を果たしていったと分析することができる。

つまり，経営理念が不明確な経営不振の中小企業では，経営理念を起点として戦略や計画を検討していくのではなく，まずは現状分析，すなわち原科・原沢のいう「See」により，財務的な問題点や現場などにおける問題点を明らかにすることから始め，そこから段階的に達成していこうとする数値目標や計画，すなわち「Plan」を設定する。その後，この「Plan」を基に，経営方針とする戦略を導き，この戦略を経営者の決意表明として経営理念に変換し，「Do」，すなわちリーダーシップを発揮して，再生を図ろうとする方法を同社は実行していったと置き換えて捉えることができるのである。

また，Mintzberg[2009]がモデル化した「意思決定のプロセス」を同社の事例に当てはめると，「問題の特定」が，売上の減少に伴う収益力の低下と資金繰りの悪化ということになる。そして，「対策案の考案」は，この売上減少に伴う収益力の低下と資金難を，粗利益率を25％から10ポイント向上させて35％

にする「高売り」によって，収益性や資金難を克服する利益計画の策定を意味し，そこから，顧客数の削減と仕入先の絞り込みを行うとともに，質を高めるという特化型の戦略と利益の源泉である顧客と社員を大切にしようとする経営理念，すなわち「方針の決定」がなされたと置き換えて捉えることができる。

　さらに，前述した太田[2009a]の「倒産・再生のERM」理論に加え，Maslow[1970]の「欲求5段階説」に宮田[2004]の解釈とAckoff[1971]，Ackoff & Emery[1972]の「理想追求システム」を加えたフレームワークに置き換えて考察すると，太田のいう「倒産の局面」は，同社の「①赤字」状態であり，Maslowの欲求階層説の「生理的欲求」や「安定の欲求」，すなわち宮田のいう「生物的欲求」を満たそうとする「欠乏状態」に相当する。「応急再生」は，同社が単年度の「②黒字化」を果たした状態であり，欲求階層説の「自尊の欲求」と「連帯の欲求」，すなわち「社会的欲求」を望む段階といえる。また，「本格再生」は，同社の「③借入金0円」や「8年で目標の粗利益率である35％を達成した状態」に相当し，欲求階層説の「自己実現の欲求」，すなわち「宗教的欲求」や「成長動機」段階にあると解釈できる。「安定再生」の「持続型再生」は，「本格再生」と同様に，欲求階層説の「自己実現の欲求」を望む状態に相当し，同社でいえば，「17期連続の黒字化」と「目標を上回る粗利益率」の状態にあると考えられる。

　つまり，Ackoff & Emeryの理想追求システムでいう「①短期目標」をまずは達成する計画を検討・追求した後に，「②長期目標」である戦略を導き，そこから「③理想」としての経営理念を検討・追求するいうように，徐々に段階を経て再生プロセスを実現させていこうとする思考プロセスが，結果として，経営者の再生意欲を高めるとともに，同社の再生に求められる経営者の再生型リーダーシップの誘発・開発につながっていったと捉えることができるのである。

　遠藤[2005]が指摘した「より質の高い問題とは標準や基準をクリアーしたうえで，さらにレベルの高い『あるべき理想像』と現状とのギャップを指す」の考え方に当てはめて考察すると，遠藤のいう「標準・基準」は，同社でいえば，単年度の「①黒字化」であり，当面の課題と考えられる「標準・基準」，

すなわち「単年度の黒字化」と「現状」，すなわち「損失」との乖離を埋める問題を解決するための短期利益計画を優先的に検討・追求し，そこから，「あるべき姿（理想像）」，すなわち「経営理念」と「標準・基準」との乖離を埋める高次の問題を解決するための戦略や中長期利益計画を明らかにし，そこから，遠藤のいう「あるべき姿（理想像）」，すなわち「経営理念」が検討されていったと解釈することができるのである。

　遠藤[2004]の「逆ピラミッド発想法」でいえば，「ビジョン→戦略→オペレーション（現場）」という検討方法ではなく，「オペレーション（現場）→戦略→ビジョン」というように，大手量販店の進出に伴い，倒産の危機に直面しているという当面の現場の問題を解決する計画から着想されるとともに，差別化戦略という特化型の競争戦略構築直後の同時期に，遠藤のいうビジョン，すなわち経営理念が検討・追求されていったと分析することができる。

　山口氏は，このように，危機を乗り切る，すなわち当面の問題を解決するための計画から戦略を導いた直後に，経営者としての覚悟と決意を示す経営理念を検討・追求し，明らかにしたことによって，変革型リーダーシップ（TL）の目標設定・計画策定・戦略構築を意味する要素である「鼓舞する動機づけ」（IM）の度合いが，まずは高まり，その直後に「TL」の経営理念に相当する要素である「理想的影響行動」（II）の度合いが高まって，結果として，同氏のホンネや計画，戦略と整合性のある本物の経営理念に支えられたリーダーシップが開発されていったと捉えることができる。

　以上の同社の事例分析による検証結果から，仮説1の「問題を解決する利益計画検討後に，戦略を検討するという『問題→計画→戦略』型の検討プロセスは中小企業再生に有効である」は支持されたといえる。そして，仮説2の「仮説1で検討された戦略から経営理念を検討するという『戦略→理念』型の経営理念創成プロセスは，経営者のホンネや計画，戦略と整合性のある本物の経営理念を早期に創成する有効な方法である」，仮説3の「仮説1，仮説2による方法，すなわち『問題→計画→戦略→理念』型の経営理念創成プロセスによって，中小企業再生に有効な経営者の再生型リーダーシップが開発される」は支持されたといえるともに，その有効性が示されたといえる。

第2節　株式会社WOWOWの事例

　株式会社WOWOWは中小企業ではない。しかし、中小企業再生に求められる経営理念を早期に創成するとともに、経営者に求められる再生型リーダーシップの開発方法を創成するうえで、きわめて示唆に富む再生事例であり、本研究の事例研究の分析対象企業として取り上げる。

1.　企業概要と経営危機を乗り越えた経緯

　株式会社WOWOW（英文名：WOWOW INC.）は、1984年12月25日に初の民間衛星放送会社（設立当時の社名は「日本衛星放送株式会社」）として設立された。[20] しかし、アナログ放送の開始は設立から約7年後の1991年4月1日（2011年7月24日に終了）であり、デジタル放送の開始はアナログ放送開始から約9年後の2000年12月1日であった。そして、現在の同社の会社概要は図表6-12に示すとおりであり、資本金50億円、従業員数278名（2015年3月31日現在）規模の企業である。また、同社の本社機能は、東京都港区赤坂にあ

図表6-12　WOWOW社の企業概要

会社名	株式会社WOWOW（英文名：WOWOW INC.）
主な事業	放送法に基づく基幹放送事業および一般放送事業
設　立	1984年12月25日
営業放送開始	アナログ放送　1991年4月1日（2011年7月24日に終了） デジタル放送　2000年12月1日
資本金	50億円
代表者	代表取締役社長　田中 晃（代表取締役会長　和崎 信哉）
従業員	278名（2015年3月31日現在）
本社所在地	東京都港区赤坂5-2-20　赤坂パークビル21F

出所：WOWOWホームページ「会社概要」に依拠し筆者作成。

り，東京証券取引所の第一部市場に株式を上場させている企業である。[21]

現在の代表者は，代表取締役社長の田中晃氏と代表取締役会長の和崎信哉氏の2名である。また，同社の主な事業は，「放送法に基づく基幹放送事業および一般放送事業」であり，放送番組を調達・編成し，放送衛星（BS）[22]により有料でテレビ放送を行うことを軸に，ケーブルテレビやCS（通信衛星）放送（スカパー！），IPTV（ひかりTV）[23]におけるサービスを提供している。その他には，自社制作コンテンツのパッケージ化や映画製作などの付帯事業にも取り組んでいる。

同社の2011年3月期から2015年3月期にかけての連結および単体での売上高と営業利益の推移は，図表6-13に示すとおりであり，2014年3月期の売上高が若干減少したものの，2015年には増収となり，おおむね堅調に推移しているといえる。そして，直近期の2015年3月期の売上高（連結）は72,631百

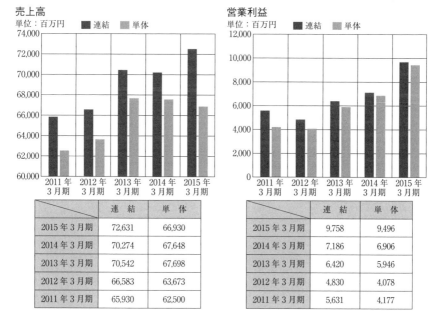

図表6-13　売上高と営業利益の推移（2011年3月期〜2015年3月期）

	連結	単体
2015年3月期	72,631	66,930
2014年3月期	70,274	67,648
2013年3月期	70,542	67,698
2012年3月期	66,583	63,673
2011年3月期	65,930	62,500

	連結	単体
2015年3月期	9,758	9,496
2014年3月期	7,186	6,906
2013年3月期	6,420	5,946
2012年3月期	4,830	4,078
2011年3月期	5,631	4,177

出所：WOWOWホームページ「業績ハイライト グラフ」。

万円で（単体は 66,930 百万円），同時期における営業利益は 9,758 百万円であった（単体は 9,496 百万円）。

同社の 2011 年 3 月期から 2015 年 3 月期にかけての当期純利益と純資産額の推移は，図表 6-14 に示されるとおりであり，前述した 2014 年 3 月期の売上高が減少したにもかかわらず，当期純利益と純資産額は堅調に推移している。

2015 年 3 月期の当期純利益（連結）は 6,619 百万円で（単体は 6,261 百万円），同時期における純資産額は 40,430 百万円となっている（単体は 35,220 百万円）。その結果，連結の自己資本利益率（ROE）[24]は 17.7%（単体では 19.4%）となっており，通信業界において，きわめて高い水準にあるといえる。[25]

次に，2011 年 3 月期から 2015 年 3 月期（2010 年度〜2014 年度）における同社の加入件数の推移を確認する（図表 6-15）。2011 年 3 月期（2010 年度）は 2,512 千件であったが，2015 年 3 月期（2014 年度）では 2,756 千件となっている。[26]

図表 6-14　当期純利益と純資産額の推移（2011 年 3 月期〜2015 年 3 月期）

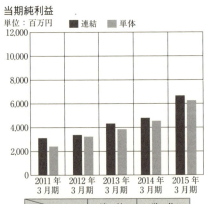

当期純利益	連結	単体
2015 年 3 月期	6,619	6,261
2014 年 3 月期	4,766	4,546
2013 年 3 月期	4,294	3,884
2012 年 3 月期	3,397	3,308
2011 年 3 月期	3,151	2,424

純資産額	連結	単体
2015 年 3 月期	40,430	35,220
2014 年 3 月期	34,203	29,338
2013 年 3 月期	33,584	28,577
2012 年 3 月期	29,335	24,673
2011 年 3 月期	26,237	21,581

出所：WOWOW ホームページ「業績ハイライト グラフ」。

図表 6-15　累計正味加入件数の推移（2011 年 3 月期～2015 年 3 月期）

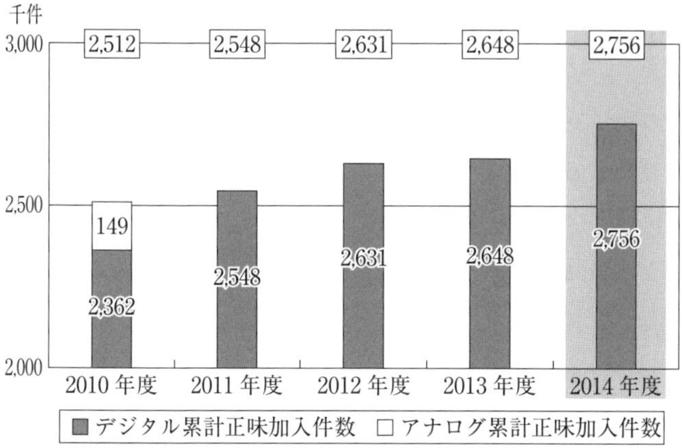

(千件)

年度	デジタル累計正味加入件数	アナログ累計正味加入件数	合計
2010 年度	2,362	149	2,512
2011 年度	2,548		2,548
2012 年度	2,631		2,631
2013 年度	2,648		2,648
2014 年度	2,756		2,756

出所：WOWOW ホームページ「2014 年度決算及び 2015 年度事業計画の概要」。

このように，2011 年 3 月期から直近期の 2015 年 3 月期（2010 年度～2014 年度）にかけての同社の業績は堅調に推移しているが，1984 年の設立から 10 年間以上にわたって赤字続きであった。みずほ銀行産業調査部[2005]によれば，「1991 年のサービス開始当初から大きな期待が集まったものの，現実の加入獲得は思ったように進まず，すぐに巨額な赤字に陥った」という。さらに，1993 年 3 月期においては，約 200 億円の経常損失と約 776 億円の実質累積損失を計上するとともに，約 385 億円もの債務超過（資本金は 415 億 6 千万円）にまで陥り，倒産の危機に直面していた。

こういった危機的状況にあった 1993 年 6 月 2 日に，松下電器産業株式会社（現パナソニック株式会社）の元副社長である佐久間昇二氏が，WOWOW 社（当時の社名は日本衛星放送株式会社）の代表取締役社長に就任する。

佐久間氏は，当時のことを以下のとおり振り返る。

みんな映画，音楽，スポーツといった，自分の担当する分野の仕事は好きだったんです。ただ，放送は 24 時間 365 日続いていますし，加入者も少しずつ増えていたので，会社が危機的状況であることを説明してもピンとこないんです。92 年は売り上げが 346 億円でしたが，経費は 546 億円使って 200

億円の赤字，しかも累積損失は770億円もある。そういう話をしても，自分たちは首を斬られるわけでも給料が減るわけでもないから，どこかよそ事のようでした。どうやって危機意識を持たせるかが，一番大きな問題でした。

　3年後の売り上げ目標を決める時，あまり大きなことを言わずに，僕が責任もって達成できる数字を伝えました。当時120万人だった加入者数を3年間で170万人にすることはできますと。それで収支トントンにするには，損益分岐点を286万人から4割落とさなければいけない。ただし，僕はソフトビジネスは人が財産と思っていたから，従業員は減らさないし，給与も下げるつもりはありませんでした。その代わり，番組費を4割カット，宣伝費は5割カット，販促費は3割カットするけど，宣伝が減ったと思わせたり，顧客満足度を落としたりするなと言いました。金がないから元気と知恵と汗を出せと。結果として，加入者が3年後に203万人になり，損益分岐点も146万人まで落ちたので，3年目で64億円の利益が出せました。[31]

　このように，WOWOW社は，危機的な経営状態から，当時の社長に就任した佐久間氏の強力なリーダーシップの下，徹底したコスト削減や営業の活性化，経営理念の明文化，9割の減資策を断行するなどして，企業組織を変革し，3年間で黒字化を果たした。そして，その後も企業成長力を高め，2001年4月には東京証券取引所マザーズ市場に株式上場を果たし，太田のいう「応急再生（緊急措置としての再生状態）」を経て，「本格再生」と「安定再生（持続型再生）」がなされていったのである。[32]

2. 利益計画策定と戦略構築

　続いて，同社の1993年6月以降に検討された当時の利益計画策定と戦略構築について分析する。

　同社は，1984年の設立から10年間以上にわたって赤字続きであった。また，図表6-16に示すように，1993年3月期（1992年度）においては，約200億円の経常損失と約776億円の実質累積損失（以下，繰越損失）[33]を計上すると

図表 6-16　WOWOW 社の現状と利益計画（目標）および実績

内容	現状	1993 年 6 月時に立案した利益計画（目標）	実績
番組費	―	4 割削減	
広告費	―	5 割削減	
販売促進費	―	3 割削減	
その他管理費	―	1 割削減	
損益分岐点（加入者数）	286 万世帯	170 万世帯	165 万世帯
顧客満足度	1993 年 10 月：47.0%	向上⇒番組の質の向上⇒自主制作によるコンテンツの充実，迅速な商品の提供，商品の 30 回分割払い制度の導入（1993 年 10 月：フリーダイヤルの申込中止）	1995 年 12 月：73.6%
加入者数	120 万世帯	170 万世帯	205 万世帯
売上高（1993 年度）	346 億円（1992 年度）		384 億円
経常利益（1993 年度）	－200 億円（1992 年度）	－99 億円	－94 億円
累積（繰越）損失	776 億円（1992 年度）	1997 年に 9 割の減資策，2004 年度に解消（資本準備金の取り崩し，減資策、第三者割当増資）。	
債務超過	358 億円（1992 年度）	2001 年 4 月に東証マザーズ上場し，解消。	
経常利益（1994 年度）	―	－9 億円	－5 億円
経常利益（1995 年度）	―	100 万円	62 億円
経営理念	無	作成着手：1995 年 4 月 1 日，発表：1996 年 4 月 1 日	

出所：佐久間[2005]に依拠し筆者作成。

ともに，約 358 億円もの債務超過にまで陥り，倒産の危機に直面していた。[34)]

こういった状況下において，社長である佐久間氏は，「3 年後の売り上げ目標を決める時，あまり大きなことを言わずに，僕が責任もって達成できる数字を伝えました」というように，[35)] 1992 年度（1993 年 3 月期）の 200 億円の経常損失を 1993 年度（1994 年 3 月期）には二桁の赤字，すなわち 99 億円の経常損失にするとしている。そして，1994 年度（1995 年 3 月期）は一桁，すなわち 9 億円の経常損失にまで減少させるという目標をたて，1995 年度（1996 年 3 月期）には 100 万円でもいいから単年度の経常利益ベースで黒字化を果たす

という目標を掲げるとともに，人件費以外のコスト削減を徹底して行うという段階を踏んだ目標や計画を検討・追求していった。

同氏は，当時のことを以下のとおり振り返っている。

　みんな現場から知恵を出してきましたよ。家電量販店が撒くカラーテレビの広告チラシにハリウッド映画の画像とWOWOWの文字をタダで入れてもらったり，テレビの売り場でWOWOWのブルーカラーとロゴが入ったリモコン袋を並べてもらったり。そういうことを周囲にお願いしながらやっていました。お金がないほうが，むしろ知恵が出るんですね。

　現場から知恵を探るという考えは，松下時代も同じでした。全国に3万件くらいあったナショナルショップの中に，0.1%でもすごい店があれば，そこのやり方を真似たらいい。そういう現場にはプロがいるし，いろんな知恵を持っています。WOWOWでは，加入者を増やすことが最大の目的でしたから，就任してから2ヵ月間は営業担当の役員と全国の現場を回りました。そして，課題を整理すると打つべき手が分かってきました。[36]

このように，同氏は，まずは，現場における問題を明らかにし，これを解決するための計画を検討・追求し，たてたのである。そして，図表6-17に示すように，この計画を達成させるために，コスト削減のみならず，質の高いサービスを顧客に提供しようとする「費用縮小・成果拡大均衡」の戦略，すなわちKim & Mauborgne[2005]のいう「価値を高めながらコストを押し下げ，差別化と低コストをともに追求し，その目的のためにすべての企業活動を推進する戦略」である「ブルー・オーシャン戦略」の土台となる「バリュー・イノベーション」を計画策定後に検討・構築し，展開していったのである。[37]

3．経営理念創成

WOWOW社は，図表6-18に示すように，1995年4月に社員をも巻き込むことによって作成・検討が着手された「私たちは衛星放送を通じ　人々の幸福

第 6 章　事例研究と仮説の検証　159

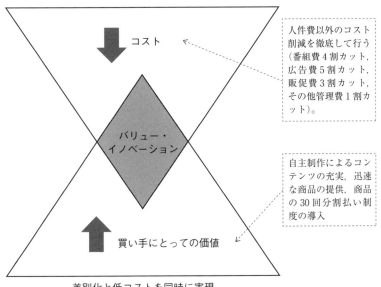

図表 6-17　バリュー・イノベーション（WOWOW 社）

差別化と低コストを同時に実現

出所：Kim & Mauborgne[2005]邦訳, 37 頁および佐久間[2005]に依拠し筆者作成。

と豊かな文化の創造に貢献します」という同社の経営理念, すなわち「企業理念」と「行動指針」[38]が, 開局 5 周年の 1996 年 4 月 1 日に正式に明文化され, 発表された[39]。

　そして, 佐久間氏は, 経営不振に陥った同社を再建するために社長として就任した時, 松下電器産業株式会社（現パナソニック株式会社）の創業者である

図表 6-18　WOWOW 社の経営理念
（1995 年 4 月：作成着手・1996 年 4 月：発表）

注：「誰に（顧客）」,「何を（顧客価値）」,「どのように（技術）」などは筆者が加筆した。
出所：佐久間[2005]17-18 頁に依拠し筆者作成。

松下幸之助氏の教えで役立ったこととして，経営理念について以下のとおり述べている。

　印象に残っているのが経営理念の話です。欧州時代，13人の駐在員の前で幸之助さんが言ったのは「今ウチは商品的には負けているけど，日本に帰って3年間で良い商品を作るから，その間に強い販売網を作っといてよ」ということでした。これにはみんな驚いてしまって，「売れるものがないのにどうやって販売網を作るんですか」と森常務が尋ねると，「松下の経営理念を売ってくれ」と仰ったんです。形や値段があるものではなく，こういうところに経営理念を持ってくるのが，あの人のすごいところです。理念で結ばれて初めて，お得意さまとの関係が作れるんだということをそこで学びました。「お客さま第一」と「取引先との共存共栄」という経営理念を，いかに一つひとつの制度に落とし込むか。僕にとっては，一番大切な言葉になりましたね。[40]

　このように，松下幸之助氏の「最後の弟子」と称されている佐久間氏は，松下電器産業での勤務経験を通じて経営理念の大切さを学んでいる。そして，佐久間[2005]は，経営理念がないということは企業にとって致命的欠陥になるとしている。[41]また，危機的な経営状況に陥っているWOWOW社を真に再生させるためには，経営理念がきわめて重要であるとして，同社における経営理念の必要性を次のように指摘している。

　企業は人の集団です。この人の集団をいかに動かすか。経営とは，そのことに尽きると思います。どんなに優れたマネジメント手法を導入しようとしても，そこで働く人が受け付けなければ宝の持ち腐れであり，逆に，経営トップの意思が末端にまで行き渡り，企業が一丸となってやっていれば，その力は二倍にも三倍にもなる。
　しかし，その「人を動かす」というのが難しいのです。上司がいくら「あぁしろ」「こうしろ」と指示したところで，部下がおざなりに事を済ませて

しまえば，意味がありません。部下が本気になって事に取り組むようにならなければ，人を動かしたことにはなりません。「人を動かす」ということは，「人の心を動かす」ということです。

「人を動かす」ことには「内」と「外」があります。「内」はいわば社員を動かすことです。「外」はお得意様やお客様を動かすことです。この「外の人を動かす」ことが難しいわけです。「外の人」を動かすには，「外の人の心」を動かさなければなりません。そのためには，まず商品を売ったり，取引を行う前に，私たちの「商売の考え方」をわかってもらわなければなりません。こちらの考え方が間違っていたら，もちろん受け入れてもらえないでしょう。私たちが商売としてやろうとしていることの「考え方」をまず理解していただく。その「考え方」に私たちの実際の行動が整合している。それでもって，私たちは初めてお得意さまやお客さまから信用していただけるわけです。その「考え」の大本となるのが経営理念です。[42]

つまり，加藤[2015]が，中小企業の経営計画は，作成されたものの実行に移されないままに終わるケースが多いと指摘するように[43]，たとえ優れた戦略や計画があっても，明確な経営理念が存在しなければ，再生に求められる経営者のリーダーシップは十分とはいい難く，計画や戦略の実現性は乏しいといえる。

しかしながら，佐久間氏は，経営理念を形成するには，社員との信頼関係が必要であるとし，次のように指摘する。

WOWOWに来て驚いたことに，この会社には経営理念がありませんでした。松下電器で長く仕事をしてきた私には，経営理念がない会社など信じられません。これでは，何のためにこの会社はあるのか，何を目指して経営をしていけばいいのか，わかりません。「外」の人たちに我々の商売に対する考え方を説明することもできません。

私はすぐにでも経営理念を作りたかったのですが，時期を待ちました。就任早々の社内の雰囲気は「なんや関西の電機屋のオヤジがやってきて，なんぼのもんや」というようなものでした。私自身がまず信頼されなければ，い

くら経営理念を提唱してみたところで，実のある内容にはならないからです。私が「経営理念を作ろう」と提唱したのは，社長就任から二年がたってからでした[44]。

ここで注目すべきなのは，経営理念を必要としながらも，敢えて，その作成を2年間先送りにした点である。佐久間氏は社長に就任したばかりであり，言行一致，すなわち真の確固たる借り物ではない本物の経営理念を明確に表明することができない状況にあったと推察できる。つまり，ここからは，社員や関係者との信頼関係が確立されていない状況においては，経営理念は機能化されず，効力を発揮しないと考えることができるのである。

また，佐久間氏は，当時を次のように振り返っている。

当時の状況では，経営理念をすぐに作り出せる雰囲気ではありませんでした。そこではまず，現場を徹底的に歩いて問題点を掘り起こして重要なことから解決していくという，若い時に学んだ現場主義が生かされました。従業員207人の会社でしたが，新卒入社を除くと160人ぐらいは出向や転職の方で，出身母体も120社ぐらいありました。そうしたバラバラな価値観を持つ人たちを相手に，いきなり経営理念を説いても駄目だと思ったんです[45]。

このように，社員との信頼関係が築かれていない危機的状況にある経営不振企業では，現状把握と応急再生させるための具体的な対応策，すなわち短期目標の設定と利益計画の策定を優先的に検討した後に，戦略を構築し，そこから経営理念を明文化していく取り組みが求められると考えられる。つまり，このような状況では，前述した「目標を決める時，あまり大きなことを言わずに，僕が責任もって達成できる数字を伝えました」と佐久間氏がいうような振る舞いが，まずは，リーダーには求められるといえよう。

その後，佐久間氏は，2年後の1995年4月に経営理念の作成に着手する。具体的には，佐久間氏が書いた素案について，役員で2回泊まりこんで，一字一句議論するとともに，すべての部門から男性も女性も参加し，20代と30

代，40代，50代の世代ごとにグループディスカッションを行いながら，1年かけて，社員と徹底的に議論したという[46]。そして，同年度の1995年度である1996年3月期には，経常利益ベースで62億円の黒字化を果たしたのである。

同社の経営理念創成と再生プロセスを太田[2009a]の再生プロセスに当てはめると，図表6-19に示されるとおりとなる。

これは，ヤマグチ社の事例分析でも示した太田[2009a]が提唱している「倒産・再生のERM」理論に同社の経営理念が創成されるプロセスと同社の再生プロセスを融合させたものである[47]。このように，同社の経営理念は，既存研究の「理念→戦略→計画」型とは異なる逆プロセスの「計画→戦略→理念」型によって，利益計画から戦略を検討・追求した後に導出され，太田のいう「応急再生（緊急措置としての再生状態）」が1995年度に図られ，単年度の黒字化（経常利益62億円）が達成された。そして，その後の2001年4月には，東京

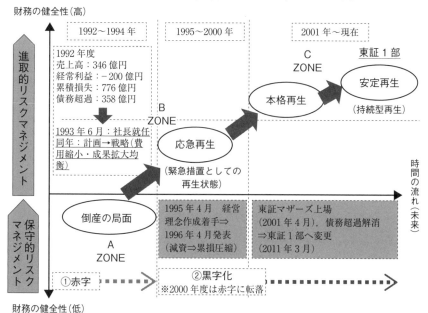

図表6-19　経営理念創成と再生プロセス（WOWOW社）

出所：太田[2009a]11頁と佐久間[2005]に依拠し筆者作成。

証券取引所のマザーズ市場に株式上場を果たすとともに，債務超過が解消され，2004年度には繰越損失の解消を果たし，2011年3月には東京証券取引所市場第一部に市場を変更するなど，「本格再生」と「安定再生（持続型再生）」が図られていったのである。

つまり，佐久間氏が社長に就任した1993年6月時点の1994年度においては，明確な経営理念が同社には存在せず，「①赤字」続きの経営不振状態にあった同社は，太田のいう「倒産の局面」，すなわち「A ZONE」の状態にあったといえる。そして，赤字体質という当面の問題を解決するための短期目標と計画が検討されるとともに，長期目標とそれを具現化するための戦略が，佐久間氏が同社の社長に就任した時期の1994年度において導かれていった。

その後の1995年4月からは，社員をも巻き込んだ方法によって1年がかりで同社の経営理念が検討され（1995年度），1年後の1996年4月（1996年度）に会社としての正式な明文化された経営理念が公表されたのである。そして，経営理念の作成を着手した同時期の1995年度においては，経常利益ベースで単年度の「②黒字化」を達成するという「応急再生」，すなわち「緊急措置としての再生」状態の「B ZONE」へと転換を図っていた。

また，その後の2001年4月（2001年度）には，東京証券取引所のマザーズ市場に株式上場を果たすとともに，債務超過が解消され，2004年度には繰越損失の解消を果たし，2011年3月（2010年度）には東京証券取引所の市場第一部に市場を変更するなど，太田のいう「本格再生」と「安定再生」，すなわち「持続型再生」状態である「C ZONE」へと段階を踏んで再生を果たしていったと分析することができるのである。

ヤマグチ社の事例分析においても述べたように，既存研究では，図表6-20に示すように，「a) 経営理念の明文化」→「b) 戦略構築⇒利益計画策定」，すなわち「理念→戦略→計画」型というプロセスが一般的であり，多くの論者によって提唱されている。この検討プロセスは，平時においては有効と考えられるプロセスだが，本研究において主張する「計画→戦略→理念」型の経営理念創成プロセスは，危機的状況に陥った企業においては有効なプロセスであり，WOWOW社においてもこのプロセスによって再生が果たされていったと

図表 6-20　経営理念創成プロセス（WOWOW 社）

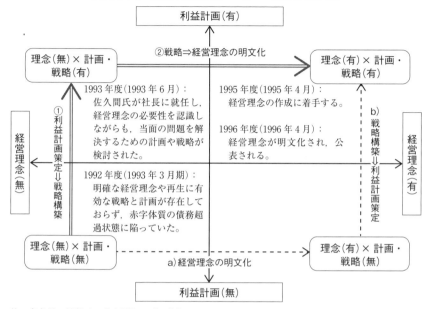

注：各象限の情報は，佐久間[2005]に依拠。
出所：筆者作成。

解釈することができる。

　つまり，明確な経営理念や再生に有効な戦略と計画が存在していなかった 1993 年度（1993 年 3 月期）当時の同社は「理念(無)×計画・戦略(無)」状態であったが，佐久間氏が社長に就任した 1994 年度において，経営理念の必要性を認識しながらも，まずは現場の問題や当面の取り組むべき課題を明らかにしたうえで，「①利益計画策定⇒戦略構築」を実行し，これにより，「理念(無)×計画・戦略(有)」状態の企業へと移行し，翌年の 1995 年度においては，経常利益ベースでの目標である 100 万円を大幅に上回る 62 億円を計上するという黒字化を果たすことに成功したのである。そして，1995 年度から「②戦略⇒経営理念の明文化」を社員も巻き込んだ方法によって経営理念の作成に着手し，翌年の 1996 年度に経営理念が明文化されることによって，「理念(有)×計画・戦略(有)」状態企業へと変化し，その後，「本格再生」と「安定再生（持

続型再生)」を果たしていった。

4. 経営者の再生型リーダーシップ

続いて,同社における経営者の再生型リーダーシップについて分析する。

佐久間[2005]は,経営トップの仕事は,「経営理念」に基づいた判断や方向性を,繰り返し社員に伝えることであり,経営理念をないがしろにするところから企業の衰退は始まるとし,逆境に立ったときこそ,初心に帰るつもりで経営理念に立ち戻り,考えることが必要になってくると主張する。

しかし,社長就任時の佐久間氏は,前述したように,経営理念の必要性を認識しながらも,敢えて,経営理念作成の着手を2年先送りにしている。「就任してから2ヵ月間は営業担当の役員と全国の現場を回りました。そして,課題を整理すると打つべき手が分かってきました」と佐久間氏が述べているように,危機的な状況かつ社員との信頼関係が確立されていない状況にあった1993年当時の同社においては,経営理念の必要性を念頭に置きつつも,まずは,現場で起きている問題や取り組むべき当面の課題を明らかにし,具体的な利益計画や目標を設定し,戦略を構築することによって,応急再生を図るための取り組みがなされていった。

また,再度経営危機に陥った2002年に,佐久間氏は再び社長に復帰する。Kotter[1999]は,「リーダーシップとは,変革を成し遂げる力量を指す」と指摘しているが,佐久間氏は,「変える」といった強い信念の下,無報酬で働き,同社を危機的状況から再度回復させ,経営難を乗り切っている。

ここからは,自らの襟を正し,トップ自らが,強い信念と姿勢を示し,借り物ではない経営理念に支えられたリーダーシップによって,組織を変革させ,図表6-21に示すように,2001年にマザーズ市場に株式上場と債務超過の解消(繰越損失は2004年度に解消)を果たし,本格再生と安定再生に至ったと考えることができる。

つまり,同社は,現場における問題と課題を財務的側面から明確にしたうえで,太田[2009a]のいう危機意識が強まり,そこから再生計画をたて,戦略を

図表6-21　WOWOW社の財務数値推移（1995年度～2003年度）

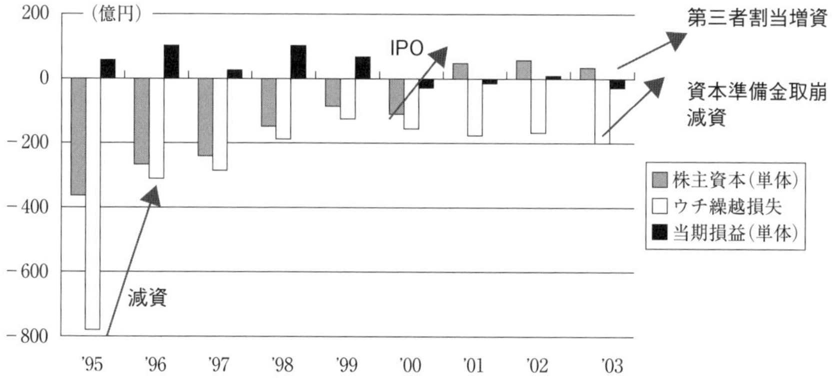

出所：みずほ銀行産業調査部[2005]41頁。

構築することによって，「応急再生」を果たしたといえる。さらに，経営理念の作成に社員とともに着手することによって，福本[2005]のいう，「理念」や「ビジョン」が全社員に共有され，佐久間氏のリーダーシップが徐々に発揮されていったと解釈することができる。そして，経営理念に支えられたリーダーシップを中核とし，「戦略・ファイナンス・組織」がしっかりと融合されるかたちで（図表6-22），「本格再生」と「安定再生」が果たされていったのである。

また，Koestenbaum[2002]による「The Leadership Diamond Model」のフレームワークを活用して，WOWOW社における佐久間氏の取り組みを分析すると，図表6-23に示されている流れで，再生に求められるリーダーシップが開発・発揮されていったことがわかる。

つまり，同氏は，社長就任後，まず，①事実（reality）を高める取り組み，すなわち1992年度（1993年3月期）における約200億円の経常損失，約776億円の繰越損失，約385億円にもおよぶ債務超過状態にまで陥り，倒産の危機に直面しているという事実と徹底的に向き合った。そして，同氏は，直ちに営業の最前線である現場の電気店を回り，数々の不満に耳を傾け，フリーダイヤルによる視聴者の申し込みをやめるという思い切った決断を行うなど，電気店が安心して仕事ができる仕組みを構築する取り組みを行った。

さらに，番組費4割カット，宣伝費5割カット，販売販促費3割カット，そ

図表 6-22　リーダーシップ＆「経営理念・戦略・ファイナンス・組織」(WOWOW社)

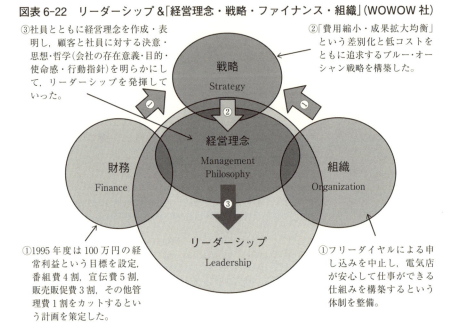

③社員とともに経営理念を作成・表明し、顧客と社員に対する決意・思想・哲学(会社の存在意義・目的・使命感・行動指針)を明らかにして、リーダーシップを発揮していった。

②「費用縮小・成果拡大均衡」という差別化と低コストをともに追求するブルー・オーシャン戦略を構築した。

①1995年度は100万円の経常利益という目標を設定、番組費4割、宣伝費5割、販売販促費3割、その他管理費1割をカットするという計画を策定した。

①フリーダイヤルによる申し込みを中止し、電気店が安心して仕事ができる仕組みを構築するという体制を整備した。

出所：福本[2005]138頁に依拠し筆者作成。

の他管理費1割カットを行って，損益分岐点を286万世帯（加入者）から170万世帯にまで下げるとともに，番組の質は落とさず，視聴者満足度を上げるといった方針を掲げ，前述した「WOWOW社の現状と利益計画（目標）および実績」（図表6-16）で示したように，1995年度（1996年3月期）には，「たとえ100万円でもよいから黒字化を果たす[54]」という目標を設定している。

その後，Kim & Mauborgne[2005]のいう「価値を高めながらコストを押し下げ，差別化と低コストをともに追求し，その目的のためにすべての企業活動を推進する戦略」である「ブルー・オーシャン戦略」の土台となる「バリュー・イノベーション」を計画策定後に検討するとともに，視聴者である顧客価値を高めようとする決意を表明した「企業理念」，すなわち「私たちは衛星放送を通じ人々の幸福と豊かな文化の創造に貢献します」という②ビジョン（vision）と，前述した「行動指針」として表現された③倫理（ethics）が社員とともに導かれた。また，この検討された同社の「企業理念」と「行動指針が社員

図表6-23　The Leadership Diamond Model（WOWOW社）

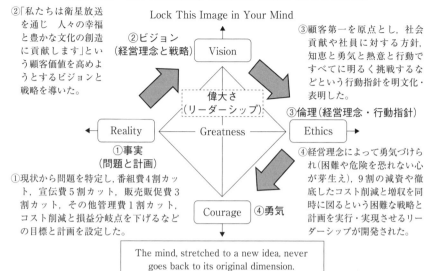

出所：Koestenbaum[2002] p. 18 に依拠し筆者作成。

や関係者と共有されたことによって，困難や危険を恐れない心，すなわち③勇気（courage）が醸成され，1996年度（1997年3月期）に断行された9割の減資や徹底したコスト削減策（事実）と増収（顧客価値を創造しようとするビジョン）を同時に図るという「費用縮小・成果拡大均衡」，すなわち Kim & Mauborgne のいう「ブルー・オーシャン戦略」実現のための困難な取り組みが具現化されたのである。

つまり，利益の源泉と直結する固有技術，すなわち「衛星放送」を活用して，質の高い顧客価値，すなわち「人々の幸福と豊かな文化」を創造しようとする同社の存在意義が経営理念として明確になったのである。そして，計画や戦略と整合性のあるこの経営理念により，トップの使命感や信念が確固なものとなり，本格再生と安定再生に求められるリーダーシップが開発・発揮され，困難な計画が実行・実現されていったと捉えることができるのである。

次に，Bass & Avolio[1995]によって開発された Multifactor Leadership Questionnaire（MLQ 5-X Short Form）を活用した佐竹[2007]による変革型リー

ダーシップ（TL）の理論に当てはめて分析するとともに，図表6-24に示すように，同社の経営理念創成プロセス，変革型リーダーシップ（TL）から見たリーダーシップ状態，Maslowの欲求5段階説，Ackoff & Emeryの理想追求システムとの関係性を整理し，同氏の再生型リーダーシップに関する分析を行う。

前述したとおり，この変革型リーダーシップ（TL）の下位尺度の要素である「理想的影響行動」（II）は「経営理念」を意味する経営者行動であり，「鼓舞する動機づけ」（IM）は「目標設定・計画策定・戦略構築」に相当する経営者行動として捉えることができる。したがって，明確な経営理念が存在せず，再生に有効な計画や戦略もなく「理念（無）×計画・戦略（無）」状態であった佐久間氏が社長に就任する1992年度（1993年3月期）当時の経営不振状態の同社にお

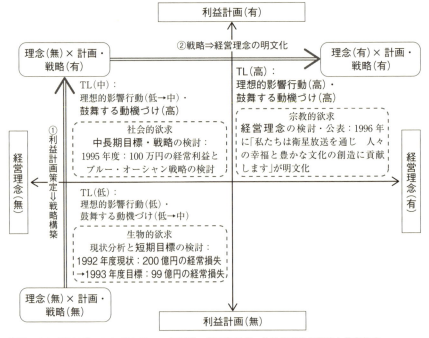

図表6-24　経営理念創成プロセス・リーダーシップ状態・欲求5段階説・理想追求システム（WOWOW社）

出所：Ackoff[1971]，Ackoff & Emery[1972]，宮田[2004]，佐竹[2007]に依拠し筆者作成。

いては，「TL」度の下位尺度を意味する「II」の度合いと「IM」の度合いが低い状態にあったので，「TL」度も「無」に等しい「低」状態にあったといえる。

　佐久間が，「当時の状況では，経営理念をすぐに作り出せる雰囲気ではありませんでした。そこではまず，現場を徹底的に歩いて問題点を掘り起こして重要なことから解決していくという，若い時に学んだ現場主義が生かされました」と述べるように[55]，1993年6月に，佐久間氏が社長に就任するとともに，経営理念の必要性は認識しながらも，敢えて，まずは問題解決のための計画を明らかにし，そこから「短期目標」と「長期目標」である戦略を優先的に検討し，明確にすることによって，「理念（無）×計画・戦略（有）」状態となって，「IM」の度合いが高まり，「IM」は「低」から「中」，「高」の状態へと変化していった。そして，NAA[1964]が，「利益計画設定の過程は，会社の将来に焦点を合わせているため，経営者の思考を活動的にするとともに，洞察力を向上させ，建設的な考え方をもつようにさせるのに役だつ」と指摘するように，「短期目標」としての計画から「長期目標」としての戦略を検討・追求したことに伴って，Maslowのいう「自己実現の欲求」，すなわち宮田のいう「宗教的欲求」を満たそうとする経営者行動である「理想」としての経営理念を検討・追求しようとする経営者意欲が高まりやすい状態になったと推察でき，経営理念を意味する「TL」の構成要素である「II」の度合いが「低」から「中」状態へと変化したと考えられる。結果，「IM」の度合いが「高」となり，「II」の度合いが「中」となったため，「TL」度は「中」の状態に変化したといえる。

　さらに，この計画と戦略検討直後に，当該計画と戦略と整合性のある「私たちは衛星放送を通じ　人々の幸福と豊かな文化の創造に貢献します」という経営者としての覚悟と決意を示す経営理念を従業員をも巻き込んで，1年がかりで意図的に検討・追求し，明らかにしたことによって，当該企業は，「理念（有）×計画・戦略（有）」状態となるとともに，当該経営者の「II」度合が「中」から「高」状態となったので，結果として，「TL」度が高まり，当該企業に求められる経営者の再生型リーダーシップが開発された状態になったと分析できる。

　故・松下幸之助氏の「最後の弟子」といわれる佐久間氏は，松下電器産業株

式会社（現パナソニック株式会社）の元副社長であり，経営理念の重要性については十分な認識があり，再生のためのリーダーシップがもともと備わっていたと考えられる[56)]。しかしながら，松下電器産業社のように明確な経営理念が存在しない「瀕死の会社」状態に陥っていた同社においてはその状況が大きく異なっており，経営理念が不明確な状態での対応に迫られていた。こういった状態からわずか3年間の短期間で単年度の黒字化，すなわち「応急再生（緊急措置としての再生状態）」を実現させ，その後も，「本格再生」，「安定再生（持続型再生）」を果たしていったのは，「計画→戦略→理念」型の経営理念創成プロセスによって本物の経営理念が明らかとなり，このプロセスによって，本物の経営理念に支えられたリーダーシップが開発されていったと分析することができるのである。

5. 考　察

続いて，本項では，前項までの分析結果から，さらに，同社における経営者の再生型リーダーシップを支える経営理念を創成するプロセスの有効性について，前章で取り上げた原科・原沢[2007]の「計画策定・実行サイクル」，Mintzberg[2009]がモデル化した「意思決定のプロセス」，遠藤[2005]の「問題解決プロセス」，遠藤[2004]の「逆ピラミッド発想法」などの理論も加えた考察を試みる。

同社は，1993年3月期（1992年度）においては，約200億円の経常損失と約776億円の繰越損失，約385億円もの債務超過にまで陥り，倒産の危機に直面していた。しかし，佐久間氏は，経営理念の必要性を認識しながらも，NAA[1964]が，「計画設定の過程は，経営者の洞察力を向上させ，建設的な考え方をもつようにさせるのに役だつ」と指摘するように，まず，倒産の危機に直面しているという問題や現場の問題と向き合い，これらの問題を解決するための利益計画を策定した過程から再生に有効な戦略構築後に，従業員をも巻き込んで，1年がかりで経営理念を検討し，明らかにしていった。

同社は，原科・原沢[2007]が提示した「計画策定・実行サイクル」の「See」

の現状分析によって,「就任してから2ヵ月間は営業担当の役員と全国の現場を回りました。そして,課題を整理すると打つべき手が分かってきました」というように[57],まずは,現場における問題と倒産の危機的な状況に直面しているという問題と徹底的に向き合った。そこから「3年後の売り上げ目標を決める時,あまり大きなことを言わずに,僕が責任もって達成できる数字を伝えました」というように[58],1992年度(1993年3月期)の200億円の経常損失を1993年度(1994年3月期)には二桁の赤字,すなわち99億円の経常損失にするとし,1994年度(1995年3月期)は一桁,すなわち9億円の経常損失にまで減少させるという目標をたて,1995年度(1996年3月期)には100万円でもよいから単年度の経常利益ベースで黒字化を果たすという目標を掲げるとともに,人件費以外のコスト削減を徹底して行うという段階を踏んだ目標や計画,すなわち「Plan」をたて,そこから計画の実現性を高めるための戦略構築と社員とともに検討し,経営者の覚悟としての経営理念を明らかにして,「Do」,すなわちリーダーシップを発揮して再生を果たしていったと分析することができる。

つまり,経営理念が不明確な経営不振に陥った企業では,経営理念を起点として戦略や計画を検討していくのではなく,まずは現状分析,すなわち原科・原沢のいう「See」により,財務的な問題点や現場などにおける問題点を明らかにすることから始め,そこから段階的に達成していこうとする数値目標や計画,すなわち「Plan」を設定する。その後,この「Plan」を基に,経営方針とする戦略を導き,この戦略を経営者の決意表明として経営理念に変換し,「Do」,すなわちリーダーシップを発揮して,再生を図ろうとする方法を同社は実行していったと置き換えて捉えることができるのである。

また,Mintzberg[2009]がモデル化した「意思決定のプロセス」を同社の事例に当てはめると,「問題の特定」が,200億円もの経常損失を計上し,約776億円の繰越損失,約385億円もの債務超過という財務的な問題ということになる。そして,「対策案の考案」は,1992年度(1993年3月期)の200億円の経常損失を1993年度(1994年3月期)には二桁の赤字,すなわち99億円の経常損失にするとし,1994年度(1995年3月期)は一桁,すなわち9億円の経常損失にまで減少させるという目標をたて,1995年度(1996年3月期)には

100万円でもよいから単年度の経常利益ベースで黒字化を果たすという目標を掲げるとともに，人件費以外のコスト削減を徹底して行うという段階を踏んだ目標や計画の策定を意味し，そこから，Kim & Mauborgne[2005]のいう「価値を高めながらコストを押し下げ，差別化と低コストをともに追求し，その目的のためにすべての企業活動を推進する戦略」である「ブルー・オーシャン戦略」の土台となる「バリュー・イノベーション」を計画策定後に検討し，「私たちは衛星放送を通じ人々の幸福と豊かな文化の創造に貢献します」という同社の経営理念，すなわち「方針の決定」が社員をも巻き込むことによって作成・検討がなされたと置き換えて捉えることができる。

　さらに，前述した太田[2009a]の「倒産・再生のERM」理論に加え，Maslow[1970]の「欲求5段階説」に宮田[2004]の解釈とAckoff[1971]，Ackoff & Emery[1972]の「理想追求システム」を加えたフレームワークに置き換えて考察すると，太田のいう「倒産の局面」は，同社の「①赤字」状態であり，Maslowの欲求階層説の「生理的欲求」や「安定の欲求」，すなわち宮田のいう「生物的欲求」を満たそうとする「欠乏状態」に相当する。「応急再生」は，同社が経常利益ベースで単年度の「②黒字化」を果たした状態であり，欲求階層説の「自尊の欲求」と「連帯の欲求」，すなわち「社会的欲求」を望む段階といえる。また，「本格再生」は，同社の「2001年4月（2001年度）に，東京証券取引所のマザーズ市場に株式上場を果たすとともに，債務超過が解消され，2004年度に繰越損失の解消を果たした」状態に相当し，欲求階層説の「自己実現の欲求」，すなわち「宗教的欲求」や「成長動機」段階にあると解釈できる。「安定再生」の「持続型再生」は，「本格再生」と同様に，欲求階層説の「自己実現の欲求」を望む状態に相当し，同社でいえば，「2011年3月（2010年度）に東京証券取引所の市場第一部に市場を変更し，盤石な経営体制が築かれた」状態と考えられる。

　つまり，経営理念の必要性は認識しながらも，Ackoff & Emeryの理想追求システムでいう「①短期目標」をまずは達成する計画を検討・追求した後に，「②長期目標」である戦略を導き，そこから「③理想」としての経営理念を検討・追求するいうように，徐々に段階を経て再生プロセスを実現させていこう

とする思考プロセスが，結果として，経営者の再生意欲を高めるとともに，危機的な状況に陥った同社における再生に求められる経営者の再生型リーダーシップの誘発・開発につながっていったと捉えることができるのである。

遠藤[2005]が指摘した「より質の高い問題とは標準や基準をクリアーしたうえで，さらにレベルの高い『あるべき理想像』と現状とのギャップを指す」の考え方に当てはめて考察すると，遠藤のいう「標準・基準」は，同社でいえば，経常利益ベースでの単年度の「①黒字化」であり，当面の課題と考えられる「標準・基準」，すなわち「単年度の黒字化」と「現状」，すなわち「損失」との乖離を埋める問題を解決するための短期利益計画を優先的に検討・追求し，そこから，「あるべき姿（理想像）」，すなわち「経営理念」と「標準・基準」との乖離を埋める高次の問題を解決するための戦略や中長期利益計画を明らかにし，そこから，遠藤のいう「あるべき姿（理想像）」，すなわち「経営理念」が社員とともに検討されていったと解釈することができるのである。

遠藤[2004]の「逆ピラミッド発想法」でいえば，「ビジョン→戦略→オペレーション（現場）」という検討方法ではなく，「就任してから2ヵ月間は営業担当の役員と全国の現場を回りました。そして，課題を整理すると打つべき手が分かってきました」と佐久間氏がいうように，「オペレーション（現場）→戦略→ビジョン」という取り組みによって，倒産の危機に直面しているという当面の現場の問題を解決する計画から着想されるとともに，「価値を高めながらコストを押し下げ，差別化と低コストをともに追求し，その目的のためにすべての企業活動を推進する戦略」である「ブルー・オーシャン戦略」の土台となる「バリュー・イノベーション」を計画策定後に検討後に，遠藤のいうビジョン，すなわち経営理念が検討・追求されていったと分析することができる。

佐久間氏は，このように，危機を乗り切る，すなわち当面の問題を解決するための計画から戦略を導いた直後に，経営者としての覚悟と決意を示す経営理念を社員とともに検討・追求し，明らかにしたことによって，変革型リーダーシップ（TL）の目標設定・計画策定・戦略構築を意味する要素である「鼓舞する動機づけ」（IM）の度合いが，まずは高まり，その直後に「TL」の経営理念に相当する要素である「理想的影響行動」（II）の度合いが高まって，結果

として，同氏のホンネや計画，戦略と整合性のある本物の経営理念に支えられたリーダーシップが開発されていったと捉えることができるのである。

以上の同社の事例分析による検証結果から，同社は中小企業ではないが，仮説1の「問題を解決する利益計画検討後に，戦略を検討するという『問題→計画→戦略』型の検討プロセスは中小企業再生に有効である」はおおむね支持されたといえる。そして，仮説2の「仮説1で検討された戦略から経営理念を検討するという『戦略→理念』型の経営理念創成プロセスは，経営者のホンネや計画，戦略と整合性のある本物の経営理念を早期に創成する有効な方法である」は支持され，仮説3の「仮説1，仮説2による方法，すなわち『問題→計画→戦略→理念』型の経営理念創成プロセスによって，中小企業再生に有効な経営者の再生型リーダーシップが開発される」については，おおむね支持されたといえるとともに，その有効性が示されたといえる。

第3節　アシザワ・ファインテック株式会社の事例

1. 企業概要と経営危機を乗り越えた経緯

アシザワ・ファインテック株式会社（英文名：Ashizawa Finetech Ltd.）は，図表6-25の企業概要に示すとおり，アシザワ株式会社の100％子会社として，代表取締役社長である芦澤直太郎によって2002（平成14）年12月16日に設立（分社化）された。同社は，主にサブミクロンやナノサイズへの微細化を実現する粉砕機・分散機（ビーズミル）[59]をはじめとする産業用粉体機器の開発・製造・保守などの事業を展開する従業員数110名（男82名，女28名／常勤役員とパートなどを含む），資本金9,000万円，売上高19億8,300万円（2012年3月期）規模の中小企業である。

同社は，親会社であるアシザワ株式会社における機械製造事業と不動産賃貸事業を分離するとともに，アシザワ社の従業員全員をいったん解雇し（設立後

図表 6-25　アシザワ・ファインテック社の企業概要（2013 年 7 月 1 日現在）

商号	アシザワ・ファインテック株式会社（英文名：Ashizawa Finetech Ltd.）
創業	1903（明治 36）年 6 月 1 日
設立	2002（平成 14）年 12 月 16 日 アシザワ株式会社の機械製造事業と不動産賃貸事業を分離するために設立され，2003 年 4 月に営業開始
事業内容	1. ナノサイズまでの微粒子を開発，生産または利用されるお客様に対する技術サポート 2. 粉砕機・分散機（ビーズミル）をはじめとする産業用粉体機器の開発・製作・メンテナンス 3. 粉砕機・分散機（ビーズミル）などを使用する受託加工
取扱品目	湿式および乾式ビーズミル（微粉砕・分散機），脱泡機，撹拌・混合機，混練機
所在地	本社：千葉県習志野市茜浜（あかねはま） 大阪支店：大阪府豊中市曽根東町
資本金	90 百万円（株主：アシザワ株式会社 100％）
社員数	110 名（男 82 名，女 28 名／常勤役員とパート等を含む）
売上高	1,983 百万円（2012 年 3 月期）
代表者	・代表取締役会長　芦澤直仁／ 1935（昭和 10）年 1 月 12 日生 1958（昭和 33）年　慶應義塾大学工学部機械科卒業後，芦沢鉄工株式会社（現アシザワ株式会社）入社 1974（昭和 49）年　アシザワ株式会社代表取締役社長就任 2000（平成 12）年　アシザワ株式会社代表取締役会長就任 2002（平成 14）年　当社設立に伴い現職を兼任 ・代表取締役社長　芦澤直太郎／ 1964（昭和 39）年 7 月 3 日生 1987（昭和 62）年　慶應義塾大学法学部卒業後，株式会社三菱銀行（現三菱東京 UFJ 銀行）入行 1991（平成 3）年　アシザワ株式会社入社 1995（平成 7）年　同社代表取締役副社長就任 2000（平成 12）年　同社代表取締役社長就任 2002（平成 14）年　当社設立に伴い現職を兼任
技術提携会社	NETZSCH-Feinmahltechnik GmbH（ドイツ）
グループ会社	アシザワ株式会社 1951 年設立（当社の前身） 東京都江東区南砂（旧本社工場跡地の物流センターの賃貸）

出所：アシザワ・ファインテックホームページ「会社概要」に依拠し一部加筆修正。

の同社において，希望者全員を再雇用），分離された機械製造事業に特化した事業を展開することによって，親会社であるアシザワ社の経営危機を乗り切るために設立（分社化）され，2003 年 4 月に営業を開始した。

同社の親会社であるアシザワ社は、図表6-26に示すとおり、1903（明治36）年に個人事業として創業され、現在の東京都中央区月島で圧力容器・ボイラーなどの製造事業を展開し、1915（大正4）年には蒸気機関車4両の設計・

図表6-26　アシザワ社の沿革

1903（明治36）年	芦澤仁吾〈初代〉蘆澤鐵工所を個人創業、現在の東京都中央区月島で圧力容器・ボイラー等を製造
1915（大正4）年	蒸気機関車4両の設計・製造に着手
1935（昭和10）年	合資会社蘆澤鐵工所を設立、芦澤直臧（なおよし）〈二代目〉が代表社員に就任
1946（昭和21）年	戦地からの復員兵による混合機・湿式粉砕機の生産を開始（現在の事業の起源）
1963（昭和38）年	スプレードライヤーおよびロータリーキルンの生産を開始、以後独自の設計による製品メーカーを目指す
1965（昭和40）年	西独 G.GRUEN 社より粉粒体混合機に関し技術導入
1967（昭和42）年	西独 DORST 社よりセラミック用スプレードライヤーに関し技術導入
1968（昭和43）年	西独 SIEMENS 社より渦流式集塵機に関し技術導入
1969（昭和44）年	新実験室を完成またトルネードリアクターの開発に成功し、科学技術庁の援助のもとに世界15ヵ国に特許出願
1971（昭和46）年	乾式集塵機（マルチトルネード）の開発に成功
1973（昭和48）年	湿式集塵機および排煙脱硫装置（トルネードスクラバー）の開発に成功
1974（昭和49）年	芦澤直仁〈三代目〉が代表取締役社長に就任、下請け工場からの脱皮を図り、スプレードライヤー（噴霧乾燥機）のトップメーカーとなる（1978年分離独立）
1984（昭和59）年	社名をアシザワ株式会社に変更、CIを導入し鉄工所からハイテク機械メーカーへの転換を明確にする
	NETZSCH（ネッチ）社（西ドイツ）よりビーズミル（湿式分散機）の技術導入、自社生産に加えて共同開発を開始（今日に至る）
1990（平成2）年	千葉県習志野市に新工場を建設し、本社機能を移転
1991（平成3）年	英国 NETZSCH MASTERMIX 社より二軸混合機に関し技術導入（今日に至る）
1992（平成4）年	業界初の大流量 循環運転方式のビーズミル LMZ を発売
1997（平成9）年	江東区の工場跡地に総工費60億円の東京事業所を建設、都内最大の物流センターとして日本通運（株）へ長期賃貸
2000（平成12）年	芦澤直太郎〈四代目〉が代表取締役社長に就任
2001（平成13）年	ISO9001（世界基準の品質マネジメントシステム）の認証を取得
2003（平成15）年	創業100周年を機に新設したアシザワ・ファインテック社にアシザワ社の機械事業を移転

出所：アシザワ・ファインテックホームページ「アシザワの歴史」に依拠し一部加筆修正。

製造に着手した。その後，1935（昭和10）年に法人化され，合資会社蘆澤鐵工所が設立された。1946（昭和21）年には，現在のアシザワ・ファインテック社の主力事業の礎となる混合機・湿式粉砕機の生産が開始され，1951（昭和26）年に，芦沢鉄工株式会社として株式会社化された。

そして，1963（昭和38）年におけるスプレードライヤーおよびロータリーキルンの生産開始以後，独自設計による製品メーカーを目指すこととなり，1965（昭和40）年に粉粒体混合機に関する技術を当時の西ドイツ（現ドイツ）のG.GRUEN社から導入した。その後，1967（昭和42）年は西ドイツ（現ドイツ）のDORST社よりセラミック用スプレードライヤーに関する技術を導入し，1968（昭和43）年は西ドイツ（現ドイツ）のSIEMENS社より渦流式集塵機に関する技術を導入した。また，1969（昭和44）年にはトルネードリアクターの開発に成功し，科学技術庁からの支援により世界15ヵ国に特許を出願し，その後の1984（昭59）年には現在のアシザワ株式会社に社名が変更され，着実に機械製造を主力とする事業を展開してきた。

しかし，アシザワ社は，1997（平成9）年には江東区の工場跡地に総工費60億円の東京事業所を建設し，都内最大の物流センターとして，日本通運株式会社に対して長期賃貸を行うなど不動産事業を開始することとなり，2000（平成12）年には四代目として芦澤直太郎氏が代表取締役社長に就任するとともに，三代目であり芦澤直太郎氏の父親でもある芦澤直仁氏は代表取締役会長に就任することとなり，実質的な経営権を芦澤直太郎氏に譲ることとなる。

代表取締役社長の芦澤直太郎氏は，1964（昭和39）年に東京都で誕生し，1987（昭和62）年に慶應義塾大学法学部を卒業後，株式会社三菱銀行（現株式会社三菱東京UFJ銀行）に入行する。そして，1991（平成3）年にアシザワ社に入社し，1995（平成7）年にアシザワ社の代表取締役副社長に就任した。その後，前述したように2000（平成12）年にアシザワ社の代表取締役社長に就任し，2002（平成14）年12月16日にアシザワ・ファインテック社設立とともに，同社の代表取締役社長に就任する。

アシザワ社の社長に就任した当時の同氏は，技術的な経験も乏しく，下請けから脱却し，現在の製品メーカーとして事業転換を成し遂げた前社長の直仁氏

のように技術者を中心とする従業員を引っ張っていく自信がなかったという[62]。また,「長期にわたって,事業は赤字すれすれだった。社内に開発部門がないばかりか,営業力や品質管理力も乏しく『技術水準の高い国内ユーザーの要望に,満足に応えられない状態だった』」と当時のことを振り返っている[63]。さらに,「今のままでは会社がつぶれる。その前に,創業の気概を取り戻して,社員とともに会社を蘇生させなければならない」とし,「約120億円にも上る有利子負債を抱えるとともに,2000年3月期においては債務超過に陥り,ギアリング比率の上昇からメインバンクから見放された[65]」と語っている[66]。

同氏は,このような状況を打開するための計画と戦略を検討し,新会社を2002年に設立するとともに,経営理念の作成に着手し,翌年の2003年に,「ゴールドスタンダード」という経営理念を明らかにした。そして,図表6-27に示すように,生産納入実績を着実に伸ばし,業績を向上させていった(図表6-28)。

つまり,2003年度には100台に満たなかった生産納入実績を2012年度においては1,027台までに伸ばし,当該機械製造を主力とする事業を本格的に展開していった。そして,2003年3月期においては売上高約13億400万円,営業利益約-1億1,500万円,経常利益約-1億3,400万円,純資産額3億5,300万円,営業利益率-8.8%であった業績が,経営理念明文化後の2004年3月期においては,売上高約12億6,800万円,営業利益約3,500万円,経常利益約

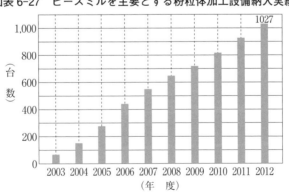

図表6-27 ビーズミルを主要とする粉粒体加工設備納入実績

出所:アシザワ・ファインテックホームページ「信頼の納入実績」。

図表6-28　アシザワ・ファインテック社の業績

（単位：百万円）	2001年3月期	2002年3月期	2003年3月期	2004年3月期	2012年3月期	2013年3月期
売上高	1,598	1,525	1,304	1,268	2,878	3,608
売上総利益	460	428	366	391	861	1,105
営業利益	126	70	－115	35	593	612
経常利益	111	58	－134	37	453	495
純資産額	245	310	353	383	1,069	1,342
営業利益率	7.9%	4.6%	－8.8%	2.8%	20.6%	17.0%

注：2001年3月期～2004年3月期の業績はアシザワ社の機械販売のみだが，2012年3月期～2013年3月期の業績は，アシザワ社（不動産事業含む）とアシザワ・ファインテック社の業績を合算したものである。
出所：アシザワ・ファインテック社の決算報告書に依拠し筆者作成。

3,700万円，純資産額3億8,300万円，営業利益率2.8%となり，2013年3月期においては，売上高約36億800万円，営業利益約6億1,200万円，経常利益約4億9,500万円，純資産額13億4,200万円，営業利益率17.0%を計上するまでに成長し，危機的な状況を打開していったのである。

2. 利益計画策定と戦略構築

続いて，同社の2000年以降に検討された当時の利益計画策定と戦略構築について分析する。

前述したように，同社の親会社であるアシザワ社は，1997（平成9）年に江東区の工場跡地に総工費60億円の東京事業所を建設し，都内最大の物流センターとして，日本通運株式会社に対して長期賃貸を行うなど不動産事業を開始した。そして，2000（平成12）年は四代目として芦澤直太郎氏が代表取締役社長に就任するとともに，三代目であり芦澤直太郎氏の父親でもある芦澤直仁氏は代表取締役会長に就任することとなり，実質的な経営権を芦澤直太郎氏に譲ることとなる。

アシザワ社の新社長に就任した直太郎氏は，計画検討後に，図表6-29に示

すように，特化型の戦略，すなわちPorter[1980]のいう「差別化集中戦略」やKotler[1980]の「競争地位の類型化と戦略」における「ニッチャー」による戦略を選択し，アシザワ株式会社における機械製造事業と不動産賃貸事業を分離するとともに，アシザワ社の従業員全員をいったん解雇し（設立後の同社において，希望者全員を再雇用），サブミクロンやナノサイズへの微細化を実現する粉砕機・分散機（ビーズミル）をはじめとする産業用粉体機器の機械製造事業を柱とする事業を国内市場において展開していった。

同氏は「今のままでは会社がつぶれる。その前に，創業の気概を取り戻して，社員とともに会社を蘇生させなければならない」，「約120億円にも上る有

図表6-29 営業利益率と売上高[67]

企業名	売上高(百万円)	営業利益率(%)	決算期
三菱重	3,992,110	7.4	2015年3月
豊田織	2,166,661	5.4	2015年3月
コマツ	1,978,676	12.2	2015年3月 S
ダイキン	1,915,013	10.0	2015年3月
クボタ	1,586,937	12.9	2015年3月 S
IHI	1,455,844	4.3	2015年3月
ジェイテクト	1,355,992	5.5	2015年3月
日精工	974,885	10.0	2015年3月
日立建機	815,792	7.7	2015年3月 I
NTN	701,900	6.2	2015年3月
*アシザワ	3,608	17.0	2013年3月

注：「*アシザワ」の業績は，アシザワ社の業績とアシザワ・ファインテック社の業績を合算している。他社決算期のSは米国会計基準，Iは国際会計基準を指す。
出所：各社の決算報告書に依拠し筆者作成。

利子負債を抱えるとともに，2000年3月期においては債務超過に陥り，ギアリング比率の上昇からメインバンクから見放された」という状況から抜け出すために，ISO9001の認証申請・取得するなどの計画策定後に，同社の有利子負債の返済原資となる利益を増加させる，すなわち増益を図り，収益性を高めるための当該戦略を検討し，その後に経営理念を検討していった結果，2003年3月期において売上高約13億400万円，本業の収益性を示す営業利益率が－8.8％であった業績が，2004年3月期においては，売上高約12億6,800万円，営業利益約3,500万円，経常利益約3,700万円，純資産額3億8,300万円，営業利益率2.8％となり，2013年3月期においては，売上高約36億800万円，営業利益率17.0％状態へと移行し，規模を追求するのではなく，収益性を高めるための戦略が実行されていったのである。

つまり，同社は，当面の財務的な問題を解決するための利益計画を策定し，そこから戦略を検討するという「問題→計画→戦略」型の経営理念創成プロセスによってニッチな機械製造事業に特化した戦略を追求していったのである。

3. 経営理念創成

直太郎氏は，アシザワ社に保管されていた機関車の設計図を発見したことから，アシザワ社の原点である「モノづくり」に情熱を注いだ創業者に思いを馳せるとともに，経営理念の必要性を認識し，2002年にその検討・作成に着手した。そして，アシザワ・ファインテック社は，ザ・リッツ・カールトン・ホテルカンパニーL.L.C.の「クレド（credo）」[68]を参考にし，図表6-30に示す「ゴールドスタンダード」と称し，「微粒子技術で"新しい可能性の共創"」という「我が社の目的―会社設立の精神―」としての「コーポレートスローガン」と「世界一の粉砕・分散技術で，お客様の物づくりビジョンを実現することにより，資源の有効活用と人類の発展に貢献し，社員が誇りと満足を得る企業となる」という「使命感」からなる経営理念と長期ビジョンを2003年に明文化した。

また，この理念の内容について，さらに詳細な説明を加え，蛇腹式の紙に「乗船証」として印刷して社員全員に配布している。それには，まず「お客様

図表 6-30　アシザワ・ファインテック社の経営理念

ゴールドスタンダード・理念（経営理念）	我が社の目的 ―会社設立の精神― コーポレートスローガン	微粒子技術で"新しい可能性の共創"
	使命感	世界一の粉砕・分散技術で，お客様の物づくりビジョンを実現することにより，資源の有効活用と人類の発展に貢献し，社員が誇りと満足を得る企業となる。
	お客様への約束	「お客様第一」は我が社の永遠の基本方針です 私たちは製品・サービスの品質を業界最高レベルへ向上させ，お客様に満足を超える感動を提供します。お客様のご要求の変化をいち早く捉え，新たな価値を創造するパートナーとなります。
	社会への約束	世界のために，未来のために 私たちは"個人よりも全体のため，会社よりも社会のため"という全体最適と，"現在よりも将来のため"という未来最適を基準とし，正しい判断を下します。
	社員同志の約束	社員は財産です 私たちは互いの自主性を尊重し，才能の進展と我が社への貢献を，最大限に支援し合います。
	長期事業構想 2023 長期ビジョン	微粒子技術と感動サービスで未来を築く 微粒子技術と感動サービスでお客様から絶大な信頼を得られている我が社に
	アシザワ・ファインテック 号乗船証 達成期限	私たちは，ゴールドスタンダードを共に実践し，我が社の長期ビジョンを実現します。 2024 年 3 月 31 日

出所：同社「ゴールドスタンダード」に依拠し筆者作成。

への約束」と題して「『お客様第一』は我が社の永遠の基本方針です」とし，「私たちは製品・サービスの品質を業界最高レベルへ向上させ，お客様に満足を超える感動を提供します。お客様のご要求の変化をいち早く捉え，新たな価値を創造するパートナーとなります」とする顧客価値に関する経営者としての覚悟を示した理念が明記されている。次に「社会への約束」と題して「世界のために，未来のために」とし，「私たちは"個人よりも全体のため，会社よりも社会のため"という全体最適と，"現在よりも将来のため"という未来最適を基準とし，正しい判断を下します」と記している。さらに，「社員同志の約束」と題された内容については，「社員は財産です」と記し，「私たちは互いの自主性を尊重し，才能の進展と我が社への貢献を，最大限に支援し合います」

とし，顧客のみならず，社会や従業員に対する経営者としての覚悟や決意を表明している。

さらに，この蛇腹式の紙の裏面には，図表6-31に示されるように，同社の経営理念を具現化させるための13の「行動指針・判断基準」である「ベーシック」が明示されている。

これには，まず「1. お客様第一」という行動指針・判断基準であり，「私たちが存続しているには，お客様がいらっしゃるからです。すべての社員がそれぞれの立場でお客様の心をしっかり掴み，"さすがアシザワ，次もアシザワ"と信頼される仕事をします」という経営理念の「お客様への約束」を具現化するための「行動指針・判断基準」が示されている。

次に「2. 環境整備」において「環境整備（5S）はすべての仕事の原点です。整理・整頓・清掃・清潔・躾を徹底し，小さなことにも気づく感性を磨きます。そして，安全で快適な職場づくりと，品質の向上につなげます」という「行動指針・判断基準」が示されており，これは同社の経営理念でいう「使命感」や「お客様への約束」において示されている経営者の思いを具体的に達成させるための「行動指針・判断基準」といえる。

続いて「3. 重点主義」では，「優先順位を考えて仕事をします。また，"もったいない"の精神で無駄を省き，人財・設備・資金・時間・スペース・エネルギーなど，限られた資源を活用します」という「行動指針・判断基準」が明示されており，経営理念でいう「使命感」における「資源の有効活用」をより具体的に示したものと捉えることができる。

「4. クレーム対応」では，「クレーム対応を最優先課題とします。自分や会社の都合よりも，お客様のご意向を優先し，迅速で誠意のある対応をします。クレームは品質向上の好機と捉え，お客様からさらなる信頼をいただけるよう，進化させます」が示されており，これも同社の経営理念でいう「お客様への約束」に関する「行動指針・判断基準」として捉えることができよう。

「5. 人財像」の「夢と情熱をもち，自ら進んで考え行動し，周囲にも積極的に働きかけをして感動を与える人"自然人"になります」は，経営理念で示された「社員同志の約束」を具現化するための「行動指針・判断基準」として捉

図表 6-31　アシザワ・ファインテック社の行動指針・判断基準

ベーシック　行動指針・判断基準	1. お客様第一	私たちが存続しているのは，お客様がいらっしゃるからです。すべての社員がそれぞれの立場でお客様の心をしっかり掴み，"さすがアシザワ，次もアシザワ"と信頼される仕事をします。
	2. 環境整備	環境整備（5S）はすべての仕事の原点です。整理・整頓・清掃・清潔・躾を徹底し，小さなことにも気づく感性を磨きます。そして，安全で快適な職場づくりと，品質の向上につなげます。
	3. 重点主義	優先順位を考えて仕事をします。また，"もったいない"の精神で無駄を省き，人財・設備・資金・時間・スペース・エネルギーなど，限られた資源を活用します。
	4. クレーム対応	クレーム対応を最優先課題とします。自分や会社の都合よりも，お客様のご意向を優先し，迅速で誠意のある対応をします。クレームは品質向上の好機と捉え，お客様からさらなる信頼をいただけるよう，進化させます。
	5. 人財像	夢と情熱をもち，自ら進んで考え行動し，周囲にも積極的に働きかけをして感動を与える人"自然人"になります。
	6. 対人姿勢	円滑な人間関係を築くために，明るい挨拶，明快な返事，きびきびした行動，をします。社外の方には，お取引の有無にかかわらず，ていねいな言葉づかいと清潔な身だしなみで接し，細やかな気配りと的確な判断で対応します。
	7. 100％文化	目標をPDCAサイクルに沿って実現します。安易に妥協せず，"どうしたらできるか"を考え，最後まで責任をもって取り組みます。
	8. 改善	あらゆる仕事についてより良い方法がないか，常に見直します。改善策を積極的に提案し，皆で実現に向けて取り組みます。
	9. 自己啓発	世界一を目指す私たちは，無限の可能性を信じ，なれる最高の自分を思い描き，学び，挑戦します。
	10. 人財育成	私たちには会社の未来を担う部下や後輩を育成する使命があります。知識と技能を伝承すると共に，仕事の楽しさや厳しさを体感させ，理想を語り，意欲を向上させます。
	11. ほめる・しかる	お互いに，良いことは大いにほめ合い，良くないことは注意し合います。注意された人は素直に改めます。
	12. チームワーク	社の内外を問わず，信頼関係を仕事の基盤とします。適切な報告・連絡・相談を行い，より良い関係を築きます。全社一丸となり，仕事の担当や課を越えて幅広く協力し合います。
	13. 感謝	謙虚な心をもち，支えてくれる人々に感謝します。感謝の気持ちは言葉で伝え，行動で表します。また，感謝の対象は，人だけでなくすべての物，すべてのことにも広げていきます。

出所：同社「ゴールドスタンダード」に依拠し筆者作成。

えることができる。

「6. 対人姿勢」の「円滑な人間関係を築くために，明るい挨拶，明快な返事，きびきびした行動，をします。社外の方には，お取引の有無にかかわらず，ていねいな言葉づかいと清潔な身だしなみで接し，細やかな気配りと的確な判断で対応します」は，経営理念の「使命感」や「お客様への約束」，「社会への約束」などに相当する「行動指針・判断基準」であるといえる。

「7. 100％文化」の「目標をPDCAサイクルに沿って実現します。安易に妥協せず，"どうしたらできるか"を考え，最後まで責任をもって取り組みます」は，顧客価値を高めるための具体的な取り組み方について示されたものであり，「お客様への約束」などに相当すると考えられる。

「8. 改善」の「あらゆる仕事についてより良い方法がないか，常に見直します。改善策を積極的に提案し，皆で実現に向けて取り組みます」は，経営理念の「使命感」や「お客様への約束」，「長期ビジョン」達成に向けた「行動指針・判断基準」を指しているといえよう。

「9. 自己啓発」の「世界一を目指す私たちは，無限の可能性を信じ，なれる最高の自分を思い描き，学び，挑戦します」は，「我が社の目的—会社設立の精神—」である「コーポレートスローガン」としての「微粒子技術で"新しい可能性の共創"」，「使命感」，「お客様への約束」，「社会への約束」，「社員同志の約束」，「長期ビジョン」達成に向けた「行動指針・判断基準」といえる。

「10. 人財育成」の「私たちには会社の未来を担う部下や後輩を育成する使命があります。知識と技能を伝承すると共に，仕事の楽しさや厳しさを体感させ，理想を語り，意欲を向上させます」や「11. ほめる・しかる」の「お互いに，良いことは大いにほめ合い，良くないことは注意し合います。注意された人は素直に改めます」，「12. チームワーク」の「社の内外を問わず，信頼関係を仕事の基盤とします。適切な報告・連絡・相談を行い，より良い関係を築きます。全社一丸となり，仕事の担当や課を越えて幅広く協力し合います」，「13. 感謝」の「謙虚な心をもち，支えてくれる人々に感謝します。感謝の気持ちは言葉で伝え，行動で表します。また，感謝の対象は，人だけでなくすべての物，すべてのことにも広げていきます」は，同社経営理念の「社員同志の

約束」を達成させるための「行動指針・判断基準」といえよう。

このように，同社の経営理念は，従業員を含む多様なステークホルダーを重視した表現となっており，鳥羽・浅野[1984]のいう「自戒型」，「規範型」，「方針型」の3つの類型を網羅した内容となっている。

同社の経営理念創成と再生プロセスを太田[2009a]の再生プロセスに当てはめると，図表6-32に示されるとおりとなる。

これは，ヤマグチ社やWOWOW社の事例分析でも示した太田[2009a]が提唱している「倒産・再生のERM」理論に同社の経営理念が創成されるプロセスと同社の再生プロセスを融合させたものである。このように，同社の経営理念は，既存研究の「理念→戦略→計画」型とは異なる逆プロセスの「計画→戦略→理念」型によって，利益計画から戦略を検討・追求した後に導出され，太

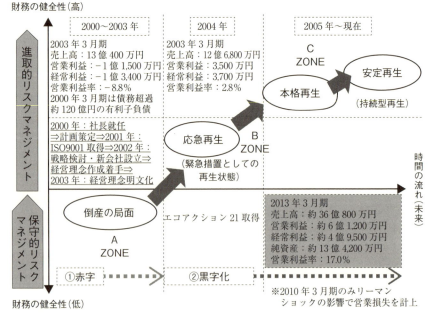

図表6-32　経営理念創成と再生プロセス（アシザワ・ファインテック社）

注：業績は，アシザワ社の機械販売とアシザワ・ファインテック社の業績を合算している。
出所：太田[2009a]11頁と佐久間[2005]に依拠し筆者作成。

田のいう「応急再生（緊急措置としての再生状態）」が2004年に図られ，2003年3月期において売上高13億400万円，営業利益−1億1,500万円，経常利益−1億3,400万円，純資産額約3億5,300万円，営業利益率−8.8％であった業績が，単年度の黒字化（営業利益3,500万円，経常利益3,700万円，純資産額3億8,300万円，営業利益率：2.8％）が果たされた。そして，その後も黒字化が継続し，2013年には売上高約36億800万円，営業利益約6億1,200万円，経常利益約4億9,500万円，営業利益率17.0％を果たすとともに，負債が圧縮され，純資産約13億4,200万円となって，「本格再生」と「安定再生（持続型再生）」が図られていったのである。

つまり，直太郎氏がアシザワ社の社長に就任した2000年においては，明確な経営理念や再生に有効な戦略と計画が存在しておらず，不動産事業のために抱えた約120億円の有利子負債と債務超過に苦しみ，「①赤字」体質の経営不振状態にあった同社は，太田のいう「倒産の局面」，すなわち「A ZONE」（「保守的リスクマネジメント」）の状態にあったといえる。そして，赤字体質という当面の問題を解決するための短期目標と計画が検討され，2001年にISO9001を取得し，長期目標とそれを具現化するための戦略が2002年において導かれ，同年の2002年にアシザワ・ファインテック社という新会社が設立されるとともに，経営理念の作成が着手され，2003年に経営理念が明文化・公表されたのである。

その後の2004年においては，エコアクション21[70]を取得するとともに，単年度の「②黒字化」（営業利益3,500万円，経常利益3,700万円，純資産額3億8,300万円，営業利益率：2.8％）を達成するという「応急再生」，すなわち「緊急措置としての再生」状態の「B ZONE」（「進取的リスクマネジメント領域」）へと転換を図っていたのである。

また，その後の2005年以降は，黒字化を継続させるとともに，有利子負債を圧縮させ，2013年には売上高約36億800万円，営業利益約6億1,200万円，経常利益約4億9,500万円，営業利益率17.0％，純資産約13億4,200万円となるなど，太田のいう「本格再生」と「安定再生」，すなわち「持続型再生」状態である「C ZONE」へと段階を踏んで再生を果たしていったと分析すること

ができるのである。

　ヤマグチ社やWOWOW社の事例分析においても述べたように，既存研究では，図表6-33に示すように，「a）経営理念の明文化」→「b）戦略構築⇒利益計画策定」，すなわち「理念→戦略→計画」型というプロセスが一般的であり，多くの論者によって提唱されている。この検討プロセスは，平時においては有効と考えられるプロセスだが，本研究において主張する「計画→戦略→理念」型の経営理念創成プロセスは，危機的状況に陥った企業においては有効なプロセスであり，アシザワ社（アシザワ・ファインテック社を含む）においてもこのプロセスによって再生が果たされていったと解釈することができるのである。

　つまり，明確な経営理念や再生に有効な戦略と計画が存在していなかった2000年当時の同社は「理念(無)×計画・戦略(無)」状態であったが，直太郎

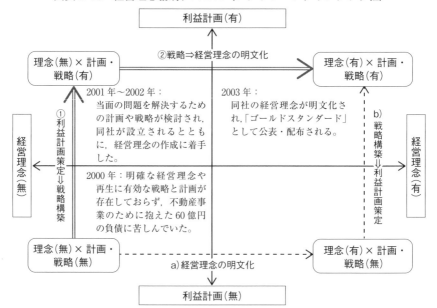

図表6-33　経営理念創成プロセス（アシザワ・ファインテック社）

注：アシザワ社とアシザワ・ファインテック社の状態を示している。
出所：筆者作成。

氏が社長に就任してからは，まずは現場の問題や当面の取り組むべき課題を明らかにしたうえで，2001年にISO9001を取得し，長期目標とそれを具現化するための体制，すなわち不動産賃貸事業を分離し，同社の従業員全員をいったん解雇し，設立後の新会社において，希望者全員を再雇用しようとする組織体制と差別化集中戦略が2002年において検討され，同年の2002年においてアシザワ・ファインテック社という新会社が設立されるとともに，経営理念の作成が着手され，「①利益計画策定⇒戦略構築」を実行し，これにより，「理念(無)×計画・戦略(有)」状態の企業へと移行したといえる。

そして，2003年に「②戦略⇒経営理念の明文化」を社員も巻き込んだ方法によって「ゴールドスタンダード」という経営理念や「ベーシック」と称される「行動指針・判断基準」が作成・明文化・公表され，「理念(有)×計画・戦略(有)」状態企業へと変化し，その後，「応急再生」と「本格再生」，「安定再生(持続型再生)」を果たしていったのである。

4. 経営者の再生型リーダーシップ

続いて，同社における経営者の再生型リーダーシップについて分析する。

同社は，現状における当面の財務的な問題と向き合い，課題を明確にしたことで，太田のいう危機意識が強まり，そこから利益計画策定と特化型の戦略構築を行った後に，経営理念を検討・明文化・公表し，図表6-34に示されるプロセスによって，福本のいう「理念」や「ビジョン」が全社員に共有されたうえで，直太郎氏の再生型リーダーシップが開発され，それを中核とし，「戦略・ファイナンス・組織」が融合されるかたちで再生を果たしていったと分析することができる。

つまり，同社は，現場における問題と課題を財務的側面から明確にしたうえで，太田[2009a]のいう危機意識が強まり，そこから再生計画をたて，不動産賃貸事業を分離し，同社の従業員全員をいったん解雇し，設立後の新会社において，希望者全員を再雇用しようとする組織体制と戦略を検討するとともに，「ゴールド」と称される経営理念や「ベーシック」と称される「行動指針・判断

図表 6-34　リーダーシップ &「経営理念・戦略・ファイナンス・組織」（アシザワ・ファインテック社）

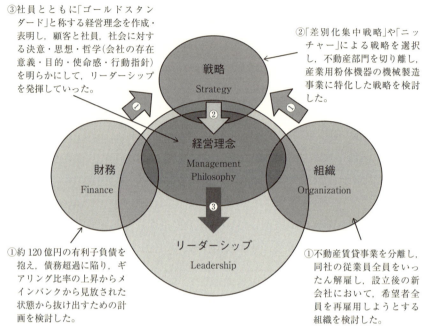

出所：福本[2005]138頁に依拠し筆者作成。

基準」を検討・明文化・公表することによって，福本[2005]のいう，「理念」や「ビジョン」が全社員に共有され，直太郎氏のリーダーシップが徐々に発揮されていったと解釈することができる。そして，経営理念に支えられたリーダーシップを中核とし，「戦略・ファイナンス・組織」がしっかりと融合されるかたちで，「応急再生」と「本格再生」，「安定再生」が果たされていったのである。

また，Koestenbaum[2002]による「The Leadership Diamond Model」のフレームワークを活用して，同社における直太郎氏の取り組みを分析すると，図表6-35に示されている流れで，再生に求められるリーダーシップが開発・発揮されていったことがわかる。

つまり，同氏は，社長就任後，まず，①事実（reality）を高める取り組み，すなわち「長期にわたって，事業は赤字すれすれだった。社内に開発部門がな

図表6-35　The Leadership Diamond Model（アシザワ・ファインテック社）

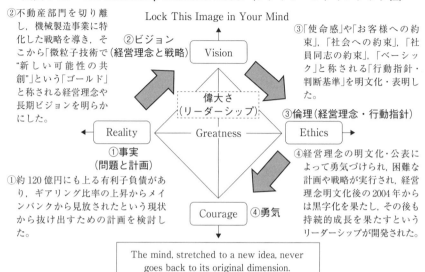

出所：Koestenbaum［2002］p. 18 に依拠し筆者作成。

いばかりか，営業力や品質管理力も乏しく『技術水準の高い国内ユーザーの要望に，満足に応えられない状態だった』」，「今のままでは会社がつぶれる。その前に，創業の気概を取り戻して，社員とともに会社を蘇生させなければならない」，「約120億円にも上る有利子負債を抱えるとともに，2000年3月期においては債務超過に陥り，ギアリング比率の上昇からメインバンクから見放された」という事実と徹底的に向き合った。そして，この現状から抜け出すための計画を検討するとともに，2001年にISO9001を取得した。

そして，不動産賃貸事業を分離し，アシザワ社の従業員全員をいったん解雇し，設立後の新会社において，希望者全員を再雇用しようとする組織を検討し，機械製造事業に特化したPorterのいう「差別化集中戦略」やKotlerの「競争地位の類型化と戦略」における「ニッチャー」による戦略を導き，そこから「微粒子技術で"新しい可能性の共創"」という「ゴールド」と称される経営理念や長期ビジョン，すなわち②ビジョン（vision）を明らかにしていったのである。

その後,「世界一の粉砕・分散技術で, お客様の物づくりビジョンを実現することにより, 資源の有効活用と人類の発展に貢献し, 社員が誇りと満足を得る企業となる」という「使命感」や「お客様への約束」,「社会への約束」,「社員同志の約束」,「ベーシック」と称される13項目にも及ぶ「行動指針・判断基準」を検討・明文化・表明し, ③倫理（ethics）が明らかとなった。

　また, この検討された同社の経営理念や長期ビジョン,「行動指針・判断基準」が社員や関係者と共有されたことによって, 困難や危険を恐れない心, すなわち③勇気（courage）が醸成され, 困難な計画や戦略が実行され, 経営理念明文化後の2004年からは黒字化を果たし, その後も持続的成長を果たすというリーダーシップが開発されていった。

　つまり, 利益の源泉と直結する固有技術, すなわち「世界一の粉砕・分散技術」に特化・活用して, 質の高い顧客価値, すなわち「製品・サービスの品質を業界最高レベルへ向上させ, お客様に満足を超える感動を提供します。お客様のご要求の変化をいち早く捉え, 新たな価値を創造するパートナーとなります」という同社の存在意義が経営理念として明確になったのである。そして, 計画や戦略と整合性のあるこの経営理念により, トップの使命感や信念が確固なものとなり, 本格再生と安定再生に求められるリーダーシップが開発・発揮され, 困難な計画が実行・実現されていったと捉えることができるのである。

　次に, Bass & Avolio [1995] によって開発された Multifactor Leadership Questionnaire（MLQ 5-X Short Form）を活用した佐竹 [2007] による変革型リーダーシップ（TL）の理論に当てはめて分析するとともに, 図表6-36に示すように, 同社の経営理念創成プロセス, 変革型リーダーシップ（TL）から見たリーダーシップ状態, Maslow の欲求5段階説, Ackoff & Emery の理想追求システムとの関係性を整理し, 同氏の再生型リーダーシップに関する分析を行う。

　前述したとおり, この変革型リーダーシップ（TL）の下位尺度の要素である「理想的影響行動」（II）は「経営理念」を意味する経営者行動であり,「鼓舞する動機づけ」（IM）は「目標設定・計画策定・戦略構築」に相当する経営者行動として捉えることができる。したがって, 明確な経営理念が存在せず, 再生に有効とされる計画や戦略もなく「理念（無）×計画・戦略（無）」状態で

図表 6-36 経営理念創成プロセス・リーダーシップ状態・欲求 5 段階説・理想追求システム（アシザワ・ファインテック社）

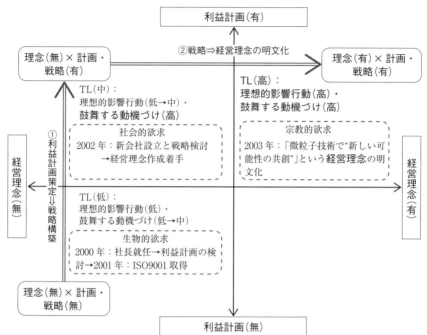

出所：Ackoff[1971]，Ackoff & Emery[1972]，宮田[2004]，佐竹[2007]に依拠し筆者作成。

あった直太郎氏が社長に就任する 2000 年度（2001 年 3 月期）当時の経営不振状態の同社においては，「TL」度の下位尺度を意味する「II」の度合いと「IM」の度合いが低い状態にあったので，「TL」度も「無」に等しい「低」状態にあったといえる。

しかし，その後の 2001 年には，「長期にわたって，事業は赤字すれすれだった。社内に開発部門がないばかりか，営業力や品質管理力も乏しく『技術水準の高い国内ユーザーの要望に，満足に応えられない状態だった』」，「今のままでは会社がつぶれる。その前に，創業の気概を取り戻して，社員とともに会社を蘇生させなければならない」，「約 120 億円にも上る有利子負債を抱えるとともに，2000 年 3 月期においては債務超過に陥り，ギアリング比率の上昇からメインバンクから見放された」という問題解決のための計画を明らかにし，そ

こから「短期目標」と「長期目標」である戦略を優先的に検討し，明確にすることによって，「理念(無)×計画・戦略(有)」状態となって，「IM」の度合いが高まり，「IM」は「低」から「中」，「高」の状態へと変化していった。そして，ヤマグチ社やWOWOW社と同様に，NAA[1964]が，「利益計画設定の過程は，会社の将来に焦点を合わせているため，経営者の思考を活動的にするとともに，洞察力を向上させ，建設的な考え方をもつようにさせるのに役だつ」としているように，「短期目標」としての計画から「長期目標」としての戦略を検討・追求したことに伴って，Maslow のいう「自己実現の欲求」，すなわち宮田のいう「宗教的欲求」を満たそうとする経営者行動である「理想」としての経営理念を検討・追求しようとする経営者意欲が高まりやすい状態になったと推察でき，経営理念を意味する「TL」の構成要素である「II」の度合いが「低」から「中」状態へと変化したと考えられる。結果，「IM」の度合いが「高」となり，「II」の度合いが「中」となったため，「TL」度は「中」の状態に変化したといえる。

　さらに，この計画と戦略検討直後に，当該計画と戦略と整合性のある「ゴールドスタンダード」と称し，「微粒子技術で"新しい可能性の共創"」という「我が社の目的―会社設立の精神―」としての「コーポレートスローガン」と「世界一の粉砕・分散技術で，お客様の物づくりビジョンを実現することにより，資源の有効活用と人類の発展に貢献し，社員が誇りと満足を得る企業となる」という「使命感」からなる経営理念，同社の経営理念を具現化させるための13の「行動指針・判断基準」である「ベーシック」を意図的に検討・追求し，明らかにしたことによって，当該企業は，「理念(有)×計画・戦略(有)」状態となるとともに，当該経営者の「II」度合が「中」から「高」状態となったので，結果として，「TL」度が高まり，当該企業に求められる経営者の再生型リーダーシップが開発された状態になったと分析できる。

　前述したように，アシザワ社の社長に就任した当時の直太郎氏が，「技術的な経験も乏しく，下請けから脱却し，現在の製品メーカーとして事業転換を成し遂げた前社長の直仁氏のように技術者を中心とする従業員を引っ張っていく自信がなかった」と述べているが，120億円もの有利子負債を抱え，危機的な

状況に直面していた同社の不動産賃貸事業を分離し，アシザワ社の従業員全員をいったん解雇し，設立後の新会社であるアシザワ・ファインテック社において，希望者全員を再雇用しようとする組織を検討し，機械製造事業に特化したPorterのいう「差別化集中戦略」やKotlerの「競争地位の類型化と戦略」における「ニッチャー」による戦略を検討した。そして，その翌年の2003年に，経営理念を明文化・公表・配布し，危機的な状態からわずか1年間という短期間で，翌年の2004年には，単年度の黒字化，すなわち「応急再生（緊急措置としての再生状態）」を実現させ，その後も，「本格再生」，「安定再生（持続型再生）」を果たしていったのは，「計画→戦略→理念」型の経営理念創成プロセスによって本物の経営理念が明らかとなり，このプロセスによって，本物の経営理念に支えられた再生型のリーダーシップが開発されていったと分析することができるのである。

5. 考　察

　本項では，前項までの分析結果から，さらに，同社における経営者の再生型リーダーシップを支える経営理念を創成するプロセスの有効性について，前章で取り上げた原科・原沢[2007]の「計画策定・実行サイクル」，Mintzberg[2009]がモデル化した「意思決定のプロセス」，遠藤[2005]の「問題解決プロセス」，遠藤[2004]の「逆ピラミッド発想法」などの理論も加えた考察を試みる。

　同社は，直太郎氏が社長に就任した2000年においては，「長期にわたって，事業は赤字すれすれだった。社内に開発部門がないばかりか，営業力や品質管理力も乏しく『技術水準の高い国内ユーザーの要望に，満足に応えられない状態だった』」，「今のままでは会社がつぶれる。その前に，創業の気概を取り戻して，社員とともに会社を蘇生させなければならない」，「約120億円にも上る有利子負債を抱えるとともに，2000年3月期においては債務超過に陥り，ギアリング比率の上昇からメインバンクから見放された」，「技術的な経験も乏しく，下請けから脱却し，現在の製品メーカーとして事業転換を成し遂げた前社

長の直仁氏のように技術者を中心とする従業員を引っ張っていく自信がなかった」という状態にあり，倒産の危機に直面していた。しかし，直太郎氏は，NAA[1964]が，「計画設定の過程は，経営者の洞察力を向上させ，建設的な考え方をもつようにさせるのに役だつ」と指摘するように，まず，倒産の危機に直面しているという問題や現場の問題と向き合い，これらの問題を解決するための利益計画を策定した過程から再生に有効な戦略構築後に，従業員をも巻き込んで，1年がかりで経営理念を検討し，明らかにしていった。

そして，同社は，原科・原沢[2007]が提示した「計画策定・実行サイクル」の「See」の現状分析により直太郎氏は会社の存亡に強い危機感を抱き，ISO9001を取得とするなど品質を高めるための計画，すなわち「Plan」をたて，そこから計画の実現性を高めるためのPorter[1980]のいう「差別化集中戦略」やKotler[1980]の「競争地位の類型化と戦略」における「ニッチャー」による戦略構築と経営者の覚悟としての経営理念を検討して，「Do」，すなわちリーダーシップを発揮して再生を果たしていったと分析することができる。

つまり，経営理念が不明確な経営不振の中小企業では，経営理念を起点として戦略や計画を検討していくのではなく，まずは現状分析，すなわち原科・原沢のいう「See」により，財務的な問題点や現場などにおける問題点を明らかにすることから始め，そこから段階的に達成していこうとする数値目標や計画，すなわち「Plan」を設定する。その後，この「Plan」を基に，経営方針とする戦略を導き，この戦略を経営者の決意表明として経営理念に変換し，「Do」，すなわちリーダーシップを発揮して，再生を図ろうとする方法を同社は実行していったと置き換えて捉えることができるのである。

また，Mintzberg[2009]がモデル化した「意思決定のプロセス」を同社の事例に当てはめると，「問題の特定」が，「長期にわたって，事業は赤字すれすれだった。社内に開発部門がないばかりか，営業力や品質管理力も乏しく『技術水準の高い国内ユーザーの要望に，満足に応えられない状態だった』」，「今のままでは会社がつぶれる。その前に，創業の気概を取り戻して，社員とともに会社を蘇生させなければならない」，「約120億円にも上る有利子負債を抱えるとともに，2000年3月期においては債務超過に陥り，ギアリング比率の上昇

からメインバンクから見放された」,「技術的な経験も乏しく,下請けから脱却し,現在の製品メーカーとして事業転換を成し遂げた前社長の直仁氏のように技術者を中心とする従業員を引っ張っていく自信がなかった」ということになる。そして,「対策案の考案」は,不動産賃貸事業を分離し,同社の従業員全員をいったん解雇し,設立後の新会社において,希望者全員を再雇用しようとする組織体制を構築する計画と質を高めるという特化型の戦略検討後に,利益の源泉である顧客と社員,社会を大切にしようとする経営理念,すなわち「方針の決定」がなされたと置き換えて捉えることができる。

　さらに,前述した太田[2009a]の「倒産・再生のERM」理論に加え,Maslow[1970]の「欲求5段階説」に宮田[2004]の解釈とAckoff[1971],Ackoff & Emery[1972]の「理想追求システム」を加えたフレームワークに置き換えて考察すると,太田のいう「倒産の局面」は,多くの負債を抱え,営業利益−1億1,500万円,経常利益−1億3,400万円,営業利益率−8.8%という「①赤字」体質の状態であり,Maslowの欲求階層説の「生理的欲求」や「安定の欲求」,すなわち宮田のいう「生物的欲求」を満たそうとする「欠乏状態」に相当する。「応急再生」は,同社が単年度の「②黒字化」を果たした状態であり,欲求階層説の「自尊の欲求」と「連帯の欲求」,すなわち「社会的欲求」を望む段階といえる。また,「本格再生」や「安定再生」の「持続型再生」は,「欲求階層説の「自己実現の欲求」を望む状態に相当し,同社でいえば,2005年以降,黒字化を継続させるとともに,有利子負債を圧縮させ,2013年には売上高約36億800万円,営業利益約6億1,200万円,経常利益約4億9,500万円,営業利益率17.0%,純資産約13億4,200万円となった状態にあると考えられる。

　つまり,Ackoff & Emeryの理想追求システムでいう「①短期目標」をまずは達成する計画を検討・追求した後に,「②長期目標」である戦略を導き,そこから「③理想」としての経営理念を検討・追求するというように,徐々に段階を経て再生プロセスを実現させていこうとする思考プロセスが,結果として,経営者の再生意欲を高めるとともに,同社の再生に求められる経営者の再生型リーダーシップの誘発・開発につながっていったと捉えることができるの

である。

　遠藤[2005]が指摘した「より質の高い問題とは標準や基準をクリアーしたうえで，さらにレベルの高い『あるべき理想像』と現状とのギャップを指す」の考え方に当てはめて考察すると，ヤマグチ社やWOWOW社と同様に，遠藤のいう「標準・基準」は，同社でいえば，単年度の「①黒字化」であり，当面の課題と考えられる「標準・基準」，すなわち「単年度の黒字化」と「現状」，すなわち「損失」との乖離を埋める問題を解決するための短期利益計画を優先的に検討・追求し，そこから，「あるべき姿（理想像）」，すなわち「経営理念」と「標準・基準」との乖離を埋める高次の問題を解決するための戦略や中長期利益計画を明らかにし，そこから，遠藤のいう「あるべき姿（理想像）」，すなわち「経営理念」が検討されていったと解釈することができるのである。

　遠藤[2004]の「逆ピラミッド発想法」でいえば，「ビジョン→戦略→オペレーション（現場）」という検討方法ではなく，「オペレーション（現場）→戦略→ビジョン」というように，赤字体質にあり，約120億円もの有利子負債を抱え，倒産の危機に直面しているという当面の現場の問題を解決する計画から着想されるとともに，Porterのいう「差別化集中戦略」やKotlerの「競争地位の類型化と戦略」における「ニッチャー」という特化型の競争戦略構築直後の翌年の2003年に，遠藤のいうビジョン，すなわち経営理念が検討・追求・明文化されていったと分析することができる。

　直太郎氏は，このように，危機を乗り切る，すなわち当面の問題を解決するための計画から戦略を導いた直後に，経営者としての覚悟と決意を示す経営理念を検討・追求し，明らかにしたことによって，変革型リーダーシップ（TL）の目標設定・計画策定・戦略構築を意味する要素である「鼓舞する動機づけ」（IM）の度合いが，まずは高まり，その直後に「TL」の経営理念に相当する要素である「理想的影響行動」（II）の度合いが高まって，結果として，同氏のホンネや計画，戦略と整合性のある本物の経営理念に支えられたリーダーシップが開発されていったと捉えることができる。

　以上の同社の事例分析による検証結果から，仮説1の「問題を解決する利益計画検討後に，戦略を検討するという『問題→計画→戦略』型の検討プロセス

は中小企業再生に有効である」は支持されたといえる。そして，仮説 2 の「仮説 1 で検討された戦略から経営理念を検討するという『戦略→理念』型の経営理念創成プロセスは，経営者のホンネや計画，戦略と整合性のある本物の経営理念を早期に創成する有効な方法である」，仮説 3 の「仮説 1，仮説 2 による方法，すなわち『問題→計画→戦略→理念』型の経営理念創成プロセスによって，中小企業再生に有効な経営者の再生型リーダーシップが開発される」は支持されたといえるとともに，その有効性が示されたといえる。

第 4 節　小括と仮説の検証結果

　本章では，前述した理論のトライアンギュレーション（三角測量），すなわち 1 つの課題に対する研究で異なった理論的見方を適用させ，パターン適合の分析手法を活用した質的研究の事例研究法により，前章で設定した仮説の検証を行った。
　具体的には，ヤマグチ社，WOWOW 社，アシザワ・ファインテック社の 3 社の再生に関する事例分析から仮説の検証を行った。その結果，下記のとおり，すべての仮説が支持されたといえる。

仮説 1：問題を解決する利益計画検討後に，戦略を検討するという「問題→計画→戦略」型の検討プロセスは中小企業再生に有効である。
仮説 2：仮説 1 で検討された戦略から経営理念を検討するという「戦略→理念」型の経営理念創成プロセスは，経営者のホンネや計画，戦略と整合性のある本物の経営理念を早期に創成する有効な方法である。
仮説 3：仮説 1，仮説 2 による方法，すなわち「問題→計画→戦略→理念」型の経営理念創成プロセスによって，中小企業再生に有効な経営者の再生型リーダーシップが開発される。

以上から，第3のリサーチ・クエスチョンである「中小企業再生に有効な経営者の再生型リーダーシップを支える経営理念を早期に創成するには，どのような方法が有効か」については，既存研究で提唱されている「理念→戦略→計画」型の検討プロセスとは異なり，まずは，問題を解決するための利益計画策定後に，戦略を検討し，そこから経営理念を明確にする「計画→戦略→理念」型の経営理念創成プロセスは，経営者のホンネが経営理念に反映されやすく，利益と直結する，借り物ではない本物の経営理念を早期に創成する1つの有力な方法として，有効かつ有用であることが明らかとなった。

（注）
1) 中小企業庁［2014］132頁。
2) 経済産業省・厚生労働省・文部科学省［2015］26頁。
3) 経済産業省・厚生労働省・文部科学省［2015］26頁。
4) 親会社であるアシザワ株式会社の経営危機を乗り切るために設立（分社化）され，2003年4月に営業を開始した。
5) ここでは，株式会社ヤマグチのホームページや代表者の山口勉氏へのインタビュー，著書，佐竹［2016a］などを基に，同社の企業概要と経営危機に直面した状況，再生を果たした経緯を要約して述べている。
6) 山口［2013］168頁。
7) 山口［2013］32頁。
8) フリーキャッシュフロー（free cash flow, FCF）を正確に定義すれば，現在の経営活動水準の維持のための投資および将来の成長のための新たな資本投資額を支出した後の，かつ，法人税控除後のキャッシュで，経営者が株主と負債権者のために自由に（free）使えるお金のことである。それは，株主に配当金支払いや自社株買いの形でのペイアウト，負債権者に対する利息・クーポンの支払い，負債の償還・借入元本の返済の形での支払いにと，自由に使えるおカネである。このフリーキャッシュフローの計算には，損益計算書を利用する方法とキャッシュフロー計算書を利用する方法とがある（榊原，2013, 106頁）。
9) 安全性（自己資本比率）などの観点から，土地や建物は賃貸とし，営業車をリースに切り替え，多額の借入金により購入する固定資産は持たないという方針を明確にし，借入金を大幅に減少させる資金計画を立てている。
10) 売上高が3割減少し，年間で7億円となった場合，粗利益額を2億4,500万円（対売上高粗利益率35%）とするとともに，販管費は横ばいの2億円とすると，営業利益は4,500万円，支払利息は400万円（年率2%で算出），経常利益は4,100万円，法人税等は1,640万円（実行税率40%で算出），当期純利益は2,460万円となり，借入金の年間返済額である約2,000万円（10年償還で算出）が賄える計画となる。
11) 山口［2013］34頁。
12) 後述する「顧客の犬を代わりに散歩に連れて行く」という新たなサービスを展開してい

るが，これは，あくまで無料サービスである。
13) 詳細については後述するが，営業車を無料でタクシーとして使ってもらうなどのサービスを提供している。
14) 加藤［2015］91頁。
15) 2014年10月に山口社長に行ったインタビューでは，同社の経営理念は，計画と戦略立案直後（同年の1996年）に明文化されたという。
16) 山口［2013］43-44頁。
17) 経済産業省［2012］。
18) 太田［2009a］による概念図（11頁）を財務の健全性軸と時間軸の2軸のみで表現し，ヤマグチ社の経営状態などを加筆した（点線で囲まれている個所と点線の矢印など）。
19) リーダーシップとしての偉大さ（greatness）は，ビジョンや倫理，事実，勇気の4要素をバランスよく高めていく必要があるとしており（Koestenbaum, 2002, p. 18），本研究では，ビジョンが戦略に相当し，倫理が経営理念に相当すると捉えている。
20) 2000年12月に現社名に変更された。
21) 20011年3月にマザーズ市場から変更となった。
22) BS放送は，2011年7月24日にBSアナログ放送が終了。2011年10月からは，BSデジタル放送の3つのチャンネルで，24時間，フルハイビジョン放送を行っている。
23) IP技術を利用して，テレビ放送，映像コンテンツ配信などを行うサービス。通信速度を保証する機能があるネットワークでは，特定のユーザーに通常の放送と同等の品質を保証したサービスを提供することができる。
24) 当期利益実績値を自己資本（＝純資産合計−新株予約権−少数株主持分＊）の期首期末平均で除して算出。収録期間が1期のみ，または決算期間が13ヵ月以上の場合は，期末の自己資本で除して算出する場合がある。期首期末の資本合計が0以下の場合は算出されない。決算期間が12ヵ月でないときは当期利益を年換算する。優先株の配当を利益から差し引いたり優先株式発行総額を自己資本から差し引くなどの調整は行っていないため，企業が発表するROEとは異なる場合がある（「日本経済新聞」ヘルプセンター マーケット」（URL））。＊2015年4月以降，「非支配株主持分」へ名称変更。
25) 日本経済新聞「自己資本利益率（ROE）ランキング」（URL）2015/9/10時点の通信業界でのランキングは5位。
26) 2011年7月にBSアナログ放送が終了。
27) 佐竹［2007］69頁。
28) みずほ銀行産業調査部［2005］41頁。
29) 佐久間［2005］23頁。
30) 1931年に新潟県生まれ。大阪市立大学大学院修了後，1956年4月に松下電器産業株式会社（現パナソニック株式会社）に入社，1987年2月に同社取締役副社長に就任。1993年6月に日本衛星放送株式会社（現株式会社WOWOW）の代表取締役社長就任，2001年6月に同代表取締役会長，2002年11月に同社代表取締役会長兼社長に就任，2003年6月から同社代表取締役会長として，社長から退いた。
31) 経済界オンライン（URL）。
32) 2011年3月に東京証券取引所マザーズ市場から第一部へ市場を変更した。
33) 佐久間［2005］は，「実績累積損失」と表現している（23頁）。
34) 当時の資本金は，415億6,000万円であった（佐久間, 2005, 23頁）
35) 経済界オンライン（URL）。

36）経済界オンライン（URL）。
37）同社は，人件費以外のコスト削減（番組費4割カット，広告費5割カット，販促費3割カット，その他管理費1割カット）を徹底して行うとともに，自主制作によるコンテンツの充実，迅速な商品の提供，商品の30回分割払い制度の導入をするなどして，買い手にとっての価値を高めようとする「差別化と低コストを同時に実現」しようとする戦略が展開されていった。
38）当時の行動指針は，「私たちはお客様第一を原点に，1 正しい企業活動を通じ社会に貢献します。2 社会的責任を自覚し公正に徹します。3 個の可能性を信じ，個を活かします。4 価値の創造と革新を大切にします。5 感謝と謙虚さの心を忘れません。そして知恵と勇気と熱意と行動ですべてに明るく挑戦します。」としている（佐久間，2005，18頁）。
39）佐久間［2005］17-18頁。
40）経済界オンライン（URL）。
41）佐久間［2005］17頁。
42）佐久間［2005］15頁。
43）加藤［2015］91頁。
44）佐久間［2005］15-16頁。
45）経済界オンライン（URL）。
46）佐久間［2005］17頁。
47）太田［2009a］による概念図（11頁）を財務の健全性軸と時間軸の2軸のみで表現し，WOWOW社の経営状態などを加筆した（点線で囲まれている個所と点線の矢印など）。
48）みずほ銀行産業調査部［2005］41頁。
49）佐久間［2005］19頁。
50）Kotter［1999］邦訳, 49頁。
51）佐久間［2005］91-94頁。
52）みずほ銀行産業調査部［2005］41頁。
53）佐久間［2005］25-26頁では，「電器店」と「電気店」という表現が混在していたが，本研究では，「電気店」とした。
54）佐久間［2005］25頁。
55）経済界オンライン（URL）。
56）経済界オンライン（URL）。
57）経済界オンライン（URL）。
58）経済界オンライン（URL）。
59）同社ホームページによれば，粉体（微粒子）を，ビーズと呼ばれる球体の媒体を用いて，マイクロもしくはナノメートルの領域まで細かく粉砕あるいは分散させる機械を，一般的にビーズミルと呼んでおり，粉砕室と呼ばれる容器の中に，ビーズ（粉砕メディア）を充填しておき，粉砕室中央の回転軸を回転させることにより，ビーズに運動を与える。湿式の場合は，ここに原料（粉体）を液体に混ぜたスラリーをポンプで送り込み，ビーズを衝突させることによって微粉砕・分散する。スラリーとビーズの分離は，粉砕室の出口にある，遠心分離やスクリーンなどが行う。乾式の場合は，原料（粉体）のみを定量フィーダで送り込む。また，粉体とビーズの分離は，粉砕室の出口にあるスクリーンが行うとしている。
60）同社の営業開始は2003年4月である。

61) 芦澤直太郎氏は，アシザワ社の代表取締役社長も兼務している。
62) 2014年5月17日に実施された千葉商科大学経済研究所中小企業研究・支援機構主催の「中小企業等に対する支援策に関する講習会―補助金の有効活用を中心として―」における同氏の講演内容と2014年9月19日に行った同氏へのインタビュー内容に依拠。
63) 日刊工業新聞，2013年2月20日，12面。
64) 「創業110年のナノテク企業―微粒子技術に磨きをかけて―」『日刊工業新聞』（12面）2013年2月20日。
65) ギアリング（gearing）比率とは，レバレッジ比率と同義であり，自己資本に対し，何倍の他人資本（借入）を使用しているかを示す比率を指す。自己資本に他人資本（借入）を加えて運用することで，自己資本のリターンを高める効果をレバレッジ効果と呼び，レバレッジ比率（ギアリング比率）は，多くの場合は負債比率と同義であり，レバレッジ比率(%)＝総負債(他人資本)÷自己資本×100 の計算式で算出される（exBuzzwords：URL）。
66) 2014年5月17日に実施された千葉商科大学経済研究所中小企業研究・支援機構主催の「中小企業等に対する支援策に関する講習会―補助金の有効活用を中心として―」における同氏の講演内容と2014年9月19日に行った同氏へのインタビュー内容に依拠。
67) 図表6-29は，国内機械製造業者の売上高上位10社と「アシザワ」を比較している。
68) 「クレド（credo）」は，「信条」と訳され，リッツ・カールトンの進むべき方向，顧客へ提供するサービスなどについて記述されており，経営理念として捉えることができる。
69) 太田［2009a］による概念図（11頁）を財務の健全性軸と時間軸の2軸のみで表現し，アシザワ社の経営状態などを加筆した。
70) エコアクション21は，すべての事業者が，環境への取り組みを効果的，効率的に行うことを目的に，環境に取り組む仕組みをつくり，取り組みを行い，それらを継続的に改善し，その結果を社会に公表するための方法について，環境省が策定したガイドラインである。エコアクション21ガイドラインに基づき，取り組みを行う事業者を，審査し，認証・登録する制度が，エコアクション21認証・登録制度である（http://www.ea21.jp/ea21)。

終　章

第1節　要約と結論

　本研究では，中小企業の支援策にかかわる提言を行う目的から，中小企業が補助金や国の手厚い支援策に依存し過ぎず，自力で再生を果たすうえで有効な経営者の再生型リーダーシップが開発されるメカニズムやプロセスを解明するとともに，経営理念や戦略，計画が不明確な経営不振中小企業において，経営者のリーダーシップを支える借り物ではない本物の経営理念が早期に創成される方法としての経営理念創成のプロセスモデルを探求した。

　そして，この研究の目的を達成するために，3つのリサーチ・クエスチョン，すなわち第1のリサーチ・クエスチョンである「中小企業再生に有効なリーダーシップとはどのようなものか」，第2のリサーチ・クエスチョンである「中小企業再生のための経営者のリーダーシップを支える経営理念とはどのようなものか」，第3のリサーチ・クエスチョンである「中小企業再生に有効な経営者の再生型リーダーシップを支える経営理念を早期に創成するには，どのような方法が有効か」について検討した。

　また，第3のリサーチ・クエスチョンを明らかにするために，仮説1「問題を解決する利益計画検討後に，戦略を検討するという『問題→計画→戦略』型の検討プロセスは中小企業再生に有効である」と仮説2「仮説1で検討された戦略から経営理念を検討するという『戦略→理念』型の経営理念創成プロセスは，経営者のホンネや計画，戦略と整合性のある本物の経営理念を早期に創成する有効な方法である」，仮説3「仮説1，仮説2による方法，すなわち『問題

→計画→戦略→理念』型の経営理念創成プロセスによって，中小企業再生に有効な経営者の再生型リーダーシップが開発される」を設定し，ヤマグチ社，WOWOW社，アシザワ・ファインテック社の事例分析から仮説の検証を行った。

まずは，第1章から第3章にかけて，中小企業の現状について中小企業白書などの資料を確認するとともに，企業再生，リーダーシップ，経営理念に関する先行研究をレビューし，第1と第2のリサーチ・クエスチョンを明らかにすることからアプローチした。

その結果，第1のリサーチ・クエスチョンである「中小企業再生に有効なリーダーシップとはどのようなものか」については，経営理念の不明確な経営不振中小企業が再生を果たすためには，タテマエではなく，ホンネ，すなわち本物の経営理念に依拠した経営者のリーダーシップが発揮されるべきであることが明らかとなった。

しかし，佐竹[2015]が指摘するように，業績の低迷から経営不振に陥っている中小企業の多くには，明確な経営理念は見あたらない。したがって，当該企業が再生を果たすために発揮される経営者の再生型のリーダーシップは十分とはいい難く，たとえ優れた戦略や再生計画があっても，その実現性は乏しいといえる。また，この再生型のリーダーシップを支える経営理念を創成する方法に関する根本的な観点からのリーダーシップ研究の蓄積がきわめて少なく，さらなる検討が必要なことが課題として同時に明らかとなった。

続いて，第2のリサーチ・クエスチョンである「中小企業再生のための経営者のリーダーシップを支える経営理念とはどのようなものか」については，第3章において検討した結果を，以下のとおり示す。

第1節では，経営理念は，企業とその経営者，従業員たちが，それぞれの時代において追い求めていくべきもの，すなわち理想として捉えることができ，経営資源の乏しい中小企業においてもきわめて重要な要素であることがわかった。

第2節では，経営理念の概念定義について考察した。結果，経営理念は，経営理念そのものを目的とする定義づけや，経営の目的を明確にしたうえで，その目的を達成させるための指針であり，よりどころであり，指導原理となる考

え方であることなどが示されていることがわかった。つまり，これらの定義づけからは，経営の目的が不明確な状態では，経営理念としては成立し得ないということであり，経営理念を明らかにし，経営理念を創成していく取り組みは，企業や経営の「目的」を問い直し，明らかにしていくことであり，何のために会社はあるのか，何を目指して経営をしていけばいいのかわからず，企業業績を悪化させてしまっている状態から抜け出す大きなきっかけづくりにつながる行為といえることが確認できた。

　第3節では，経営理念の表現内容に関して検討した。結果，中小企業は，大企業と比較して経営基盤が弱く，経営資源が乏しいため，より収益力を高めることが求められていることから，「経済的利益」といった経営理念の内容を重視していることがわかった。したがって，経営不振に陥り，危機的な状況にある中小企業にとっては，利益と直結する表現内容，すなわち，顧客や顧客と接する従業員を重視した表現が有効であることが確認できた。

　第4節では，経営理念の構造に関して検討した。結果，経営理念は，理想としての上位概念から実践原理としての下位概念に至る階層により構成され，このような階層構造をなすことで，具体的な行動へと結びつくように操作化されていくとする見解を確認した。さらに，この階層構造では，経営理念として示された各要素間の関係が維持されていること，すなわち，各階層間での一貫性が保たれていることが必要だということが確認された。

　第5節では，経営理念の機能に関する既存研究の確認を行った。その結果，経営理念は，組織構成員などの企業内部や顧客などの企業外部に対して，自社の存在意義を明確にするなどのさまざまな機能を提供し，企業経営にとってきわめて重要な存在であることがわかった。しかしながら，経営理念には，逆機能性，すなわち「思考様式の均質化・同質化」，「自己保存機能」，「過度の依存」，「誤った経営理念の浸透」などを生じさせるという弊害もあることが確認でき，この点に留意した経営理念創成が求められることが判明した。

　第6節では，経営理念と企業業績との関連性について考察した。その結果，経営理念は，財務的な企業業績の1つである利益を向上させる大きな要因になり得ることがわかった。そして，この利益は，経営理念という理想や目的を追

求するための手段として捉えることができ，単なるカネ儲けを超えた基本的価値観，すなわち経営理念が形成されると，より広い視野に立ち，より意義のある理想を追求していこうとする取り組みがなされることもわかった。

第7節では，経営理念の形成方法について検討した。結果，経営理念形成は，経営者などの自己実現の結果としてなされるものであり，経営者の問題意識・能力・課題が社会のニーズと結びつくことによってなされるといった指摘などを確認した。また，この問題意識・能力・課題，社会ニーズを明確にし，経営理念に結晶化させるには，「問いかけ」が必要であり，経営理念形成において重要な取り組みであることがわかった。しかし，経営理念の形成には10年前後の時間がかかるとしており，早期に経営理念を創成するための方法は示されていなかった。

したがって，目先の利益を必要としている経営不振に喘ぐ中小企業にとっては，さらに，踏み込んだ経営理念創成方法の検討が必要であり，これらの研究によるアプローチだけでは，限界があることが明らかとなった。すなわち，この問題点が，経営不振に喘ぐ中小企業における経営理念創成を阻む大きな要因であり，この要因を取り除くための方法論を明らかにする必要があることが検討課題として判明した。

このように，短期的に利益を必要としている経営不振の中小企業に求められる経営者の再生型リーダーシップを支える経営理念の創成方法に関しては，早期に経営理念を創成する方法を具体的に検討する必要があり，第4章では，第3のリサーチ・クエスチョンである「中小企業再生に有効な経営者の再生型リーダーシップを支える経営理念を早期に創成するには，どのような方法が有効か」について検討するために，当該企業経営者のホンネ，すなわち関心度が高いと思われるカネにかかわる領域を扱う管理会計領域である利益計画や戦略，タテマエとして捉えられがちな経営理念との関係性に着目した考察を行った。

その結果，以下のようなことが明らかとなった。

第1節においては，経営不振の中小企業における利益計画策定の現状を確認し，管理会計領域である利益計画の策定を阻む要因や課題などについて考察した。その結果，金融庁の金融検査マニュアルに沿った条件によって金融機関は

貸し出しを行っており，たとえ債務超過に陥っても，いわゆる「困ったら何とかしてくれる」金融機関からの資金調達が可能なことが，経営者の現状認識に対する甘さや問題を先送りにさせる1つの要因となって，倒産リスクに対する経営者の危機意識が強まらない状況にあることが推察された。

また，金融庁[2014]は，経営改善計画などが策定されていない債務者を直ちに破綻懸念先と判断してはならないとしており，債務超過状態の中小企業において経営（再生・改善）計画の策定が必ずしも強く求められてない状況にあることが，利益計画の策定を阻む1つの要因であることがわかった。

さらに，吉川[2014]は，十分な実行意欲を有しない経営者のいる中小企業が再生を図るための管理会計（計画策定）や地域金融機関による支援の有効性を示した示唆に富む貴重な研究を行っている。しかし，経営理念との関係性やその創成方法を含めた議論がなされておらず，危機意識と経営理念，将来願望（ビジョン）をどのように誘導し，経営者のリーダーシップがいかに発揮され，債務超過を解消して再建を果たしていけばよいのか，すなわち業績との関係性については議論されておらず，さらなる検討が必要であることが判明した。

第2節では利益計画の領域を扱う管理会計の概念について検討した。その結果，管理会計は，未来計算を取り扱い，計画をたて，実績を達成目標に向けて統制，あるいは業績を評価するのに役立つ会計情報を報告することを主眼としており，経営不振状態にある中小企業が再生を果たすうえで，きわめて重要かつ有用な経営管理技法であり，この管理会計の導入を推進する必要性があることが確認された。

第3節では管理会計領域において重要な役割を果たし，経営不振の中小企業経営者にとって，経営理念に比べて比較的関心度が高いとされる利益計画の概念について確認した。その結果，戦略計画を貨幣で測定し，利益計算を行うプロセスが利益計画設定（profit planning）であり，その結果が，利益計画（profit plan）といえることが確認できた。

また，利益計画は，貨幣による財務的数値で表され，売上高などを計算した収益計画と売上原価などを算出した費用計画などで構成されており，佐藤[2007]が指摘するように，企業にとって最も重要な計画は利益計画といえ，利

益計画は再生計画の中核部分にあたることが再確認された。

　第4節では利益計画を導くとされている戦略の概念について確認するとともに，戦略論に関する代表的な研究について概観した。その結果，「戦略とは，持続的競争優位性を達成するためのポジショニングを構築すること」などという概念定義がこれまでの議論の中から見出すことができた。

　さらに，限られた経営資源を有効活用するとともに，競合他社と明確な差別化を図ることが条件といえ，経営資源の乏しい経営不振に陥っている中小企業こそ，選択と集中を図り，限られた経営資源を有効活用するための戦略を明らかにする取り組みが，再生を図るうえで有効な方法の1つであることが確認された。

　第5節では，利益計画設定プロセスと経営理念との関係性に主眼が置かれている既存研究の確認を行い，経営理念が不明確な経営不振中小企業の再生に求められる経営理念創成に関する課題を明らかにした。また，戦略構築プロセスや利益計画策定プロセス，経営理念創成プロセスの観点から，第3のリサーチ・クエスチョンである「中小企業再生に有効な経営者の再生型リーダーシップを支える経営理念を早期に創成するには，どのような方法が有効か」について探った。

　その結果，利益計画設定プロセスと経営理念との関係性に主眼が置かれている既存研究の多くでは，「経営理念ありき」，すなわち経営理念から戦略を導き，そこから計画を策定するという「理念→戦略→計画」型のプロセスが主流であり，経営理念から戦略や利益計画が導かれていることがわかった。このことから，そもそも明確な本物の経営理念が存在しない経営不振の中小企業に有効な方法に関する研究の蓄積がきわめて少ないことが明らかとなった。

　次に，これらの文献調査によって確認された問題点や課題を踏まえ，第3のリサーチ・クエスチョンである「中小企業再生に有効な経営者の再生型リーダーシップを支える経営理念を早期に創成するには，どのような方法が有効か」の解を導くために，NAA[1964]，Bass & Avolio[1995]，Koestenbaum[2002]，佐竹[2007]の理論から，仮説を導出し，設定した。

　また，仮説導出のために検討した理論以外に，本仮説を裏付ける理論的根拠

に関する議論を展開するとともに，質的研究であり，1つ以上の事例の深い記述と分析を行う事例研究法によって仮説を検証した。

仮説を裏付ける理論的根拠による検証は，原科・原沢[2007]の「計画策定・実行サイクル」，Mintzberg[2009]の「意思決定プロセス」，Maslow[1970]の「欲求5段階説」に宮田[2004]の解釈を加えた研究と，それに Ackoff[1971]，Ackoff & Emery[1972]の「理想追求システム」を加えたフレームワーク，遠藤[2005]の「企業活動における『問題』の種類と解決プロセス」および遠藤[2004]の「逆ピラミッド発想法」，太田[2009a]の「倒産・再生のERM」の理論などに依拠した方法によって行った。

また，事例研究法による仮説の検証では，会社として公表された本物の経営理念が存在しなかった企業とその代表者を分析対象先とし，理論のトライアンギュレーションという三角測量，すなわち1つの課題に対する研究で異なった理論的見方を適用させ，パターン適合の分析手法によりその有効性を探った。具体的には，仮説導出や仮説を裏付ける理論的根拠で示した理論に加え，福本[2005]の「リーダーシップ＆『戦略・ファイナンス・組織』の融合」に「経営理念」の要素を加えたフレームワークや理論に依拠する方法によって，事例分析を行い，仮説の検証を試みた。

その結果，仮説1「問題を解決する利益計画検討後に，戦略を検討するという『問題→計画→戦略』型の検討プロセスは中小企業再生に有効である」と仮説2「仮説1で検討された戦略から経営理念を検討するという『戦略→理念』型の経営理念創成プロセスは，経営者のホンネや計画，戦略と整合性のある本物の経営理念を早期に創成する有効な方法である」，仮説3「仮説1，仮説2による方法，すなわち『問題→計画→戦略→理念』型の経営理念創成プロセスによって，中小企業再生に有効な経営者の再生型リーダーシップが開発される」は，すべて支持されたことが確認できた。

以上から，第3のリサーチ・クエスチョンである「中小企業再生に有効な経営者の再生型リーダーシップを支える経営理念を早期に創成するには，どのような方法が有効か」については，既存研究で提唱されている「理念→戦略→計画」型の検討プロセスとは異なり，まずは，問題を解決するための利益計画策

定後に，戦略を検討し，そこから経営理念を明確にする「計画→戦略→理念」型の経営理念創成プロセスは，経営者のホンネが経営理念に反映されやすく，利益と直結する，借り物ではない本物の経営理念を早期に創成する１つの有力な方法として，有効かつ有用であることが明らかとなった。

このように，危機的状況にある経営理念が不明確な中小企業経営者の多くが早期に欲しているのは，経営理念ではなく，この状況を回避するための当面の利益やカネである。当面の利益やカネを得ることが，当該経営者にとっての喫緊課題であり，ホンネなのである。それゆえ，戦略や経営理念の必要性を認識しながらも，まずはこのホンネと向き合い，これを解決する利益計画の検討から着手する方が，当該経営者にとっては，より現実的であり，危機意識が強められ，モチベーションも高められると考えられる。

したがって，「計画→戦略→理念」型の経営理念創成プロセスは，「鼓舞する動機づけ」度を高め，その後に「理想的影響行動」度を高めるというリーダーシップ開発のプロセスを表しているといえる。つまり，①「現状分析と問題特定」→②「目標設定と利益計画の策定」→③「戦略の検討」→④「会社の存在意義や目的，顧客や社員などに対する経営者の信条・思想・哲学・原理原則・使命感・価値観・倫理・決意・覚悟の検討」→⑤「経営理念の明文化と表明」という「計画→戦略→理念」型のプロセスは，本物の経営理念を早期に導き，企業再生時に求められるリーダーシップ開発に繋がるといえる。

そして，事実上，財政破綻状態にある国の補助金や金融庁による特別視された検査マニュアルに依存し過ぎるのではなく，この経営理念創成プロセスによって開発された経営者の再生型リーダーシップが，自力で中小企業再生を果たす大きな要因となり得るのである。

第２節　本研究の含意

本研究における意義は，これまであまり議論されてこなかった，明確な経営

理念を有しない中小企業の再生に求められる経営者の再生型リーダーシップの開発法について，企業再生研究やリーダーシップ研究，経営理念研究，管理会計研究（戦略と利益計画策定）領域などの多面的な観点から検討し，当該研究領域において新たな学術的視点を提供したことである。

つまり，この再生型のリーダーシップを支える経営理念を創成するプロセスの観点から，前述の既存研究領域における検討に加え，ヤマグチ社や WO-WOW 社，アシザワ・ファインテック社の事例研究を行い，既存研究の「理念→戦略→計画」型の検討プロセスとは異なる「計画→戦略→理念」型のプロセスによる経営理念創成モデルを新たに提示するとともに，この創成プロセスによって，中小企業再生に求められる経営者の再生型リーダーシップを開発する方法論を新たに見出し，その有効性や必要性を示唆したことが挙げられる。

そして，優れた戦略や計画を立案・実行・実現し，再生を果たすために求められる再生型リーダーシップを開発する方法，すなわち本物の経営理念を早期に創成する方法を本研究において明らかにしたことによって，事実上，財政破綻状態にある国の補助金に依存し過ぎるのではなく，中小企業が自力で再生を図るための実務的な方法を示唆した点においても意義がある。

ここからは，多額の補助金をむやみにバラまくのではなく，経営者のホンネである利益計画を明らかにすることから着手し，無理のない自然の流れのなかで経営者の真のリーダーシップを支える本物の経営理念を早期に検討し，それと整合性のある戦略や計画を有する中小企業に対してのみ，優先的に補助金の配分を行う政策を検討することも有効な1つの方法だということが見えてくる。

また，金融庁の金融検査マニュアルに沿った条件によって金融機関は貸し出しを行っており，たとえ債務超過に陥っても，いわゆる「困ったら何とかしてくれる」金融機関からの資金調達が可能なことが，中小企業経営者の現状認識に対する甘さや問題を先送りにさせる1つの要因となって，倒産リスクに対する経営者の危機意識が強まらない状況にあることが推察されるので，中小企業という理由から特別視しない当該検査マニュアルに改定する試みも有効な策ではないだろうか。

さらに，金融庁[2014]が，経営改善計画などが策定されていない債務者を直ちに破綻懸念先と判断してはならないとしており，債務超過状態の中小企業において経営（再生・改善）計画の策定が必ずしも強く求められてない状況にあることが，利益計画の策定を阻む1つの要因であると考えられるので，経営理念と整合性のある経営改善計画の策定を求める取り組みが必要となろう。

加えて，優れた起業家や経営者，中小企業の支援者である中小企業診断士などの専門家を輩出するためにも，独立行政法人中小企業基盤整備機構所管の訓練校や大学などの教育機関において，本書で提示した経営理念創成のプロセスモデルを活用した教育プログラムの開発・導入も有効と考えられる。

第3節　今後の研究課題

しかしながら，本研究における事例研究で検討したのは，ヤマグチ社，WOWOW社，アシザワ・ファインテック社（アシザワ社を含む）の3社の事例のみであり，十分な研究とはいい難い。したがって，この理論をさらに精緻化するためには，他社の事例をも検証する必要があり，これが本研究における課題の1つである。

また，本研究では，既存研究とは異なる「計画→戦略→理念」型の経営理念創成プロセスによって，中小企業再生に求められる再生型リーダーシップを支える経営理念を創成し，結果，再生型リーダーシップが開発されるとするプロセスを明らかにすることに焦点を当てた。しかしながら，具体的な翻訳方法，すなわち計画や戦略で示された数値や文章をどのようにして経営理念として表現すべきなのかついては，さらに検討する余地が課題として残されている。

さらに，明確な経営理念を有する中小企業の再生に求められる再生型のリーダーシップ開発法についても，さらに議論を進めていくべきだと考えている。つまり，経営理念を戦略や計画に落とし込む従来型の「理念→戦略→計画」型によって真の再生型のリーダーシップが発揮され，中小企業再生がなされるの

かについても検証するとともに，経営理念を戦略や計画に落とし込む具体的な方法，すなわち明文化された経営理念を数値化する方法についても検討し，中小企業再生に求められる経営者の再生型リーダーシップ論の精緻化をさらに図っていきたい。

参考文献一覧

〈欧文〉

Ackoff, R. L. [1971]. Towards a system of systems concepts, *Management science*, 17(11), 661-671.
Ackoff, R. L., & Emery, F. E. [1972]. *On purposeful systems*, Chicago: Aldine-Atherton.
Altman, E. I. [1971]. *Corporate bankruptcy in America*, Heath Lexington Books.（南部二三雄訳『企業倒産』文雅堂銀行研究社, 1975年。）
Ansoff, H. I. [1965]. *Corporate Strategy*, McGraw-Hill.（広田寿亮訳『企業戦略論』産業能率大学出版部, 1969年。）
Ansoff, H. I. [1979]. *Strategic management*, London: Macmillan.
Anthony, R. N. [1965]. *Planning and Control Systems: A Framework for Analysis*, Boston: Division of Research, Graduate School of Business Administration, Harvard University.
Avolio, B. J., Zhu, W., Koh, W., & Bhatia, P. [2004]. Transformational leadership and organizational commitment: Mediating role of psychological empowerment and moderating role of structural distance, *Journal of organizational behavior*, 25(8), 951-968.
Barnard, C. I. [1938]. *The Functions of the Executive*, Harvard University Press.（山本安次郎・田杉競・飯野春樹訳『経営者の役割』ダイヤモンド社, 1968年。）
Bass, B. M. [1985]. *Leadership and performance beyond expectations*, New York: The Free Press.
Bass, B. M. [1996]. *A new paradigm of leadership: An inquiry into transformational leadership*, Alexandria, VA: U. S. Army Research Institute for the Behavioral and Social Sciences.
Bass, B. M., & Avolio, B. J. [1994]. *Improving organizational effectiveness through transformational leadership*, Thousand Oaks, CA: Sage Publications.
Bass, B. M., & Avolio, B. J . [1995]. *MLQ: Multifactor leadership questionnaire*, Menlo Park, CA: Mind Garden.
Bass, B. M., Avolio, B. J., Jung, D. I., & Berson, Y. [2003]. Predicting unit performance by assessing transformational and transactional leadership, *Journal of applied psychology*, 88(2), 207-218.
Bennis, W., & Nanus, B. [1985]. *Leaders: The strategy for taking charge.*（伊東奈美子訳『本物のリーダーとは何か』海と月社, 2011年。）
Burns, J. M. [1978]. *Leadership*, New York: Harper & Row.
Chandler Jr., A. D. [1962]. *Strategy and Structure: Chapters in the History of the Industrial Enterprise*, MIT Press.（三菱経済研究所訳『経営戦略と組織—米国企業の事業部制成立史』実業之日本社, 1967年。）
Collins, J. C., & Porras, J. I. [1994]. *Built to Last: Successful Habits of Visionary Companies*, New York: Curtis Brown.（山岡洋一訳『ビジョナリー・カンパニー—時代を超える生存

の原則─』日経 BP 出版センター，1995 年。)

Coutu, D. L. [2002]. "How resilience works", (DIAMOND ハーバード・ビジネス・レビュー編集部「再起力とは何か」『「リスク感度」の高いリーダーが成功を重ねる』ダイヤモンド社，2005 年，220-242 頁。)

De Kluyver, C. A., & Pearce, J. A. [2003]. *Strategy: A View from the Top*, Pearson Education, Inc. (大柳正子訳『戦略とは何か─ストラテジック・マネジメントの実践─』東洋経済新報社，2004 年。)

Drucker, P. F. [2008]. *The Five Most Important Questions You Will Ever Ask About Your Organization*, NJ: Jossey-Bass.

Fiedler, F. F. [1967]. *A Theory of Leadership Effectiveness*, McGraw-Hill.

Flick, U. [1995]. *Qualitative Forschung*, ReinbekheiHambllrg: Rowohlt Taschenbuch Verlag GmbH. (小田博志・山本則子・春日常・宮地尚子訳『質的研究入門─〈人間の科学〉のための方法論─』春秋社，2002 年。)

Gouillart, F. J., & Kelly, J. N. [1995]. *Business transformation*, McGraw-Hill. (ジェミニ・コンサルティング・ジャパン監訳『ビジネス・トランスフォーメーション─大競争時代の企業成長と組織再生─』ダイヤモンド社，1996 年。)

Greenleaf, R. K. [1977]. *Servant Leadership: A Journey into the Nature of Legitimate Power and Greatness*, New York: Paulist Press.

Hersey, P., & Blanchard, K. H. [1977]. *Management of organizational behavior: utilizing human resources*, Prentice-Hall.

Kaplan, R. S., & Norton, D. P. [1996]. *The balanced scorecard: translating strategy into action*, Harvard Business Press. (吉川武男訳『バランス・スコアカード─戦略経営への変革─』生産性出版，2011 年。)

Kaplan, R. S., & Norton, D. P. [2001]. *The strategy-focused organization: How balanced scorecard companies thrive in the new business environment*, Harvard Business Press. (櫻井通晴監訳『キャプランとノートンの戦略バランスト・スコアカード』東洋経済新報社，2001 年。)

Kim, W. C., & Mauborgne, R. [2005]. *Blue Ocean Strategy: How to Create Uncontested Market Space and make the Competition Irrelevant*, Harvard Business School Press. (有賀裕子訳『ブルー・オーシャン戦略─競争のない世界を創造する─』ランダムハウス講談社，2005 年。)

Koestenbaum, P. [2002]. *Leadership: The Inner Side of Greatness, A Philosophy for Leaders*, CA: Jossey-Bass.

Kotler, P. [1980]. *Marketing management: analysis, planning, and control*, [4th ed.], Prentice-Hall. (村田昭治監修・小坂恕・疋田聡・三村優美子訳『マーケティング・マネジメント─競争的戦略時代の発想と展開─[第 4 版]』プレジデント社，1983 年。)

Kotler, P. [2000]. *Marketing management: the millennium edition*. (恩藏直人監修『コトラーのマーケティング・マネジメント─ミレニアム版─』ピアソン・エデュケーション，2001 年。)

Kotter, J. P. [1996]. *Leading change*. (梅津祐良訳『21 世紀の経営リーダーシップ』日経 BP 社，1997 年。)

Kotter, J. P. [1999]. *On what leaders really do*. (有賀裕子・佐藤智子・朱タール麻千子・鈴木章子訳・黒田由貴子監訳『リーダーシップ論』ダイヤモンド社，2005 年。)

Levitt, T. [1960]. Marketing Myopia, *Harvard Business Review*, 38(4), 45-56.
Lubatkin, M. H., Simsek, Z., Ling, Y., & Veiga, J. F. [2006]. Ambidexterity and performance in small-to medium-sized firms: The pivotal role of top management team behavioral integration, *Journal of management*, 32(5), 646-672.
Maslow, A. H. [1970]. *Motivation and Personality (Vol. 2)*, New York: Harper & Row. (小口忠彦訳『人間性の心理学―モチベーションとパーソナリティ［改訂新版］―』産能大学出版部, 1987年。)
Maslow, A. H. [1998]. *Maslow on management*, New York. (金井壽宏監訳・大川修二訳『完全なる経営』日本経済新聞社, 2001年。)
Mintzberg, H. [1987]. The Strategy Concept I: Five Ps for Strategy, *California Management Review*, 30(1), 11-24.
Mintzberg, H. [1994]. *Rise and fall of strategic planning*, Prentice Hall. (中村元一監訳／黒田哲彦・崔大龍・小高照男訳『戦略計画―創造的破壊の時代―』産能大学出版部, 1997年。)
Mintzberg, H. [2009]. *Managing*, Berrett-Koehler Publishers.(池村千秋訳『マネジャーの実像』日経BP社, 2011年。)
NAA [1964]. *Long-Range Profit Planning, Research Report 42*, N.A.A., New York. (森藤一男・中原章吉訳『長期利益計画のたて方』日本生産性本部, 1966年。)
Nanus, B. [1992]. *Visionary leadership: creating a compelling sense of direction for your organization.* (産能大学ビジョン研究会訳『ビジョン・リーダー― 魅力ある未来像(ビジョン)の創造と実現に向かって―』産能大学出版部, 1994年。)
Ouchi, W. G. [1981]. *Theory Z: How American business can meet the Japanese Challenge*, Reading, MA: Addison-Wesley. (徳山二郎監訳『セオリーZ(ジー)―日本に学び、日本を超える―』CBSソニー出版, 1981年。)
Peters, T. J., & Waterman, R. H. [1982]. *In Search of Excellence*, Harper & Row. (大前研一訳『エクセレント・カンパニー』講談社, 1983年。)
Porter, M. E. [1980]. *Competitive strategy: Techniques for analyzing industries and competitors*, Free Press.
Porter, M. E. [1985]. *Competitive Advantage: Creating and Sustaining Superior Performance*, Free Press.
Punch, K. F. [2009]. *Introduction to Research Methods in Education*, SAGE.
Shaw, R. B. [1997]. *Trust in the Balance: Building Successful Organizations on Results, Integrity, and Concern*, CA: Jossey-Bass.
Simon, H. A. [1976]. *Administrative Behavior: A Study of Decision-Making Processes in Administrative Organization*, New York: The Free Press. (松田武彦・高柳暁・二村敏子訳『経営行動』ダイヤモンド社, 1989年。)
Simons, R. [1995]. *Levers of Control*, Harvard Business School Press. (中村元一・黒田哲彦・浦島史恵訳『ハーバード流「21世紀経営」4つのコントロール・レバー』産能大学出版部, 1998年。)
Simons, R. [2000]. *Performance Measurement and Control Systems for Implementing Strategy Text and Case*, NJ: Prentice-Hall.
Sutton, F. et al. [1956]. *The American Business Creed*, Cambridge, MA: Harvard University Press. (高田馨・長浜穆良訳『アメリカの経営理念』日本生産性本部, 1968年。)

Taylor, F. W. [1911]. *The Principles of Scientific Management*. (上野陽一訳『科学的管理法（新版）』産業能率短期大学出版部, 1969 年。)
Thompson, S. [1958]. *Management Creeds and Philosophies*, New York: American Management Association.
Yukl, G. [2005]. *Leadership in organizations*, [6th ed.], Upper Saddle River, N.J: Prentice-Hall.
Yin, R. K. [1994]. *Case study research: design and methods*, Thousands Oaks, International Educational and Professional Publisher. (近藤公彦訳『ケース・スタディの方法（第 2 版）』千倉書房, 1996 年。)

〈和文〉

相葉宏二 [1999].『MBA 経営戦略』ダイヤモンド社。
浅川俊光 [1991].『日本の近代化と経営理念』日本経済評論社。
朝原邦夫 [2010].「中小企業の経営計画の策定と管理会計の活用について—A 会計事務所の顧客企業に対する実態調査の結果分析を中心に—」『経済経営論集』第 13 号，1-26 頁。
東俊之 [2005].「変革型リーダーシップ論の問題点—新たな組織変革行動論へ向けて—」『京都マネジメント・レビュー』第 8 巻，125-144 頁。
粟野智子 [2015].「個人のアイデンティティ形成の視点を踏まえた経営理念内面化メカニズムの探求」『経営哲学』第 12 巻第 1 号，84-87 頁。
伊丹敬之 [2002].「変革型リーダーの条件」『経営者』第 56 巻第 5 号，34-38 頁。
伊丹敬之・加護野忠男 [2003].『ゼミナール経営学入門第 3 版』日本経済新聞社。
稲垣靖 [2010].「我が国の中小企業再生における管理会計の導入」『経済科学』第 58 巻第 3 号，57-74 頁。
宇佐美祥 [2005].「企業再生の諸戦略」, 許斐義信編著・慶應ビジネススクール・ターンアラウンド研究会著『ケースブック企業再生』中央経済社，13-50 頁。
江口利光・大矢茂人・柏原雄一郎・杉本豊 [2009].「事業再生におけるターンアラウンドマネジャーのフォローアップ行動」『神戸大学専門職大学院ワーキングペーパー』16 号。
遠藤功 [2001].『MBA オペレーション戦略』ダイヤモンド社。
遠藤功 [2004].『現場力を鍛える』東洋経済新報社。
遠藤功 [2005].『見える化—強い企業をつくる「見える」仕組み—』東洋経済新報社。
太田三郎 [2004].「企業の倒産と再生」東京農業大学博士論文。
太田三郎 [2009a].『倒産・再生のリスクマネジメント—企業の持続型再生条件を探る—』同文舘出版。
太田三郎 [2009b].「リスク対応と経営者のリーダーシップ」『CUC view & vision』No.28, 3 頁。
奥村悳一 [1994].『現代企業を動かす経営理念』有斐閣。
小椋俊秀 [2014].「日本の中小企業における経営理念と経営計画の実態と業績に関する実証分析」『商學討究』第 65 巻第 1 号，137-163 頁。
小田康治 [2002].「業績管理会計の中小企業への適用可能性に関する一考察」『地域研究』第 2 号，65-76 頁。
加護野忠男 [2011].「中小企業経営者に不可欠な，三つの『社長力』」『理念と経営』第 66 号，60-63 頁。
上総康行 [1993].『管理会計論』新世社。

加藤雄士［2010］.「経営理念の作成方法に関する考察―心理学のアプローチを手がかりとして―」『ビジネス＆アカウンティングレビュー』第6号, 45-66頁.
加藤雄士［2011a］.「経営理念の作成方法に関する考察―体験に根差し, 社会的価値観を取り入れた経営理念の作成法について―」『ビジネス＆アカウンティングレビュー』第7号, 41-62頁.
加藤雄士［2011b］.「経営理念の作成方法に関する考察―従業員の欲求を取り入れた経営理念の作成方法について―」『ビジネス＆アカウンティングレビュー』第8号, 1-27頁.
加藤雄士［2012］.「経営者の無意識から言葉を抽出する方法に関する考察―経営理念の作成のために―」『ビジネス＆アカウンティングレビュー』第10号, 1-23頁.
加藤雄士［2013］.「無意識的アプローチによる経営理念の作成と浸透に関する考察―T社の経営幹部4人による経営理念の作成と浸透の試み―」『ビジネス＆アカウンティングレビュー』第11号, 1-34頁.
加藤雄士［2015］.「中小企業の経営計画立案に関する一考察(1)―ディズニー戦略のドリーマーの視点を中心として―」『ビジネス＆アカウンティングレビュー』第15号, 91-109頁.
金井壽宏［1986］.「経営理念の浸透とリーダーシップ」, 小林規威・土屋守章・宮川公男編『現代経営辞典』日本経済新聞社, 171-177頁.
金井壽宏［1989］.「変革型リーダーシップ論の展望」『研究年報．經營學・會計學・商學』第35巻, 143-276頁.
金井壽宏［2005］.『リーダーシップ入門』日本経済新聞社.
金井壽宏［2007］.「サーバント・リーダーシップとは何か」, 池田守男・金井壽宏『サーバントリーダーシップ入門』かんき出版, 19-88頁.
狩俣正雄［2015］.「リーダーシップスキルとリーダーシップ開発」『經營研究』第66巻第2号, 21-49頁.
関東経済産業局［2010］.『平成21年度地域中小企業活性化政策委託事業(中小企業経営のあるべき姿に関する調査)報告書』.
北居明・松田良子［2004］.「日本企業における理念浸透活動とその効果」, 加護野忠男・坂下昭宣・井上達彦編著『日本企業の戦略インフラの変貌』白桃書房, 93-121頁.
木村俊之・尾崎幸謙［2014］.「中小企業の事業再生スキームに影響を与える要因」『日本行動計量学会大会発表論文抄録集』42, 316-317頁.
金融庁［2014］.『金融検査マニュアル別冊〔中小企業融資編〕』.
金融庁［2015］.『金融検査マニュアル(預金等受入金融機関に係る検査マニュアル)』.
久保克行・広田真一・宮島英昭［2005］.「日本企業のコントロールメカニズム：経営理念の役割」『季刊 企業と法創造』第1巻第4号, 113-124頁.
経済産業省・厚生労働省・文部科学省編［2015］.『2015年版ものづくり白書』経済産業調査会.
国税庁［2014］.『会社標本調査－調査結果報告―税務統計から見た法人企業の実態―』.
許斐義信［2005］.「企業再生の諸戦略」, 許斐義信編著・慶應ビジネススクール・ターンアラウンド研究会『ケースブック企業再生』中央経済社, 1-12頁.
齊藤壽彦［2007］.『信頼・信認・信用の構造―金融核心論―』泉文堂.
齊藤壽彦［2015］.「近年における日本の金融政策と財政ファイナンス」『千葉商大論叢』第53号第1号, 17-39頁.
榊原茂樹［2013］.「企業価値評価へのフリーキャッシュフロー法」『商学論究』第61巻第2

号，105-116 頁。
坂本光司［2008］．『日本でいちばん大切にしたい会社』あさ出版．
佐久間昇二［2005］．『「知恵・情熱・意志」の経営─映像コンテンツ・ビジネスを支える「古くて新しい」原則─』ダイヤモンド社．
佐竹恒彦［2007］．「東証マザーズ上場企業における社長のリーダーシップと企業成長力の研究─変革型リーダーシップ理論からの考察─」早稲田大学大学院アジア太平洋研究科修士論文(未公刊)．
佐竹恒彦［2009］．「社長のリーダーシップスタイルと企業成長力の研究─変革型リーダーシップからの考察─」『経営行動科学学会年次大会：発表論文集』第 12 回，158-161 頁。
佐竹恒彦［2014］．「中小企業における新事業展開と社長のリーダーシップ─東証マザーズ上場企業の成長力と社長のリーダーシップ研究を参考に─」『中小企業支援研究』Vol. 1，44-51 頁。
佐竹恒彦［2015］．「経営不振の中小企業における経営理念形成に関する研究─先行研究からの考察とその問題点─」『CUC Policy Studies Review』No.38，31-49 頁．
佐竹恒彦［2016a］．「中小企業の再生と経営者のリーダーシップ─利益計画策定後の経営理念形成とヤマグチ社の事例─」『CUC Policy Studies Review』No.41，3-26 頁．
佐竹恒彦［2016b］．「中小企業の再生と経営者のリーダーシップ─利益計画策定後の経営理念形成と WOWOW 社の事例─」『CUC Policy Studies Review』No.42，105-132 頁．
佐竹恒彦［2016c］．「企業再生時の戦略検討・経営理念検討プロセス─WOWOW 社の事例と経営者のリーダーシップ開発の観点から─」『千葉商大論叢』第 54 巻第 1 号，245-264 頁．
佐藤一義［2011］．「中小企業経営者の理念と行動に関する一考察─質的研究調査法とその活用─」『経営教育研究』第 14 巻第 1 号，19-28 頁．
佐藤一義［2014］．「中小企業における経営理念─成功する中小企業の特徴と経営理念─」『経営教育研究』第 17 巻第 2 号，17-22 頁．
佐藤正雄［2000］．「倒産企業の会計政策」『千葉商大論叢』第 38 巻第 3 号，65-95 頁．
佐藤正雄［2007］．『業績評価会計入門─管理会計へのアプローチ─』同文舘出版．
澤邉紀生・飛田努［2008］．「経営理念・社会関係・管理会計と企業業績に関する実態調査」『企業会計』第 60 巻第 12 号，1797-1805 頁．
澤邉紀生［2013］．「勘定と感情─会計実践における目的志向性と感情性─」『日本情報経営学会誌』第 33 巻第 4 号，19-30 頁．
柴田仁夫［2013］．「経営理念の浸透に関する先行研究の一考察」『経済科学論究』第 10 号，27-38 頁．
嶋口充輝［1986］．『統合マーケティング─豊饒時代の市場志向経営─』日本経済新聞社．
清水馨［1996］．「企業変革に果たす経営理念の役割」『三田商学研究』第 39 巻第 2 号，87-101 頁．
清水龍瑩［1992］．「日本の経営者のリーダーシップ」『三田商学研究』第 35 巻第 5 号，1-21 頁．
清水龍瑩［1999］．「トップのリーダーシップ」『三田商学研究』第 42 巻第 3 号，17-31 頁．
清水龍瑩［2000a］．「優れたトップリーダーの能力」『三田商学研究』第 42 巻第 6 号，31-57 頁．
清水龍瑩［2000b］．「社長のリーダーシップ─他人に任せられない経営者機能─」『三田商学研究』第 43 巻第 1 号，107-129 頁．

瀬戸正則［2012］．「中小サービス業における経営理念の浸透促進に関する研究―ミドル・マネジメントの役割に着目して―」広島大学博士論文。
髙巌［2010］．「経営理念はパフォーマンスに影響を及ぼすか―経営理念の浸透に関する調査結果をもとに―」『麗澤経済研究』麗澤大学経済学会，第18巻第1号，57-66頁。
高石光一［2012］．「中小企業における経営者の変革型リーダーシップと企業の戦略的柔軟性が社員の率先行動に及ぼす影響に係る実証研究」『中小企業季報』2012，No.1（通巻第161号），1-12頁。
高尾義明［2010］．「経営理念は役に立つのか―経営理念と成果についての先行研究からの考察―」『経営哲学』経営哲学学会，第7巻第2号，38-51頁。
高田馨［1978］．『経営目的論』千倉書房。
高宮晋［1972］．「企業の経営理念とその財務目標」『企業会計』第24巻第7号，29-34頁。
田尾雅夫［1993］．『モチベーション入門』日本経済新聞社。
陳韻如・朴唯新［2009］．「企業再生の捉え方―パナソニックグループの再生に関する社会ネットワーク分析の活用―」『九州国際大学経営経済論集』第16巻第1号，29-49頁。
中小企業家同友会全国協議会［2002］．『21世紀型中小企業づくりの決め手―経営指針作成の手引き―』晋立印刷。
中小企業庁編［2009］．『中小企業白書2009年版』経済産業調査会。
中小企業庁編［2011］．『中小企業白書2011年版』同友館。
中小企業庁編［2013］．『中小企業白書2013年版』佐伯印刷。
中小企業庁編［2014］．『中小企業白書2014年版』日経印刷。
土屋喬雄［1964］．『日本経営理念史―日本経営哲学確立のために―』日本経済新聞社。
鳥羽欽一郎・浅野俊光［1984］．「戦後日本の経営理念とその変化経営理念調査を手がかりとして」『組織科学』第18巻第2号，37-51頁。
鳥羽欽一郎・浅野俊光［1986］．「日本における経営理念の発展」，小林規威・土屋守章・宮川公男編『現代経営辞典』日本経済新聞社，152-163頁。
飛田努［2010］．「日本企業の組織文化・経営理念と財務業績に関する実証分析―2000年代における日本的経営を考察する手掛かりとして―」『立命館経営学』第48巻第5号，61-78頁。
飛田努［2011］．「中小企業の管理会計研究のための予備的考察―製造業における系列化・下請関係を背景として―」『会計専門職紀要』第2号，47-64頁。
飛田努［2014］．「中小企業を対象とする管理会計研究の意義―経験的研究を行うための試論として―」『中小企業季報』2014 No.1（通巻第169号），1-13頁。
中川敬一郎編著［1972］．『経営理念』ダイヤモンド社。
楢崎賢吾［2011］．「経営理念の内容と業績との関係についての考察―中小企業の事例による検証から―」『大阪府立大学経済研究』第56巻第4号，89-108頁。
日刊工業新聞「創業110年のナノテク企業―微粒子技術に磨きをかけて―」2013年2月20日12面。
間宏［1972］．「日本における経営理念の展開」，中川敬一郎編著『経営理念』ダイヤモンド社，77-176頁。
原科幸彦・原沢英夫［2007］．「環境計画・政策研究の背景と枠組み」，原科幸彦編『環境計画・政策研究の展開―持続可能な社会づくりへの合意形成』岩波書店，17-55頁。
日野健太［2004］．「変革型リーダーシップ論と企業倫理」『駒沢大学経営学部研究紀要』第33巻，1-21頁。

福嶋誠宣・米満洋己・新井康平・梶原武久［2013］.「経営計画が企業業績に与える影響」『管理会計学』第21巻第2号，3-21頁．

福本太郎［2005］.「再生のリーダーシップ」，許斐義信編著・慶應ビジネススクール・ターンアラウンド研究会『ケースブック企業再生』中央経済社，137-147頁．

淵上克義［2002］.『リーダーシップの社会心理学』ナカニシヤ出版．

堀井悟志［2003］.「マネジメント・コントロール論の変化と戦略管理会計論」『管理会計学』第11巻第2号，57-69頁．

槇谷正人［2008］.「経営理念研究の領域と方法論的諸問題」『経済・経営研究』第41号，39-63頁．

松岡久美［2000］.「経営理念の浸透とリーダーシップに関する研究」神戸大学博士論文

松下電器産業株式会社　創業五十周年記念行事準備委員会［1968］.『松下電器五十年の略史』松下電器産業株式会社．

三島重顕［2009b］.「経営学におけるマズローの自己実現概念の再考(2)―マグレガー，アージリス，ハーズバーグの概念との比較―」『九州国際大学経営経済論集』第16巻第1号，97-125頁．

三隅二不二［1978］.『リーダーシップ行動の科学』有斐閣．

三隅二不二［1984］.『リーダーシップ行動の科学〔改訂版〕』有斐閣．

水谷内徹也［1992］.『日本企業の経営理念』同文舘出版．

みずほ銀行産業調査部［2005］.「コンテンツ産業の育成と有料放送市場―映像コンテンツ産業の発展に資する流通市場を構築するために―」『みずほ産業調査』Vol.15, No.1, 41頁．

三井泉［2010］.「経営理念研究の方法に関する一試論―「継承」と「伝播」のダイナミック・プロセスの観点から―」『産業経営研究』第32号，93-106頁．

宮田矢八郎［2003］.『収益結晶化理論―『TKC経営指標』における「優良企業」の研究―』ダイヤモンド社．

宮田矢八郎［2004］.『理念が独自性を生む―卓越企業をつくる7つの原則―』ダイヤモンド社．

森本三男［1982］.「経営理念と経営行動基準」『経済と貿易』第134号，1-21頁．

八木陽一郎［2010］.「内省経験が変革型リーダーシップに与える影響―中小企業後継経営者を対象とした実証分析を通じて―」『日本政策金融公庫論集』日本政策金融公庫総合研究所，第7号，67-80頁．

山口勉［2010］.『でんかのヤマグチさんが「安売り」をやめたワケ』宝島社．

山口勉［2012］.『よそより10万円高くてもお客さんが喜んで買う「町の電器屋さん」が大切にしていること』すばる舎．

山口勉［2013］.『なぜこの店では，テレビが2倍の値段でも売れるのか？』日経BP社．

山城章編著［1969］.『現代の経営理念(理論編)』白桃書房．

山田基成［2012］.「イノベーションと中小企業の新事業創出」中小企業学会編『中小企業のイノベーション(日本中小企業学会論集31)』同友館，16-29頁．

横川雅人［2010a］.「現代日本企業の経営理念―「経営理念の上場企業実態調査」を踏まえて―」『産研論集』(関西学院大学)第37号，125-137頁．

横川雅人［2010b］.「(続)現代日本企業の経営理念―未上場企業への「経営理念実態調査アンケート」をもとにして―」『経営戦略研究』(関西学院大学)第4号，5-27頁．

吉川晃史［2012］.「企業再生計画の策定における現実的な将来願望への誘導―地域金融機関

と顧客の相互作用を通じて―」『原価計算研究』第36巻第2号，82-92頁。
吉川晃史［2014］.「企業再生計画の策定における経営者意識の誘導と確認」『会計専門職紀要』第5号，3-21頁。
吉田寛［2003］.『公会計の理論―税をコントロールする公会計―』東洋経済新報社。
米倉誠一郎［2003］.『企業家の条件―イノベーション創出のための必修講義―』ダイヤモンド社。

〈URL〉
アシザワ・ファインテック〈http://www.ashizawa.com/〉（2016年6月17日閲覧）。
exBuzzwords 〈http://www.exbuzzwords.com/static/keyword_2852.html〉（2016年6月10日閲覧）。
経済界オンライン「不肖の弟子だったからこそ，今も学び続ける心がのこっている―ぴあ社外取締役 WOWOW元社長佐久間昇二　インタビュー」
〈http://www.keizaikai.jp/pages/tv/tv-managerlist/tv-manager-text.php?TAB1_PAGE=0&TAB2_PAGE=0&TAB3_PAGE=0&TAB4_PAGE=0&TAB1_PAGE_MAX=4&TAB2_PAGE_MAX=0&TAB3_PAGE_MAX=0&TAB4_PAGE_MAX=0&MANAGER_ID=413&PAGE=&TAB_FLG=1%2C0%2C0%2C0&CURRENT_TAB=0〉（2015年12月8日閲覧）。
経済産業省［2012］.「平成24年度おもてなし経営企業選―先進的モデル企業―」
〈http://www.meti.go.jp/policy/servicepolicy/omotenashi-keiei/kigyousen/pdf/f16.pdf〉（2015年9月1日閲覧）
財務省［2015］.日本の財政関係資料
〈https://www.mof.go.jp/budget/fiscal_condition/related_data/201503/201503_kakuron8.pdf〉（2015年12月31日閲覧）。
財務省［2015］.「各論8．中小企業対策」
〈https://www.mof.go.jp/budget/fiscal_condition/related_data/201503/201503_kakuron8.pdf〉（2015年12月31日閲覧）。
社会経済生産性本部［1998］.「社是社訓に関連する調査」
〈http://activity.jpc-net.jp/detail/books/activity000566/attached.pdf〉（2015年12月31日閲覧）。
社会経済生産性本部［2004］.「ミッション・社是社訓の活用についての調査―経営活動の透明性・ステークホルダーの信頼を求めて―」
〈http://activity.jpc-net.jp/detail/books/activity000565/attached.pdf〉（2015年12月31日閲覧）。
デジタル大辞泉〈http://dictionary.goo.ne.jp/jn/223942/meaning/m0u/〉（2015年12月11日閲覧）。
一般財団法人 日本品質保証機構「ISO 9001（品質）」
〈https://www.jqa.jp/service_list/management/service/iso9001/〉（2016年6月20日閲覧）。
日本経済新聞［2015］.「自己資本利益率（ROE）ランキング」
〈http://www.nikkei.com/markets/ranking/keiei/roe.aspx?KubunCode=0&Gyosyu=65&PageNo=〉（2015年12月8日閲覧）。

日本経済新聞「ヘルプセンター マーケット」
　〈http://www.nikkei.com/help/markets/helpindex.html#6l〉（2015 年 12 月 7 日閲覧）。
藤井正隆［2010］.「いい人財，いいチーム，いい組織をつくる！活き活きした個人，活性化したチーム，成長し続ける組織，卓越したリーダーシップ……を実現する考え方・家電量販より高く販売して，お客様から喜ばれるでんかのヤマグチ」
　〈http://blogs.itmedia.co.jp/brand_ing/2010/08/post-04b7.html〉（2015 年 9 月 1 日閲覧）。
WOWOW「会社概要」
　〈http://www.wowow.co.jp/co_info/corporate/profile/index.html〉（2015 年 12 月 7 日閲覧）。
WOWOW「業績ハイライト グラフ」
　〈http://www.wowow.co.jp/co_info/ir/financial/graph.html#pg001〉（2015 年 12 月 7 日閲覧）。
WOWOW「2014 年度決算及び 2015 年度事業計画の概要」
　〈http://www.wowow.co.jp/co_info/ir/pdf/1914.pdf〉（2015 年 12 月 7 日閲覧）。

和文索引

(あ行)

赤字体質‥‥‥‥‥‥‥‥‥‥‥‥‥164
赤字続き‥‥‥‥‥‥‥‥‥‥‥‥‥134
アクション・マトリクス‥‥‥‥‥101,102
アシザワ‥‥‥‥‥‥‥‥‥‥‥‥‥176
アシザワ・ファインテック‥‥‥‥‥176
圧力行動軸‥‥‥‥‥‥‥‥‥‥‥‥28
誤った経営理念の浸透‥‥‥‥‥‥71,72
粗利益‥‥‥‥‥‥‥‥‥‥‥‥‥‥135
粗利益ベースの人事評価‥‥‥‥‥‥145
粗利益率‥‥‥‥‥‥‥‥‥‥‥133,134
あるべき姿‥‥‥‥‥‥‥‥‥‥‥‥124
安定再生‥‥‥‥‥‥‥‥‥‥18,126,143
安定の欲求‥‥‥‥‥‥‥‥‥‥‥‥124

意思決定‥‥‥‥‥‥‥‥‥‥‥‥‥54
　——を通じたコントロール‥‥‥‥122
意思決定プロセス‥‥‥‥‥‥90,122,149
一体化‥‥‥‥‥‥‥‥‥‥‥‥‥‥54
5つの競争要因‥‥‥‥‥‥‥‥‥‥96
イデオロギー‥‥‥‥‥‥‥‥‥‥‥55
意欲の弱さ‥‥‥‥‥‥‥‥‥‥‥‥17

売上減少‥‥‥‥‥‥‥‥‥‥143,144,146
売上至上主義の経営‥‥‥‥‥‥‥‥137
売上高総利益率‥‥‥‥‥‥‥‥‥‥133

A型組織‥‥‥‥‥‥‥‥‥‥‥‥‥73
エクセレント・カンパニー‥‥‥‥‥73
エコアクション21‥‥‥‥‥‥‥‥189
SL理論‥‥‥‥‥‥‥‥‥‥‥‥‥30
エスノグラフィック‥‥‥‥‥‥‥‥88
M行動軸‥‥‥‥‥‥‥‥‥‥‥‥‥28

応急再生‥‥‥‥‥‥‥‥‥‥18,125,143
お金‥‥‥‥‥‥‥‥‥‥‥‥‥‥‥126
オペレーション‥‥‥‥‥‥‥‥‥‥151

(か行)

会計プロセス‥‥‥‥‥‥‥‥‥‥‥104
解雇‥‥‥‥‥‥‥‥‥‥‥‥‥‥‥176
会社
　瀕死の——‥‥‥‥‥‥‥‥‥‥‥172
　——の（使命や）存在意義‥‥‥67,214
　——の存亡‥‥‥‥‥‥‥‥‥‥‥198
　——の哲学―性格‥‥‥‥‥‥‥‥56
　——の目的‥‥‥‥‥‥‥‥‥‥‥56
買い手の交渉力‥‥‥‥‥‥‥‥‥‥96
外部環境‥‥‥‥‥‥‥‥‥‥‥‥‥106
乖離‥‥‥‥‥‥‥‥‥‥‥‥‥119,125
価格競争‥‥‥‥‥‥‥‥‥‥‥‥‥134
科学的管理法‥‥‥‥‥‥‥‥‥‥‥52
科学的諸機能‥‥‥‥‥‥‥‥‥‥‥57
限られた資源‥‥‥‥‥‥‥‥‥‥‥187
覚悟の検討‥‥‥‥‥‥‥‥‥‥‥‥214
過去計算‥‥‥‥‥‥‥‥‥‥‥‥‥89
貸出条件の変更‥‥‥‥‥‥‥‥‥‥87
仮説‥‥‥‥‥‥‥‥‥‥‥‥5,121,131
　——の検証‥‥‥‥‥‥‥‥‥‥‥201
課題志向型のリーダーシップ‥‥‥‥30
課題志向行動‥‥‥‥‥‥‥‥‥‥‥28
価値観‥‥‥‥‥‥‥‥‥‥‥‥‥‥214
　強い——‥‥‥‥‥‥‥‥‥‥‥‥17
価値曲線‥‥‥‥‥‥‥‥‥‥‥101,102
価値創造プロセス‥‥‥‥‥‥‥‥‥97
価値創造要因‥‥‥‥‥‥‥‥‥‥‥109
価値的側面‥‥‥‥‥‥‥‥‥‥‥‥66
価値特性‥‥‥‥‥‥‥‥‥‥‥‥4,38
価値連鎖‥‥‥‥‥‥‥‥‥‥‥‥‥97
過度の依存‥‥‥‥‥‥‥‥‥‥‥71,72
カネ‥‥‥‥‥‥‥‥‥‥‥‥85,92,118
株主重視‥‥‥‥‥‥‥‥‥‥‥‥‥74
株主主権型‥‥‥‥‥‥‥‥‥‥‥‥74
貨幣‥‥‥‥‥‥‥‥‥‥‥‥‥‥‥89
借入金の返済原資‥‥‥‥‥‥‥‥‥136
環境諸主体観（社会観）‥‥‥‥‥‥66
環境分析‥‥‥‥‥‥‥‥‥‥‥103,104
感情的矛盾‥‥‥‥‥‥‥‥‥‥‥‥55
管理会計‥‥‥‥‥‥‥‥‥‥‥‥‥89

ギアリング比率‥‥‥‥‥‥‥‥‥‥180
機会‥‥‥‥‥‥‥‥‥‥‥‥‥‥‥106
機関車の設計図‥‥‥‥‥‥‥‥‥‥183
危機意識‥‥‥‥‥‥‥‥‥‥‥‥17,87

危機的状況	17	繰越損失	156
企業会計	89	——の解消	164
企業価値	18	グループディスカッション	163
——の維持	18	クレド	183
——の向上	18	黒字（化）	135, 143, 165
企業業績	72, 75	単年度の——	171
企業再生	6		
企業再生研究	13	経営改善計画	88, 216
企業成長力の値	41	経営改善への意欲	17
企業戦略	94	経営外部に対する適応機能	69
企業組織の変革	26	経営管理技法	89
企業内統合機能	70	経営管理プロセス	90
企業の衰退	166	経営危機	18
企業文化の良質化	70, 71	経営計画	66, 93
企業目的	104	経営経済観	66
企業理念	159	経営権	179
技術的な経験	179	経営行動	66, 67
既存のシステムの運営	35	——の規範	60
疑念	55	経営行動基準	66, 67
機能別戦略	94	経営行動プロセス	18
規範型	63, 64	経営支援機能	15
規模と収益性	137	経営資源	17, 94, 102, 103
基本的価値観	75, 76	経営システムによる統御	33
基本理念	75, 76	経営実践機能	70
逆ピラミッドの発想	125	経営指標	137
逆ピラミッド発想法	149	経営者	
逆プロセス	142	——の覚悟	173
キャッシュフロー計算書ベース	137	——の覚悟と決意	145
脅威	106	——の危機意識	215
新規参入者の——	94	——の決意表明	173
代替品の——	96	——の再生型リーダーシップ	128, 146, 201
教育プログラム	216	——の資質	17
業界内における業者間の敵対関係	94	——の動機づけ	126
供給業者の交渉力	96	——の洞察力	124
強制力	36	——のモチベーション	124
競争戦略	96	——のリーダーシップ	3, 17, 25, 38
競争地位の類型化と戦略	98, 138	経営者意識	88
競争的地位	96	経営者意欲	128
競争優位性	94, 97	経営者行動	119
競争優位の源泉	97	経営手法	76
共通目的	53	経営信条	65
協働的行動	30	経営信念	65
業務プロセスの視点	106	経営戦略	66, 94
共有指標	136	経営戦略論	93
緊急措置としての再生	143	経営組織観	66
金融機関	15, 17, 87, 88	経営トップ	
金融検査マニュアル	87, 215	——の意思	160
金融庁	87, 88, 215	——の影響力	37
		——の仕事	166

和文索引　231

経営内部の統合機能············69
経営破綻··················6
経営不振············4, 17, 87
経営不振中小企業············103
経営方針·················67
経営目的··········60, 62, 65, 66
経営目標·················65
経営目標観················66
経営理想·················65
経営理念········17, 39, 51, 119, 133
　誤った··············71, 72
　不適切な――············85
　本物の――·······4, 13, 118, 131
　松下の――··············160
　リーダーシップを支える――···25
　――ありき··············111
　――がない中小企業·······4, 53
　――の概念定義··········59, 60
　――の機能··············69
　――の「逆機能」···········71
　――の逆機能性············72
　――の形成···············76
　――の形成過程············77
　――の形成方法············75
　――の構造的特徴········67, 69
　――の重要性··············38
　――の創成···············51
　――の存在意義·········56, 57
　――の定義···············59
　――の必要性·············166
　――の表現内容············64
　――の明文化と表明········214
　――の類型···············63
経営理念行動···············41
経営理念作成···············56
　――の着手··············166
経営理念創成········52, 79, 103
　――と再生プロセス········142
　――のプロセスモデル······207
　――の方法··············119
経営理念創成プロセス·····103, 118, 121, 124,
　　　　126, 131, 143, 147, 201, 216
経営理念創成モデル··········215
経営を構成するピラミッド······125
計画策定··················41
計画策定・実行サイクル···121, 148
計画策定直後··············138
計画策定力·················17
「計画→戦略→理念」型·····118, 202

――のプロセスモデル········126
計画立案··················35
経済産業省················141
経済産業省・厚生労働省・文部科学省·······131
経済的利益················64
経常損失·················155
ケイパビリティ·············106
ゲームプラン··············111
決意··················141, 214
欠損状態··················15
欠乏動機··············77, 124
現業統制会計···············90
言行一致··············38, 162
現在計算··················89
減資策··················156
現実····················17
検証·····················5
現状···················125
現状維持システム············56
現状把握·················162
現状分析········17, 134, 135, 214
建設的な考え方········117, 124
現場···················151
　――における問題·········158
　――の問題··············125
現場主義·················162
原理原則·················214

コア・バリュー············111
交換型··················31
交換型リーダーシップ·····31, 32, 46
公共計画·················121
貢献意欲··················53
公式組織··················53
構造づくり···············29
行動基準··················56
行動指針··············67, 159
行動理論··············25, 28
小売業················131, 132
コーポレートスローガン······183
ゴールドスタンダード········180
顧客価値·················146
顧客層（who）·············98
顧客の視点···············106
顧客排除基準··············138
顧客満足度················156
顧客満足の向上············64
国債残高··················15
コスト削減············156, 169

人件費以外の――	157
コスト・リーダーシップ戦略	96
国家財政	3, 15
国家主義的価値観	59
固定資産の売却	144
鼓舞	36
――する動機づけ	41, 119, 147
コミュニケーションのベース	62
固有技術	169
御用聞きサービス	141
コンティンジェンシー理論	29
コントロール	35

(さ 行)

サーバントリーダーシップ	39
サービス業	131, 132
再起力	17
再建	88, 159
再雇用	177
再生	6
緊急措置としての――	143
再生型リーダーシップ	4, 25, 36, 121, 131, 133
――の誘発・開発	150
再生型リーダーシップ開発(方)法	10, 152
再生型リーダーシップ論	217
再生企業	6
再生計画	17, 88, 93
再生支援	17, 22
再生事例	152
再生プロセス	142
最適なリーダーシップスタイル	32
財務会計	89
債務者区分	87
財務省	15
債務超過	6, 15, 87, 88, 155
――の解消	166
債務超過状態	216
財務的評価指標	106
財務の健全性	18
財務の視点	106
債務不履行	135
差別化集中戦略	138
差別化戦略	97
三角測量	6, 131, 201
参与観察	88
仕入価格	137
支援活動	97
支援継続の障害	17

自戒型	63, 64
事業再生	6
事業戦略	94, 104
事業転換	179
事業変革	21
事業領域	98
資金繰り	146
――の悪化	143
資金計画	136
資金調達	87
資源の有効活用	183
思考プロセス	150
思考様式の均質化・同質化	71, 72
自己実現の結果	76
自己実現の欲求	77, 124
自己資本利益率	154
仕事と集団の変革	34
仕事の遂行	34
自己保存機能	71, 72
事実	40, 120, 145
事実の側面	66
指示的行動	30
自社分析	103, 104
市場開発	94
市場環境	106
市場浸透戦略	138
市場浸透力	93
自信	180
自然の流れ	118, 124
自然派生的	118
思想	214
持続型再生	18, 125, 143
――の基本条件	18
持続的競争優位性	102
自尊の欲求	124
下請け	179
実行意欲	88
実質累積損失	155
私的整理	6
指導原理	76
使命感	183, 214
社会適応機能	70
社会的価値観	78
社会的責任	59
社会的欲求	77, 124
社会との共生	64
収益計画	92
従業員重視	74
従業員の実行意欲	137

和文索引　233

宗教的欲求……77, 128
集団維持活動……28
集団の維持……34
集中戦略……97
主活動……97
商業……131, 132
状況適合理論……25, 29
乗船証……183
象徴的な飾り物……62, 85
商売の考え方……161
情報通信業……131, 132
将来展望……88
将来ビジョン……36
職務中心のパフォーマンス……28
初心……166
自力……3, 207
事例研究法……5, 131, 201
人員配置……35
新規参入業者の脅威……94
人権……36
人件費以外のコスト削減……158
人材と変革の視点……106
進取的リスクマネジメント……125
信条……214
信念……17, 88
信頼関係……36, 161, 162

SWOT 分析……106
数値化……217
優れたマネジメント手法……160
ステークホルダー（型）……64, 71, 74

整合性……4, 121, 131
政策……215
政治・経済的諸機能……57
製造業……131, 132
成長動機……77
成長ベクトル……93, 138
「製品開発」戦略……94
生物的欲求……77, 127
生理的欲求……124
生理的欲求・安定の欲求……77
Z 型組織……73
選択と集中……103
専門家……216
戦略……93
　　機能別——……94
　　製品開発——……94
　　統合市場——……104

　　変革の——……36
　　——による統御……33
　　——の概念……93
　　——の検討……214
戦略キャンパス……101
戦略構築行動……41
戦略構築プロセス……103
戦略構築力……17
戦略志向的な経営理念……59
戦略的計画会計……90
戦略的柔軟性……3, 38
戦略的マネジメント・システム……110
戦略ドメイン……98
戦略・ファイナンス・組織……18, 144
「戦略→理念」型……121, 131, 201
戦略ロジック……102

増益……183
早期……121, 131, 133
創業者……183
創業の気概……180
総合管理会計……90
総資産営業利益率……73
増収……169
属人的影響力……33
祖国再建……59
組織化……35
組織行動……140
組織のパフォーマンス……75
組織の目的……54, 60
組織文化……43
組織メンバーの心……36
蘇生……180
即興力……17
損益計算書ベース……137
損益分岐点……156, 168

（た　行）

ターンアラウンド・マネージャー……18
対策案の考案……122
貸借対照表ベース……136
対人影響力……36
代替品の脅威……96
高売り……134
多角化……94
達成できる数字……157, 162
短期目標……57, 65, 124
短期利益計画……92
単年度の黒字化……172

地域密着型の経営	133
中期利益計画	92
中小企業	3, 4, 13, 38
──の現状	13
──の支援策	207
──の支援者	216
──の資金源	87
中小企業基盤整備機構	216
中小企業経営	37
中小企業経営者	4, 215
中小企業再生	3, 5, 17, 131, 133, 201
中小企業支援策	3, 207
中小企業診断士	216
中小企業対策費	15
中小企業庁	17
長期ビジョン	183
長期目標	57, 65, 124
長期利益計画	92
長者教	58
超優良企業	73
直視	17
強い価値観	17
強み	106
哲学	214
デフォルト状態	136
伝達	53
問いかけ	77
動機づけ	123
鼓舞する──	41, 119, 147
動機づけ要因	126
東京証券取引所市場第一部	164
東京証券取引所マザーズ市場	156
統合市場戦略	104
洞察力	117
倒産・再生のERM	18, 125, 133
倒産状態	17
倒産の局面	143
倒産法	6
倒産リスク	17, 87
独自能力（how）	98
特性理論	25, 27
特別視	214
特有の融資形態	87
特化型の戦略	138
トップダウン型	125
トップの使命感	169
トレードオフ	99, 101

（な 行）

内部環境	106
ニーズ（what）	98
日次決算	144
ニッチ	183
ニッチャー	97, 138
ニューロロジカルレベル	77, 78
人間関係志向型のリーダーシップ	30
人間関係志向行動	28

（は 行）

パースペクティブ	106
媒介役	119
配慮	29
──行動	28
パターン適合の分析手法	6, 131, 201
破綻懸念先	6, 88, 216
バラバラな価値観	162
バランス・スコアカード	106, 109
バリュー・イノベーション	99, 100, 158, 168
バリューチェーン	97
バリュードライバー	109
判断基準・行動基準	60
判断のベース	62
PM理論	28
P行動	28
非構造化面接	7, 133
非財務的評価指標	106
ビジネスモデル	102
ビジョナリー・カンパニー	73, 75, 76
ビジョン	35, 36, 39, 40, 88, 120, 146
ビジョン志向	39
美的諸機能	58
人と組織の協働システム	53
人（の心）を動かす	161
疲弊	43
費用計画	92
費用縮小・成果拡大均衡	158, 169
標準・基準	124
瀕死の会社	172
不安	55
フォロワー	27, 31, 33
不適切な経営理念	85
フリーキャッシュフロー	136

ブルー・オーシャン戦略……………99,158,168
雰囲気……………………………………………56
分社化……………………………………………176
分離………………………………………………176

平時………………………………………………143
ベーシック………………………………………185
変革…………………………………………………22
変革型リーダーシップ（TL）………31,32,41,
119,132,146
　──の値…………………………………………41
　──の構成因子…………………………………41
変革型リーダーシップ理論………………26,31
変革の戦略………………………………………36
変革を成し遂げる力量…………………………35

方向性の明確化…………………………………71
方針型………………………………………63,64
方針の決定……………………………………123
法的整理…………………………………………6
放任型リーダーシップ…………………………32
ポジショニング………………………………102
保守的リスクマネジメント…………………125
補助金…………………………………………3,207
本格再生…………………………………18,125,143
ホンネ……………………85,118,121,131,201
本物の経営理念………………4,43,118,131

（ま 行）

マーケティング戦略……………………………98
松下の経営理念………………………………160
マネジメント………………………………33,35
マネジメント機能…………………………34,35
マネジメント・プロセス……………………110

ミッション……………………………38,39,104
ミッション・ステートメント………………111
3つの基本戦略……………………………96,138
未来計算…………………………………………89

無借金経営……………………………………135
矛盾………………………………………………43
無報酬…………………………………………166

メインバンク…………………………………180
目利き……………………………………………15
メンバーの習熟度合……………………………30

目的志向システム………………………………57

目的志向性………………………………………54
目標志向システム………………………………57
目標設定……………………………………41,214
目標設定・計画策定・戦略構築………119,147
モチベーションのベース………………………62
モチベーション理論…………………………123
モノづくり……………………………………183
問題解決…………………………………………35
　──のための計画……………………………148
問題解決プロセス……………………125,149
「問題→計画→戦略」型……………121,131,201
「問題→計画→戦略→理念」型……121,131,201
問題特定………………………17,122,135,214

（や 行）

ヤマグチ………………………………………133

勇気……………………………………40,120,146
有利子負債の圧縮……………………………144

予算………………………………………………92
予算作成…………………………………………35
予測……………………………………………135
欲求5段階説…………………77,123,133,147
4つのI's…………………………………………32
4つのアクション…………………………101,102
4つの視点……………………………………109

（ら 行）

リーダー
　──の行動………………………………………28
　──の個人的資質・特性……………………27
　──の資質………………………………………25
　──の属人的特性………………………………33
　──の役割………………………………………33
リーダー行動……………………………………29
リーダーシップ…………………………………36
　課題志向型の──……………………………30
　人間関係志向型の──………………………30
　放任型──……………………………………32
　──の概念定義と機能………………………25
　──の源泉……………………………………43
　──の重要性…………………………………37
　──のジレンマ………………………………43
　──の定義……………………………………33
　──の本来の姿………………………………33
　──の有効性…………………………………29
　──を支える経営理念………………………25

リーダーシップ＆「戦略・ファイナンス・
　組織」の融合………………………133
リーダーシップ開発………………………119
　　――のプロセス………………………214
リーダーシップ開発法………………………4
リーダーシップ機能………………………34,36
リーダーシップ研究………………25,26,27
リーダーシップ行動………………………28
リーダーシップ状態………………………127,147
リーダーシップスタイル…………29,30,31
　最適な――………………………………32
利益
　――の源泉………………………145,169
　――の追求………………………………76
利益計画………………………………………92
　――の策定………………………………214
利益計画策定の延長線上………………124
利益計画策定プロセス…………………103
利益計画設定………………………………92
　――の過程………………………………117
利益計算……………………………………92
リサーチ・クエスチョン……………5,202
リスク対応…………………………………18
リストラクチャリング……………………21
理想………………………………………57,124

理想像………………………………………124
理想追求システム…………57,123,133,147
理想的影響行動……………………………41,147
理想的影響行動（II）……………………119
リニューアル………………………………21
理念（有）×計画・戦略（有）………128
「理念→戦略→計画」型………………118,202
「理念→戦略→計画」型の検討プロセス……111
理念的インセンティブ……………………62
理念と人による統御………………………33
理念（無）×計画・戦略（有）………127
理念（無）×計画・戦略（無）………127
理念の文章化………………………………76
リバイタライザーション…………………21
リフレーミング……………………………21
リレーションシップバイキング…………87
理論のトライアンギュレーション……6,131,201
倫理………………………………40,120,146,214
倫理・道徳的諸機能………………………57

レッド・オーシャン戦略…………………99
連帯の欲求…………………………………124
連帯の欲求・自尊の欲求…………………77

WOWOW……………………………………152

欧文索引

A ZONE……………………………………143
action matrix………………………………101
aesthetic functions…………………………58

B ZONE……………………………………143
balanced scorecard………………………106
bargaining power of buyers………………96
bargaining power of suppliers……………96
Bass, B. M.………………………………26,31
Bass & Avolio……………………26,31,32,119
blue ocean strategy………………………99
budget………………………………………92
Burns, J. M.………………………………26,31
business strategy………………………94,104
business transformation…………………21

C ZONE……………………………………143
capabilities………………………………106
case study……………………………………5

climate………………………………………56
common purpose……………………………53
communication………………………………53
competitive market dynamics……………106
competitive strategy………………………96
consideration………………………………29
corporate strategy…………………………94
courage………………………………41,120,146
CR……………………………………………32
credo………………………………………183
customer……………………………………106

differentiation……………………………97

ERM…………………………………………18
ethico-moral functions……………………57
ethics…………………………………40,120,146

financial……………………………………106

focus	97
follower maturity	30
formal organization	53
functional strategy	94
goals	57, 124
goal-seeking system	57
guide	56
ideal	57, 124
idealized influence	41
ideal-seeking system	57
identification	54
ideology	55
IM	119
initiating structure	29
inspirational motivation	41
internal business process	106
ISO9001	183
LBDQ XII	29
learning and growth	106
LF	32
management belief	65
management creed	65
management goals	65
management ideal	65
management objectives	65
MBE-A	32
MBE-P	32
mission	104
MLQ 5-X Short Form	41, 119
Multifactor Leadership Questionnaire	41, 119
NLP	77, 78
objectives	57, 124
open-ended interview	133
opportunities	106
Optimal Profile	32
overall cost leadership	97
perspective(s)	106, 109
philosophy-character	56
politico-economic functions	57
positioning	98, 102
primary activities	97
profit plan	92
profit planning	92
purpose	56
purpose-ful system	57
reality	40, 120, 145
red ocean strategy	99
relationship behavior	30
renewal	21
research question	5
resilience	17
restructuring	21
revitalization	21
rivalry among existing firms	94
ROA	73
ROE	154
scientific functions	57
See	121
segmentation	98
servant leadership	39
state-maintaining system	56
strategy	93
strategy canbvas	101
strengths	106
support activities	97
sustainable competitive advantage	102
targeting	98
task behavior	30
the five competitive forces	96
the four actions framework	101
The Leadership Diamond Model	40, 120, 132, 145
threat of new entrants	96
threat of substitute products or services	96
threats	106
three generic strategies	96
transactional	31
transformational leadership	31, 41
triangulation	6
value chain	97
value curve	101
value innovation	99
vision	120, 146
weaknesses	106
willingness to serve	53

【著者紹介】

佐竹　恒彦（さたけ　つねひこ）

<学歴・学位>
1987 年　関西外国語大学外国語学部スペイン語学科卒業
　　　　　文学士取得
2007 年　早稲田大学大学院アジア太平洋研究科国際経営学専攻専門職学位課程修了
　　　　　経営管理学修士（専門職）取得
2017 年　千葉商科大学大学院政策研究科政策専攻博士課程修了
　　　　　博士（政策研究）取得

<主な職歴>
1987 年　株式会社鴻池組海外事業部
1989 年　株式会社テンポラリーセンター（現パソナ）事業開発部
1991 年　株式会社エヌ・アンド・イー代表取締役
2001 年　マイクロソフト株式会社（現日本マイクロソフト）シニアアカウント・エグゼクティブ兼ライセンシングスペシャリスト
2007 年　独立行政法人中小企業基盤整備機構経営支援アドバイザー
2008 年　神田外語学院非常勤講師
2008 年　早稲田大学エクステンションセンター講師
2010 年　経済産業省関東経済産業局中小企業応援センターコーディネーター
2011 年　経済産業省関東経済産業局中小企業支援ネットワークアドバイザー
2012 年　千葉商科大学大学院商学研究科客員教授（中小企業診断士養成コース担当）
2016 年　千葉商科大学経済学部非常勤講師
2017 年　尚美学園大学総合政策学部非常勤講師
2018 年　環太平洋大学経営学部非常勤講師
2018 年　環太平洋大学経営学部准教授（4 月～就任予定）

<主な学会および社会における活動等>
2000 年　公益社団法人経済同友会企業経営委員会委員、IT 政策委員会委員他
2009 年　経営行動科学学会会員
2010 年　日本中小企業学会会員
2012 年　千葉商科大学経済研究所中小企業研究・支援機構運営委員兼客員研究員
2012 年　勝浦市総合活性化調査事業運営事務局メンバー
2014 年　経営行動研究学会会員
2014 年　危機管理システム研究学会会員
2017 年　日本マネジメント学会会員

<主要論文>
「中小企業再生の戦略・経営理念検討プロセス―ヤマグチ社の事例と経営者のリーダーシップ開発の観点から―」『経営行動研究年報』第 26 号, 44-48 頁, 2017 年 8 月。
Managerial Leadership Development in the Revival of Small- and Medium-sized Enterprises: Focusing on the Creation of a Corporate Mission Statement at Ashizawa Finetech Ltd. *Shobi journal of policy studies*, No. 25, pp. 99-117, Dec. 2017.

平成30年3月20日 初版発行　　　　　　　　　　　　　　《検印省略》
　　　　　　　　　　　　　　　　　　　　　　略称：再生リーダー

再生型リーダーシップ論
―経営不振の中小企業に有効な経営理念創成のプロセスモデル―

　　　著　者　　佐　竹　恒　彦
　　　発行者　　中　島　治　久

　　　発行所　同文舘出版株式会社
　　　　　　東京都千代田区神田神保町1-41　〒101-0051
　　　　　　電話　営業(03)3294-1801　編集(03)3294-1803
　　　　　　振替　00100-8-42935　http://www.dobunkan.co.jp

Ⓒ T.SATAKE　　　　　　　　　　　　　　　印刷・製本：三美印刷
Printed in Japan 2018

ISBN978-4-495-39015-0

JCOPY　〈出版者著作権管理機構　委託出版物〉
本書の無断複製は著作権法上での例外を除き禁じられています。複製される場合は,
そのつど事前に, 出版者著作権管理機構（電話 03-3513-6969, FAX 03-3513-6979,
e-mail: info@jcopy.or.jp）の許諾を得てください。